# 古典文獻研究輯刊

## 三五編

潘美月・杜潔祥 主編

# 第3冊

## 阮刻《毛詩注疏》圈字彙校考正（中）

孔祥軍 著

國家圖書館出版品預行編目資料

阮刻《毛詩注疏》圈字彙校考正（中）／孔祥軍 著 -- 初版
-- 新北市：花木蘭文化事業有限公司，2022〔民 111 〕
目 4+200 面；19×26 公分
（古典文獻研究輯刊 三五編；第 3 冊）
ISBN 978-626-344-105-7（精裝）
1.CST：詩經 2.CST：研究考訂
011.08　　　　　　　　　　　　　　　111010302

ISBN-978-626-344-105-7

古典文獻研究輯刊
三五編　第 三 冊　　　　　　ISBN：978-626-344-105-7

## 阮刻《毛詩注疏》圈字彙校考正（中）

作　　　者　孔祥軍
主　　　編　潘美月、杜潔祥
總 編 輯　杜潔祥
副總編輯　楊嘉樂
編輯主任　許郁翎
編　　　輯　張雅淋、潘玟靜、劉子瑄　美術編輯　陳逸婷
出　　　版　花木蘭文化事業有限公司
發 行 人　高小娟
聯絡地址　235 新北市中和區中安街七二號十三樓
　　　　　　電話：02-2923-1455／傳真：02-2923-1452
網　　　址　http://www.huamulan.tw 信箱 service@huamulans.com
印　　　刷　普羅文化出版廣告事業
初　　　版　2022 年 9 月
定　　　價　三五編 39 冊（精裝）新台幣 98,000 元　　　版權所有・請勿翻印

# 阮刻《毛詩注疏》圈字彙校考正（中）

孔祥軍　著

# 目次

# 卷 八

## 卷八之一

1. **頁一右** 思公劉大王為豳公憂勞民事以此敘己志而作七月鴟鴞
之詩

按：「此」，十行本、元十行本、李本（元）、劉本（元）、閩本、明監本、
巾箱本、監圖本、纂圖本同；毛本作「比」。阮記無說，盧記云：「案：『此』
當作『比』，《正義》『以比序己志』、又『以比己身序己志』，皆可證。」《正
字》云：「『比』，監本誤『此』。」此引《釋文》，檢《釋文》正作「比」，又《豳
譜》云「思公劉、大王居豳之職，憂念民事，至苦之功，以比序己志」，則作
「比」是也。盧記乃本浦說，而謂「以比序己志」為《疏》文則誤也。

2. **頁一右** 豳者后稷之曾孫也公劉者自邰而出所徙戎狄之地名

按：「也」，十行本、元十行本、李本（元）、劉本（元）、閩本、明監本、
毛本同；單疏本作「曰」，十行抄本同，《要義》所引亦同。阮記云：「案：浦
鏜云『曰誤也』，是也。」盧記同。若作「也」，則句義前後斷作兩截，后稷之
曾孫如何為豳者？故顯當作「曰」，《讀詩記》卷十五引《豳譜》，正作「曰」，
亦可為證，當從單疏本等，浦說是也。

3. **頁一左** 是民歸之而成國也其封域在禹貢雍州*

按：十行本、元十行本、李本（元）、劉本（元）同；單疏本「也」字後
有空格；閩本「也」字後有「○」，明監本、毛本、十行抄本同。阮記、盧記

皆無說。閩本之「〇」，剜添之跡甚明，則其以為當有「〇」以區別《譜》、《疏》，而單疏本恰有空格，可證「也」下確為《豳譜》之文，《讀詩記》卷十五，引《譜》文「其封域在禹貢雍州」，正可為證。則阮本於此處加圈，或意謂當有「〇」以作區分也。

4. 頁二右　言二年順金縢之成文思公劉大王居豳之職*

按：「文」，單疏本、十行本、元十行本、李本（元）、劉本（元）同；閩本「文」字後有「o」，明監本、毛本同；十行抄本作「文之」。阮記、盧記皆無說。「言二年順《金縢》之成文」，乃《疏》釋《譜》「出居東都二年」之「二年」，而「思公劉大王」云云緊接其後，無隔斷標識，則似亦為《疏》文，然其下又接「正義曰此釋作《七月》之意」云云，則其前必為《譜》文，細玩文義，「思公劉大王居豳之職」至「以比序己志」，當為《譜》文無疑，單疏本「文」為行末一字，「思」為另行行首一字，故無空格以相區別，閩本之「o」，剜添之跡甚明，則其以為當有「o」以區別《譜》、《疏》，《讀詩記》卷十五，節引《譜》文「思公劉居豳……」，並可為證。則阮本於此處加圈，或意謂當有「〇」以作區分也。

5. 頁二左　後成王迎之反之攝政

按：「迎之」，單疏本、十行本、元十行本、閩本、明監本、毛本、十行抄本同；李本（元）作「仰之」，劉本（元）同。阮記云：「案：上『之』字，浦鏜云『而誤』，是也，《正義》云『是成王迎而反之』，可證。」盧記同。單疏本作「迎之」，《疏》文述《譜》，豈可據之以改《譜》？浦鏜想當然之說，阮記信之，誤也。李本、劉本之「仰」，似因「迎」字字壞而譌。

6. 頁四左　孟侯者於四方諸來朝迎於郊

按：「諸」，十行本、元十行本、李本（元）、劉本（元）、閩本同；單疏本作「諸侯」，明監本、毛本、十行抄本同。阮記云：「明監本、毛本『諸』下有『侯』字，閩本無，案：有者是也，《采菽》《正義》引有。」盧記同。四方諸，不知何義，單疏本作「四方諸侯」，文義曉暢，是也，阮記是也。

7. 頁五右　成王既得雷雨大風之變故迎周公

按：「故」，單疏本、十行本、元十行本、李本（元）、劉本（元）、閩本、明監本、毛本、十行抄本皆同。阮記云：「案：浦鏜云『欲誤故』，是也。」盧

記同。《疏》文述《伐柯・序》箋，豈可據箋以改《疏》？作「故」不誤，浦
鐺想當然之說，阮記信之，誤也。

8. 頁五右　非是六軍之事皆新昏

按：「事」，單疏本、十行本、元十行本、李本（元）、劉本（元）同；單
疏本作「士」，閩本、明監本、毛本同。阮記無說，盧記補云：「毛本『事』作
『士』，案：作『士』字是也。」事，如何新昏，顯為「士」字之譌，當從單
疏本等，浦說是也。

9. 頁七左　我反有欲位之謗無怨於我先王*

按：「無怨於」，元十行本、李本（正德，板心有塗抹）、劉本（正德十二
年）、閩本、毛本同；單疏本作「無以告」，十行本同，十行抄本作「无以告」；
明監本作「無告於」。阮記引文作「無以告我先王」，云：「閩本、明監本、毛
本『以告』誤『怨於』。」盧記引文作「無怨於我先王」，補云：「閩本、明監
本、毛本同，案：『怨於』當作『以告』。」《正字》云：「『怨』，疑『辭』字
誤。」無怨於，不辭，當從單疏本、十行本作「無以告」也，正與上文所引
《尚書・金縢》合。阮記引文作「無以告」，則其底本不誤，阮本卻作「無怨
於」，則阮本之底本非阮記之底本也，或阮本重刊時改「以告」為「怨於」，然
為何改是為非，頗令人費解也。明監本之「告」字有磨改之跡，原作何字，不
得而知也。

10. 頁八左　其助在成一冬之月事在正後

按：「成一冬之月」，十行本、李本（正德，板心有塗抹）、劉本（正德十
二年）、閩本、明監本、毛本同；單疏本作「盛冬之月」，殿本、庫本同；元十
行本作「盛一冬之月」。阮記云：「案：此當作『其助在成冬一之日』，『冬一』
字誤倒，『日』誤『月』。」盧記同。《正字》云：「疑『女功之助於一冬』之
誤。」成一冬，不知何義，考前《疏》云「女功之助在四章」，四章《疏》云
「至大寒之月，當取皮為裘，以助女功」，所謂「大寒之月」即「盛冬之月」，
「成一」，古書上下豎行，十行本作「成一」，實乃「盛」字漫漶闕去「皿」，而被
誤認為作「成一」兩字也，元十行本之「盛」字，下「皿」似補寫於「成」下，
則其原文與十行本同。浦說、阮記皆為想當然之說，豈可信據，而殿本改「成
一」作「盛」，而為庫本所承，堪稱卓識。

11. **頁九左** 昭三年左傳張趯曰火星中而寒暑退服虔云火大火心
也季冬十二月平旦正中在南方大寒季夏六月黃昏火
星中大暑退

按：「大寒」，十行本、元十行本、李本（元）、劉本（元）同；單疏本作
「大寒退」，閩本、明監本、毛本、十行抄本同，《要義》所引亦同。阮記云：
「明監本、毛本『寒』下有『退』字，閩本剜入，案：所補是也。」盧記同。
此處服虔所言「大寒退」、「大暑退」，前後相應，又與前文張趯云「火星中而
寒暑退」互證，故「退」字不可闕，當從單疏本等，阮記以為閩本等所補，單
疏本原文如此，閩本或別有所承也。

12. **頁十右** 吳志孫皓問月令季夏火星中前受東方之體盡以為火
星季夏中心也

按：單疏本、十行本、元十行本、李本（元）、劉本（元）、閩本、明監
本、毛本皆同，《要義》所引亦同。阮記云：「案：『吳』當作『鄭』，《困學紀
聞》嘗正其誤，是當時本已作『吳』矣。」盧記同。《正字》云「『吳』，當『鄭』
字誤，案：孫皓，康成弟子，蓋後人誤以為歸命侯，故改『鄭志』作『吳志』
耳」，乃阮記所本。阮記又云：「案：『體』當作『禮』，形近之譌，『禮』即謂
《月令》也。」盧記同。檢孔《疏》孫皓問侯，有答語，答語後《疏》文云「是
鄭以……」，則作答者鄭玄也，故問者之孫皓乃東漢末年人，絕非吳帝孫皓也，
則此「吳」字當作「鄭」也，下《疏》引「鄭答孫皓」云云，亦可為證，單疏
本亦作「吳」，可見其誤確乎由來已久。又「體」字不誤，阮記以為當作「禮」，
並無實據，實乃猜測之見，豈可信據。

13. **頁十右** 又復指斥其一之日周之正月

按：「日」，單疏本、十行本、元十行本、李本（元）、劉本（元）、十行抄
本同，《要義》所引亦同；閩本作「日者」，明監本、毛本同。阮記云：「閩本、
明監本、毛本『日』下有『者』字，案：所補是也。」盧記同。「一之日周之
正月」，乃《疏》引述《傳》文，《傳》文本無「者」字，單疏本、宋元十行本
及《要義》所引皆無「者」字，皆可為證，閩本誤衍，阮記是之，亦誤也。

14. **頁十左** 此篇說文自立一體

按：「說」，單疏本、十行本、元十行本、李本（元）、劉本（元）、閩本、

明監本、毛本、十行抄本皆同，《要義》所引亦同。阮記云：「案：浦鏜云『說當設字誤』，是也。」盧記同。檢孔《疏》上文云「既言三正事終，更復從周為說，故言四之日……」，「說文」之「說」正承此處之「說」而來，當從單疏本等，作「說」不誤，浦鏜不明古人行文字義，妄加猜測，阮記信之，皆誤也。

### 15. 頁十一右　是故八月則當績衣絲蠶為重*

按：「績衣絲蠶為重」，單疏本作「績衣事絲蠶為重」，閩本、明監本、毛本同；十行本作「衣事絲蠶為重」；元十行本作「衣事養蠶為重」，李本（元）、劉本（元）同。阮記引文「衣事絲蠶為重」，云：「閩本、明監本、毛本同。案：十行本損，今以字計之，應少一字，改刻補損而誤也。」盧記引文作「衣絲蠶為重」，其補云：「閩本、明監本、毛本『衣』下有『事』字。案：十行本損，今以字計之，應少一字，改刻補損而誤也。」阮記引文與十行本同，其後重刊底本時，或據顧廣圻所作之校勘記，以為應少一字，遂刊落「事」字，盧宣旬摘錄校勘記，見阮本與閩本等諸本不合，遂改校勘記文字，而使其旨意不明。檢劉叔剛南宋刊十行本、元十行本及元刊明修之李本、劉本皆無剜添之跡，所謂「應少一字」不知從何而來，而竟因此文遂刪不誤之原文，致使《疏》文真少一字，誤甚。此句《疏》文釋箋，箋云「是故八月則當績也」，故《疏》復述云「是故八月則當績」，又釋云「衣事絲蠶為重」，故當從單疏本也。

### 16. 頁十一右　然則脩治耒耜當季冬之月舉足而耕當以孟春之月者

按：「季冬之」，十行本、元十行本、李本（元）、劉本（元）同；單疏本作「以季冬之」，閩本、明監本、毛本、十行抄本同。阮記云：「閩本、明監本、毛本『當』下有『以』字，閩本剜入，案：所補是也。」盧記同。「脩治耒耜，當以季冬之月」，「舉足而耕，當以孟春之月」，前後句式一致，文義曉暢，若前闕「以」字，則後文亦不應有，故當從單疏本也，阮記以為閩本等所補，單疏本原文如此，閩本或別有所承也。

「者」，單疏本、十行本、元十行本、李本（元）、劉本（元）、閩本、明監本、毛本、十行抄本同。阮記云：「案：浦鏜云『者當衍字』，是也。」盧記同。單疏本及諸注疏本皆有「者」字，則「者」非衍文，浦鏜猜測之見，不可信從。

17. **頁十一右**　案鄭注周礼載師云六遂餘地自三百以外

按：「三百」，十行本、元十行本、李本（元）、劉本（元）同；單疏本作「三百里」，閩本、明監本同，《要義》所引亦同；毛本作「二百里」。阮記云：「閩本、明監本、毛本『百』下有『里』字，毛本『三』作『二』，案：所補、所改皆是也。」盧記同。單疏本作「三百里」，則孔穎達所見周禮鄭注作「三百里」，《要義》所引同，亦可為證，則當從單疏本等，阮記誤也。

18. **頁十一右**　以周禮無田畯正職故直云田畯大夫

按：「大夫」，十行本、元十行本、李本（元）、劉本（元）同；單疏本作「田大夫」，閩本、明監本、毛本同，《要義》所引亦同。阮記云：「閩本、明監本、毛本『畯』下有『田』字，案：所補是也，《釋文》『畯』下云『田大夫也』。」盧記同。此句《疏》文釋《傳》，《傳》云「田畯，田大夫也」，《疏》文釋《傳》解田畯為田大夫之因，乃「以周禮無田畯正職」，「故直云田畯田大夫」，「田畯田大夫」乃引《傳》語，豈可無「田」字？故當從單疏本等，阮記是也。

19. **頁十一左**　箋云將言女功之始故又本作此

按：「作」，十行本、元十行本、李本（元）、劉本（元）、閩本、明監本、毛本、纂圖本同；巾箱本作「於」，監圖本、岳本、五山本、日抄本同。阮記云：「小字本、相臺本『作』作『於』，《考文》古本『於』字亦同，案：『於』字是也。」盧記同。「本作此」，文義不明，考下《疏》云「於此之時，女人執持深筐」，則箋文顯當作「於」，意謂女功之始作本於此時也，敦煌殘卷斯一三四《七月》鄭箋、斯二〇四九《七月》鄭箋，均作「於」，皆可為證，阮記是也。

20. **頁十三左**　鹿鳴陳燕勞伐事之事

按：「伐事」，十行本、元十行本、李本（元）、劉本（正德）同；單疏本作「征伐」；閩本作「羣臣」，明監本、毛本同。阮記云：「閩本、明監本、毛本『伐事』作『羣臣』。案：此誤改也，『伐事』當作『戍士』，『伐』『戍』形近之譌，十行本『士』、『事』不別也。」盧記同。單疏本《疏》文云：「諸詩未有一篇之內備有風雅頌，而此篇獨有三體者，《周》、《召》陳王化之基，未

有雅頌成功，故為風也；《鹿鳴》陳燕勞征伐之事，《文王》陳祖考天命之美，雖是天子之政，未得功成道洽，故為雅；天下太平，成功告神，然後謂之為頌。」此處所謂「《鹿鳴》」、「《文王》」，非指《鹿鳴》、《文王》之詩，乃指《小雅・鹿鳴之什》、《大雅・文王之什》，以與《周南》、《召南》前後並駕而言也，意謂以此涵蓋《風》、《雅》之詩，而與三《頌》諸篇區別也。考《鹿鳴之什》有辭者凡十篇，《鹿鳴・序》「燕羣臣嘉賓也」、《四牡・序》「勞使臣之來也」、《皇皇者華・序》「君遣使臣也」、《常棣・序》「燕兄弟也」、《伐木・序》「燕朋友故舊也」、《天保・序》「下報上也」、《采薇・序》「遣戍役也」、《出車・序》「勞還率也」、《杕杜・序》「勞還役也」、《魚麗・序》「美萬物盛多，能備禮也」，《疏》文所謂「燕勞征伐」，正概括諸篇詩義而言之，十行本作「燕勞伐事之事」，辭氣重複，顯然不順，刻閩本者或覺有誤，遂改作「燕勞羣臣之事」，乃誤將《疏》文「《鹿鳴》」視為《鹿鳴》之詩，又見其《序》稱「燕羣臣嘉賓也」，故而篡改。若如閩本之旨，則《疏》文所謂「《文王》」亦當指《文王》之詩，考其《序》云「文王受命作周也」，而《疏》云「《文王》陳祖考天命之美」，不知祖考之美何在？而《文王之什》《緜》、《旱麓》正陳祖考之美也，故「《文王》」當是《文王之什》，而「《鹿鳴》」亦當是「《鹿鳴之什》」也，則當從單疏本作「《鹿鳴》陳燕勞征伐之事」。阮記猜測之見，豈可信從，謝記非阮是毛，以為當作「羣臣」，亦誤。

**21. 頁十四右　又云葭華舍人曰葭一名華**

按：兩「華」，單疏本、十行本、元十行本、李本（元）、劉本（元）、閩本、明監本、毛本同。阮記云：「案：二『華』字，皆當作『葦』，今《爾雅》自石經以下各本皆作『華』者，字之誤也，此《正義》所引本不誤，故下文云『成則名為葦也』，不知者，乃改之，《文選注》引亦不誤。」盧記同。檢《爾雅・釋草》云「葭華」，《爾雅疏・釋草》云「葭一名華」，又單疏本皆作「華」，則「華」字不誤，阮記猜測之說，不可信從。

**22. 頁十四左　月令季春說養蠶之事云具曲植筐筥**

按：「筐筥」，單疏本、十行本、元十行本、李本（元）、劉本（元）、閩本、明監本、毛本皆同。阮記云：「案：浦鏜云『筥筐字誤倒』，是也。」盧記同。單疏本同，則孔《疏》所見本如此，浦說不可信從也。

23. 頁十四左　襄十四年左傳云譬如捕鹿晉人角之諸戎掎之然掎角皆遮截束縛之名也故云角而束之曰掎*

按：三「掎」，十行本、元十行本、李本（元）、劉本（元）、閩本同；單疏本皆作「猗」；明監本作「掎」「掎」「猗」；毛本作「掎」「犄」「猗」。阮記云：「閩本同，監本、毛本『掎』作『猗』，案：當作『猗』，見上。」盧記無說。此句《疏》文釋《傳》，《傳》云「角而束之曰猗」，又檢黃震《慈溪黃氏日抄分類》卷四《讀毛詩》「猗彼女桑」條：「毛云『角而束之曰猗』，孔以《左傳》『晉人角之，諸戎猗之』為證。」（北京圖書館出版社二〇〇五年影印上海圖書館藏元後至元三年刻本）則黃氏所見本亦作「猗」，故當從單疏本皆作「猗」，諸本皆誤。

24. 頁十四左　集注及定本皆云女桑柔桑取周易枯楊生荑之義荑是葉之新生者

按：「柔桑」，十行本、元十行本、李本（元）、劉本（元）、閩本、明監本、毛本同；單疏本作「荑桑」，《要義》所引同。阮記云：「案：『柔』當作『荑』。」盧記同。《正字》云「『柔桑』，當『荑桑』之誤」，乃阮記所本。《傳》云「女桑荑桑」，《疏》文乃引《周易》以釋荑桑之義，若此處作「柔桑」，則下文云云，不知為何而發，故當從單疏、《要義》作「荑桑」，據《疏》則《集註》及定本與孔氏所見之底本同也，浦說是也。

25. 頁十五右　土記位於南方

按：「記」，單疏本、十行本、元十行本、李本（元）、劉本（元）、毛本、十行抄本同；閩本作「寄」，明監本同。阮記云：「閩本、明監本『記』作『寄』，毛本剜改『記』，案：皆誤也，當作『託』，《周禮·染人》《疏》可證。」盧記同。單疏本同，則孔《疏》所見本如此，阮記不可信從也。

26. 頁十五左　已舉三事其餘後可知也

按：「後」，十行本、元十行本、李本（元）、劉本（元）、閩本、明監本、毛本同；單疏本作「從」，《要義》所引同。阮記云：「案：浦鏜云『後當從字誤』，是也。」盧記同。揆諸文義，作「從」是也，「後」字顯誤，或因形近而譌，當從單疏本等，浦說是也。

27. 頁十六右　引此者證經載玄載黃謂以夏日染之四八月染也

按：「四」，十行本、元十行本、李本（元）、劉本（元）同；單疏本作「非」，閩本、明監本、毛本同。阮記無說，盧記補云：「『四』，當作『非』。」揆諸文義，作「非」是也，「四」字顯誤，盧記是也。

28. 頁十七右　釋蟲又云蛶寒蜁

按：「蜁」，十行本、元十行本、李本（元）、劉本（嘉靖）同；單疏本作「蜪」，閩本、明監本同，《要義》所引亦同；毛本作「蟬」。阮記云：「閩本、明監本『蜁』作『蜪』，毛本誤作『蟬』，案：山井鼎云『《爾雅》作蜪』，是也。」盧記同。檢《爾雅・釋蟲》，正作「蜪」，則作「蜪」是也，當從單疏本等。

29. 頁十七右　天官掌皮秋斂皮冬斂革春獻之注云皮革踰歲乾冬乃可用*

按：「冬」，十行本、元十行本、李本（元）、劉本（嘉靖）、閩本、明監本、毛本同；單疏本作「久」。阮記云：「案：浦鏜云『久誤冬』，考《掌皮》注，浦挍是也。」盧記同。檢《周禮・天官・掌皮》鄭注，作「皮革踰歲乾久乃可用」，則諸本皆誤，當從單疏本也，浦說是也。阮本於「乾」右加圈，顯誤，當在「冬」旁加圈也。

30. 頁十八左　箋七月至卒來

按：十行本、元十行本、李本（元）、劉本（嘉靖）同；單疏本作「箋自七月至卒來」，閩本、明監本、毛本同。阮記云：「閩本、明監本、毛本『箋』下有『自』字，案：所補是也。」盧記同。此標起止，檢箋云「自七月在野，至十月入我牀下，皆謂蟋蟀也，言此三物之如此，著將寒有漸，非卒來也」，則標起止當自「自七月」始，「自」字不可闕也，當從單疏本等，阮記以為閩本等所補，單疏本原文如此，閩本或別有所承也。

31. 頁十九左　劉積毛詩義問

按：「積」，十行本、元十行本、李本（元）、劉本（嘉靖）、閩本、明監本、毛本同；單疏本作「禎」；《要義》所引作「楨」。阮記云：「案：惠棟云『劉公幹《毛詩義問》十卷，『積』當作『楨』。」盧記同。檢《隋書・經籍志》云「《毛詩義問》十卷，魏太子文學劉楨撰」，又《三國志・魏志・王粲傳》：「東

平劉楨，字公幹，並見友善，幹為司空軍謀祭酒掾屬五官將文學。」則確當作「楨」，《要義》所引是也，阮記是也。

## 32. 頁十九左　棗須樹擊之

按：「樹」，十行本、元十行本、李本（元）、劉本（嘉靖）同；單疏本作「就樹」，閩本、明監本、毛本同，《要義》所引亦同。阮記云：「閩本、明監本、毛本『樹』上有『就』字，案：此誤補也，『樹』當作『捌』……○按：此殊附會……《正義》『樹』字當是『撲』之誤」。樹如何擊棗？此處顯闕「就」字，當從單疏本等，阮記非也。

## 33. 頁二十右　場圃同地自物生之時耕治之

按：「自」，十行本、元十行本、李本（元）、劉本（嘉靖）、閩本、明監本、毛本、監圖本、纂圖本同；巾箱本作「耳」，岳本、五山本、日抄本同。阮記云：「相臺本『自』作『耳』，《考文》古本同，案：『耳』字是也，上屬斷句。」盧記同。揆諸文義，作「耳」是也，檢敦煌殘卷斯一三四、斯二〇四九《七月》鄭箋，皆作「耳」，亦可為證，阮記是也。

## 34. 頁二十左　七月定星將中急當治野盧之屋

按：「七」，元十行本、李本（元）、劉本（嘉靖）、閩本、明監本、毛本、巾箱本同；十行本作「十」，監圖本、纂圖本、岳本、五山本、日抄本同。阮記云：「小字本、相臺本『七』作『十』，《考文》古本同，案：『十』字是也。」盧記同。《正字》云『『十月』，誤『七月』」，是阮記所本也。此箋文，乃釋經，經文云「十月納禾稼，黍稷重穋，禾麻菽麥，嗟我農夫，我稼既同，上入執宮功，晝爾于茅，宵爾索綯，亟其乘屋，其始播百穀」，則「亟其乘屋」十月之事也，當作「十月」，敦煌殘卷斯二〇四九《七月》鄭箋作「十月」，亦可為證，則浦說是也。

## 35. 頁二十左　地官載師云場圃在園地

按：「在」，十行本、元十行本、李本（元）、劉本（嘉靖）、閩本、明監本、毛本同；單疏本作「任」，《要義》所引同。阮記云：「案：浦鏜云『任誤在』，是也。」盧記同。檢《周禮‧地官‧載師》云「以場圃任園地」，則作「任」是也，當從單疏本等，阮記是也。

36. 頁二十一右　　則是訓功為事

按：單疏本、十行本、元十行本、李本（元）、劉本（元）、閩本、明監本、毛本皆同。阮記云：「案：『功』當作『公』，下『故入執於宮功』同。」盧記同。考《疏》文明云「今定本作云執宮功，不為公字」，則《疏》文所云乃就定本所見之「功」而言也，阮記誤也。

37. 頁二十一右　　祭社者則公為之祭非祭也

按：「祭」，十行本、元十行本、李本（元）、劉本（元）同；單疏本作「民祭」，閩本、明監本、毛本、十行抄本同。阮記引文「祭非祭也」，云：「閩本、明監本、毛本『非』下有『民』字，案：皆誤也，當作『非民祭也』，十行本衍上『祭』字，脫『民』字，閩本以下補，仍衍上『祭』字。」盧記同。非祭，不知何義，公祭與民祭正相對而言，故「公為之祭，非民祭也」，文義曉暢，當從單疏本也，阮記純屬猜測，不可信從。

38. 頁二十一左　　滌場功畢入也

按：「滌」，十行本、元十行本、李本（元）、劉本（元）、閩本、明監本、毛本、巾箱本、監圖本、纂圖本同；岳本作「滌埽也」；五山本作「滌掃」；日抄本作「滌掃也」。阮記云：「小字本、相臺本『滌』下有『埽也』二字，《考文》古本同，案：有者是也，《釋文》《正義》皆可證。」盧記同。此《傳》文，考《釋文》、孔《疏》皆未明確引用毛《傳》作「滌掃也」，「滌場，功畢入也」，「滌，掃也，場功畢，入也」，二者文義皆通，阮記必謂後者是，實非。敦煌殘卷斯二〇四九《七月》毛《傳》，有「掃也」二字，與日抄本同，乃一別本也。

39. 頁二十一左　　饗者鄉人以狗大夫加以羔羊

按：十行本、元十行本、李本（元）、劉本（元）、閩本、毛本、巾箱本、監圖本、纂圖本、岳本、五山本、日抄本同；明監本「饗」作「響」。阮記引盧文弨說「饗者」下脫「鄉人飲酒」，且據理駁之，以為不當補，然於「〇」後，又引段玉裁說「本作饗者鄉人飲酒」，復是之；盧記同。盧氏、段氏謂有「鄉人飲酒」四字，純屬猜測，並無版本依據，今諸傳世本皆無，敦煌殘卷斯二〇四九《七月》毛《傳》，亦無此四字，則其說不攻自破也。又，明監本之「響」顯誤，此本於「響」畫紅圈，於左旁寫「饗」字，則讀此書者亦知此字之誤也，《正字》云「『饗』，監本誤『響』」，是也。

### 40. 頁二十二左　此亦得為凌室者

按：「此」，單疏本、十行本、元十行本、李本（元）、劉本（嘉靖）、閩本、明監本、毛本皆同，《要義》所引亦同。阮記云：「案：『此』當作『而』。」盧記同。阮記謂「此」當作「而」，並不言所據，今單疏本、諸注疏本及《要義》皆作「此」，阮記之說，顯誤也，《正字》云「下『此』字當衍文，『凌室』並疑『氷室』之誤」，所疑亦非。

### 41. 頁二十三右　賓客食喪有祭祭祀是其普用之事也

按：單疏本、十行本、元十行本、李本（元）、劉本（元）、閩本、明監本、毛本皆同，《要義》所引亦同。阮記云：「案：此當作『賓客食享喪浴祭祀』，每二字為一句，所以解賓食喪祭四事也。」盧記同。阮記謂當作「賓客食享喪浴祭祀」，不知何據，顯以今日文法猜測古《疏》文字也，今單疏本、諸注疏本及《要義》皆同，阮記之說，顯不可從也，《正字》云「『賓客』下，當脫『有』字，下『祭』字當衍文」，所疑亦非。

### 42. 頁二十三右　給賓客喪祭之用

按：「客」，單疏本、十行本、元十行本、李本（元）、劉本（元）、閩本、明監本、毛本、十行抄本皆同，《要義》所引亦同。阮記云：「案：『客』當作『食』……」盧記同。阮記謂「客」當作「食」，並不言所據，今單疏本、諸注疏本及《要義》皆作「客」，阮記之說，顯誤也。

### 43. 頁二十四右　地官黨正職曰國索鬼神而祭祀以禮屬民*

按：單疏本、十行本、元十行本、李本（元）、劉本（元）、閩本、明監本、毛本皆同，《要義》所引亦同。阮記、盧記皆無說。檢《周禮・地官・黨正》，正作「以禮屬民」，作「禮」不誤，不知阮本為何於此字旁加圈。

### 44. 頁二十四右　鄉人雖為鄉大夫必來觀禮

按：「鄉」，單疏本、十行本、元十行本、李本（元）、劉本（元）、閩本、明監本、毛本皆同，《要義》所引亦同。阮記云：「案：盧文弨云『鄉』當作『卿』，是也。」盧記同。檢《周禮・地官》云「鄉老，二鄉則公一人，鄉大夫，每鄉卿一人」，又云：「鄉大夫之職，各掌其鄉之政教禁令……退而以鄉射之禮。」則鄉人為禮，鄉大夫觀之，乃其職也，今單疏本、諸注疏本及《要義》皆作「鄉」，作「鄉」是也，則盧氏之說顯誤也。

45. 頁二十四左　其礼云烝謂特牲體謂為俎

按：單疏本作「其禮云烝謂有牲體謂為俎」，十行本作「其禮云烝謂有牲體謂為俎」，《要義》所引同，十行抄本云「其礼云烝謂有牲体謂為俎」；元十行本作「其礼云烝謂特牲體謂為俎」，李本（元）、劉本（元）同；閩本作「其禮云烝謂特牲體謂為俎」，明監本作「其禮云烝謂特牲體謂為俎」，毛本同。阮記云「案：『云』字當作『亡』，形近之譌也，今《月令》注不誤……」，又云：「案：此當作『烝謂折牲體升為俎』……」盧記皆同。此句乃《疏》引《禮記·月令》鄭注，「云」，單疏本、諸注疏本及《要義》所引皆同，「其禮云烝」正釋《月令》「大飲烝」之「烝」，作「云」不誤；烝禮，乃「謂有牲體謂為俎」，此單疏本、十行本及《要義》所引同，則其本如此，以傳世本《禮記》鄭注以改《毛詩正義》，豈可信乎？

46. 頁二十四左　言別於燕礼小於大飲燕禮上設六樽

按：「礼」，元十行本、李本（元）、劉本（元）、十行抄本同；單疏本作「禮」，十行本、閩本、明監本、毛本同，《要義》所引亦同。阮記云：「案：盧文弨云『燕禮』當重，是也。」盧記同。今單疏本、諸注疏本及《要義》皆同，未見「燕禮」必重之據，且若如其說，則「言別於燕禮，燕禮小於大飲，燕禮上設六尊」，一句三燕禮，無乃太繁複乎，古人措辭必不如此，則盧氏之說顯誤也。

47. 頁二十四左　公尊瓦大夫尊兩圓壺

按：「夫」，十行本、元十行本、李本（元）、劉本（元）、閩本、明監本、毛本、十行抄本同，《要義》所引同；單疏本作「士」。阮記云：「案：浦鏜云『士誤夫』，以《儀禮》考之，是也，『大』字斷句。」盧記同。此引《儀禮·燕禮》，檢《燕禮》云「公尊瓦大兩……尊士旅食于門西，兩圓壺」，鄭注：「瓦大，有虞氏之尊也」，則「瓦大」為句，「士尊」即「尊士」，作「士」是也，當從單疏本，浦說是也。

## 卷八之二

1. 頁一左　又破其家而不取正言

按：「取」，十行本、李本（元）同；單疏本作「敢」，元十行本、劉本（嘉

靖)、閩本、明監本、毛本同。阮記云:「閩本、明監本、毛本『取』作『敢』,案;所改是也,首章《正義》云『但不敢正言其事』,可證。」盧記同。不取正言,不知何義,考單疏本《疏》文云「周公傷其屬黨,無罪將死,恐其刑濫,又破其家,而不敢正言,故作《鴟鴞》之詩以貽王」,揆諸文義,顯當作「敢」,或因形近而譌作「取」,阮記是也。

2. 頁一左　不得復名為貽悦王心當訓貽為遺謂作此詩遺成王也

按:「貽」,單疏本、十行本、元十行本、李本(元)、劉本(嘉靖)、閩本、明監本、毛本皆同。阮記云:「案:『貽』當作『怡』,上文可證。」盧記同。考《疏》文云:「《金縢》云:武王既喪,管叔及其羣弟乃流言於國,曰:公將不利於孺子,周公乃告二公,曰:我之弗辟,無以告我先王,周公居東二年,罪人斯得,於後公乃為詩以貽王,名之曰《鴟鴞》。注云:罪人,周公之屬黨,與知居攝者,周公出,皆奔。今二年,盡為成王所得。怡,悦也,周公傷其屬黨無罪將死,恐其刑濫,又破其家,而不敢正言,故作《鴟鴞》之詩以貽王……訓怡為悦,言周公作此詩,欲以救諸臣,悦王意也。」此段乃錄《尚書·金縢》及鄭注,並明言鄭玄讀《金縢》之「貽」為「怡」,作怡悦解,孔《疏》又云:「毛雖不注此《序》,不解《尚書》,而首章《傳》云『寧亡二子,不可毀我周室』,則此詩為誅管蔡而作之,此詩為誅管蔡,則罪人斯得謂得管蔡也,周公居東為出征,我之不辟,欲以法誅管蔡,既誅管蔡,然後作詩,不得復名為貽悦王心,當訓貽為遺,謂作此詩遺成王。」《疏》文詳釋毛公所解《鴟鴞》篇義,以毛義而言之,則《金縢》之「貽」當作「遺」解,此處之「貽」正謂《尚書·金縢》之「貽」,與鄭注之讀「貽」為「怡」何涉,今單疏本及傳世諸注疏本皆作「貽」,是也,阮記誤也。

3. 頁二右　此取鴟鴞子者言稚子也

按:「言」,十行本、元十行本、李本(元)、劉本(元)、閩本、明監本、毛本、監圖本、纂圖本、日抄本同;巾箱本作「恒」,五山本作「恒」;岳本作「指」。阮記云:「相臺本『言』作『指』案:『指』字是也。」盧記同。考單疏本《疏》文「箋云言取鴟鴞子者恒稚子也」,則其所見之本鄭箋此處作「恒」,與巾箱本合,又檢敦煌殘卷斯二〇四九《鴟鴞》箋云「取鴟鴞子者恒於稚子」,所謂恒者,恒於也,恒於者,恒殷勤於也之義也,箋云「鴟鴞之意,殷勤於此,稚子當哀閔之,此取鴟鴞子者恒稚子也,以喻諸臣之先臣亦殷勤於此,

成王亦宜哀閔之」，《疏》文釋之云「言當此幼稚之子來取我子之時，其鴟鴞之意殷勤於此稚子，稚子當哀閔之，不欲毀其巢，以喻言屬臣之先臣亦殷勤於此成王，成王亦宜哀閔之，不欲絕其官位土地，此周公之意，實請屬臣之身，但不敢正言其事，故以官位土地為辭耳」，又云「以鴟鴞之意殷勤於稚子，喻諸臣之先臣亦殷勤於成王」。據此，則鄭意以為，周公屬臣之先臣一直以來皆如鴟鴞般殷勤於成王之事，恒殷勤於稚子也，故望成王閔之。故作「恒」是也，作「言」誤也。阮本下《疏》「箋云言取鴟鴞子者惜稚子也」，阮記云：「案：『言』當作『此』」，「案：『惜』當作『指』。」盧記同。「言」不誤，「惜」當從單疏本作「恒」。

4. 頁三右　欲誚公之意

按：「欲誚」，十行本、元十行本、李本（元）、劉本（嘉靖）同；單疏本作「是欲誚」，閩本、明監本、毛本同。阮記云：「明監本、毛本『欲』上有『是』字，閩本剜入，案：此誤補也，『欲誚』當作『鄭謂』。」盧記同。今單疏本有「是」字，則閩本所補是也，阮記誤也。

5. 頁三右　雖為王得罪猶未加刑

按：「罪」，單疏本、十行本、元十行本、李本（元）、劉本（嘉靖）、閩本、明監本、毛本皆同，《要義》所引亦同。阮記云：「案：『罪』當作『實』。」盧記同。今單疏本、諸注疏本及《要義》所引皆作「罪」，則阮記純屬猜測之見，不可信從。

6. 頁三右　釋言云鬻稚也郭璞曰鞠一作毓是鬻為稚也

按：「鬻」，十行本、元十行本、李本（元）、劉本（嘉靖）、閩本、明監本、毛本同；單疏本作「鞠」。阮記云：「浦鏜云『鞠誤鬻』，是也。」盧記同。檢《爾雅·釋言》，「幼鞠稚也」，則當作「鞠」，若作「鬻」，則下文「郭璞曰鞠一作毓」，無著落，孔《疏》又何必多此一舉，而言郭璞曰云云，意孔氏以「毓」、「鬻」同音相通，鞠既為稚，鞠又本作毓，毓、鬻相通，故鬻為稚也，則當從單疏本，諸本皆誤，阮記是也。

7. 頁四右　汝成王意何得絕我官位

按：「意」，單疏本、十行本、元十行本、李本（元）、劉本（元）、閩本、明監本、毛本、十行抄本皆同。阮記云：「案：『意』當作『竟』，與下互誤也。」

盧記同。《正字》云「『意』,當『竟』字誤」,乃阮記所本。今單疏本作「意」,此「意」乃指成王之意願也,汝成王為何意欲絕我官位,阮記誤也。

8. **頁四右**　故竟欲恚怒之

按:「竟」,十行本、元十行本、李本(元)、劉本(元)同;單疏本作「意」,閩本、明監本同;毛本作「以」。阮記云:「毛本『竟』誤『以』,閩本、明監本作『意』,案:作『意』是也,此作『竟』乃與上互誤也。」盧記同。揆諸文義,當從單疏本作「意」,且上《疏》已云「意欲恚怒之」,則作「竟」、「以」皆誤也。

9. **頁五左**　予尾消消而敝*

按:單疏本、十行本、元十行本(正德十二年)、李本(正德,板心有塗抹)、劉本(正德十二年)、閩本、明監本、毛本皆同。阮記云:「案:『而』上,浦鏜云『脫然字』,是也。」盧記無說。今諸本無「然」字,浦說純屬猜測,並無依據,阮記是之,亦誤也。

10. **頁五左**　定本消消作翛翛

按:「翛翛」,十行本、元十行本(正德十二年)、李本(正德,板心有塗抹)、劉本(正德十二年)、閩本、明監本、毛本同;單疏本作「脩脩」,《要義》所引同。阮記云:「案:『翛翛』當作『脩脩』,見《沿革例》。」盧記同。阮說與單疏本、《要義》所引合,是也。

11. **頁六左**　經言倉庚于飛說其成婦之事

按:「婦」,單疏本、元十行本(正德十二年)、十行本、李本(正德,板心有塗抹)、劉本(正德十二年)、十行抄本同;閩本作「昏」,明監本、毛本同。阮記云:「閩本、明監本、毛本『婦』作『昏』,案:『婦』當作『婚』。」盧記同。考經文云「倉庚于飛,熠燿其羽」,《疏》文釋之云「言倉庚之鳥往飛之時,熠燿其羽,甚鮮明也,以興歸士之妻,初昏之時,其衣服甚鮮明也」,此即所謂「成婦之事」也,「婦」字不誤,當從單疏本,阮記誤也。

12. **頁六左**　惟朕小子其新迎注云新迎

按:單疏本、十行本、元十行本(正德十二年)、李本(正德,板心有塗抹)、劉本(正德十二年)、閩本、明監本同;毛本作「唯朕小子其親迎注云新

迎」。阮記云：「毛本上『新』字誤『親』，閩本、明監本不誤，案：二『迎』字，皆當作『逆』，《譜‧正義》引作『逆』，可證。」盧記同。單疏本皆作「迎」，阮記猜測之說，不可信從也。

13. **頁七右**　破斧云周公東征四國是皇傳曰四國管蔡商奄也此言商奄者據書序之成文耳

按：「言」，十行本、元十行本、李本（元）、劉本（嘉靖）同；單疏本作「不言」，閩本、明監本、毛本、十行抄本同。阮記云：「明監本、毛本『此』下有『不』字，閩本剜入。案：所補非也，『言』當作『無』耳。」盧記同。所謂「此不言」者，指《序》注不言也，鄭注云「周公歸，攝政，三監及淮夷叛，周公乃東伐之」，不言商、奄，與彼《破斧》所謂「四國是皇」者有異，孔《疏》以為鄭乃承《書序》之文，據《疏》所引，「《書序》云：武王崩，三監及淮夷叛，周公相成王，將黜殷命，作《大誥》」，故不及商、奄也。《疏》意若此，則「不」字豈可闕也，當從單疏本，謝記謂此「不」字安見其必為毛本添乎，所疑是也，阮記以為閩本等所補，單疏本原文如此，閩本或別有所承也。

14. **頁七左**　鄭注周礼云枚如著橫銜之於口為繣絜於項中

按：「著」、「絜」，十行本、元十行本、李本（元）、劉本（嘉靖）同；閩本作「著」、「結」；明監本作「箸」、「結」，毛本同；巾箱本作「箸」、「絜」，監圖本、纂圖本同。阮記無說，盧記補云「案：《周禮》，『著』作『箸』，此「著」字誤也，明監本、毛本不誤」，「明監本、毛本『絜』作『結』，按：《周禮》亦是『結』字，『絜』字誤也」。檢《釋文》「枚」，小注「莫杯反，毛云微也，鄭注《周禮》云：枚如著，橫銜之於口，為繣絜於項中」，則作「著」、「絜」，與十行本等合，若以傳世本《周禮》鄭注證之，則當作「箸」、「結」，而《釋文》所見或據別本，盧記謂之為誤，未見其必然也。

15. **頁七左**　蜎蜎蠋貌桑蟲也

按：十行本、元十行本、李本（元）、劉本（嘉靖）、閩本、明監本、毛本同；巾箱本作「蜎蜎蠋貌蠋桑蟲也」，監圖本、纂圖本、岳本、五山本、日抄本同。阮記云：「小字本、相臺本『桑』上有『蠋』字，《考文》古本同，案：有者是也。」盧記同。此毛《傳》，注疏本系統與經注本系統異，檢《讀詩記》

卷十六《東山》引毛《傳》，「蜎蜎蠋貌桑蟲也」，無「蠋」字；又敦煌殘卷斯二〇四九《東山》毛《傳》，作「蜎蜎者，蜀兒，蜀桑」，與經注本系統稍合，乃別本也，阮記必以之為是，不可信從也。

16. 頁八右　正義曰幾法也謂以法得死罪

按：「幾」，十行本、元十行本、李本（元）、劉本（元）、閩本、明監本、毛本同；單疏本作「辟」，十行抄本同。阮記云：「案：山井鼎云『幾』恐『辟』字，是也。」盧記同。此句《疏》文釋《傳》，《傳》曰「公族有辟」，《疏》釋之曰「辟，法也，謂以法得死罪」，文義曉暢，當從單疏本等，若作「幾」，則不知此字從何而來，山井鼎所疑是也。

17. 頁八左　韓子云虫似蠋

按：「虫」，元十行本、李本（元）、劉本（元）同；單疏本作「蟲」，十行本、閩本、明監本、毛本同。阮記云：「案：『虫』當作『蠶』，因別體俗字，『蠶』作『蚕』，『蟲』作『虫』，而轉輾致誤也。」盧記同。《正字》云「『蠶』，誤『蟲』」，乃阮記所本。單疏本及十行本皆作「蟲」，阮記謂當作「蠶」，蠋即桑蠶，蠶如何似蠶，顯不可通，浦說、阮記皆誤。

18. 頁九右　螺蠃栝樓也

按：「栝」，十行本、元十行本、李本（正德）、劉本（正德）、閩本、明監本、毛本、日抄本同，《要義》所引同；巾箱本作「秳」，監圖本同；纂圖本作「括」。阮記云：「小字本『栝』作『括』，案：『括』字是也。《釋文》『果蠃』下云『括樓』，又『括樓，古活反』，十行本《正義》中皆作『括樓』可證……」盧記同。檢《讀詩記》卷十六《東山》引毛《傳》，「螺蠃栝樓也」，單疏本引及皆作「栝樓」，《要義》所引亦作「栝樓」，皆可為證，則作「栝」是也，阮記誤也。

19. 頁九右　燐螢火也

按：十行本、元十行本、李本（正德）、劉本（正德）、閩本、明監本、毛本、巾箱本、監圖本、纂圖本、日抄本皆同，《要義》所引亦同。阮記引段玉裁說以為「螢」為「熒」字之譌，盧記同。今傳世諸本及《要義》所引皆作「螢」，單疏本標起止云「《傳》螺蠃至螢火」，則其所見本亦作「螢」，段說率

多牽強附會，毫無實據，阮記引之，誤甚。

20. **頁九右**　如瓜辨是也*

按：「辨」，元十行本、李本（正德）、劉本（正德）、十行抄本同；單疏本作「瓣」，十行本、閩本、明監本、毛本同。阮記、盧記皆無說，瓜辨，不辭，當作「瓣」也。

21. **頁九左**　故知町疃是鹿之跡也

按：「疃」，十行本、元十行本、李本（正德）、劉本（正德）同；單疏本作「暉」，閩本、明監本、毛本同。阮記云：「閩本、明監本、毛本『疃』作『暉』，案：『暉』字是也，見上。」盧記同。此《疏》釋《傳》，《傳》云「町疃，鹿迹也」，則顯當從單疏本作「暉」，阮記是也。

22. **頁十右**　瓜之辨有苦者

按：「辨」，李本（正德）、劉本（正德）同；十行本作「瓣」，元十行本、閩本、明監本、毛本、巾箱本、監圖本、纂圖本、岳本同，《要義》所引亦同。阮記云：「案：『瓣』字是也……」盧記同。瓜之辨，不辭，《釋文》出字亦作「之瓣」，當從十行本作「瓣」，阮記是也。下文阮本於「辨」字加圈者，皆是「瓣」字之誤也。

23. **頁十右**　又尼其巢一傍為池

按：「尼」，李本（正德）、劉本（正德）、閩本、明監本、毛本同；單疏本作「泥」，十行本、元十行本、十行抄本同，《要義》所引亦同。阮記云：「案：『尼』當作『穴』，形近之譌，山井鼎云『尼』宋板作『泥』，其實不然，當是剜也。○按：巢中何得作穴，作『泥』是也。」盧記同。《正字》云：「『泥』，誤『尼』。」今單疏本、十行本、十行抄本及《要義》所引皆作「泥」，則浦說、段說皆是也，疑因「泥」左「氵」旁缺壞，重刻時遂譌作「尼」也。

24. **頁十一右**　正義曰釋畜文舍人曰騚赤色名曰駁也黃白色名曰皇也孫炎引此詩餘皆不解騚白之義案黃白曰皇謂馬色有黃處有白處則騚白曰駁謂馬色有騚處有白處舍人言騚馬名白馬非也孫炎曰騚赤色也

按：「騚赤色名曰駁也」、「騚馬名白馬」，十行本、元十行本、李本（元）、

劉本（嘉靖）、閩本、明監本、毛本同；單疏本作「騧色名白駁也」、「騧馬名白駁」。阮記云「案：『曰』當作『白』，舍人讀《爾雅》以『騧』字斷句也」，「案：『白馬』，當作『白駁』，舍人讀《爾雅》『白駁』二字為一句也，此《正義》譌舛不可讀，今訂正」。盧記同。考此段《疏》文乃釋《傳》，本詩經文「之子于歸，皇駁其馬」，《傳》云「黃白曰皇，騧白曰駁」，《疏》文先釋毛《傳》所本，乃《爾雅·釋畜》「騧白駁，黃白騜」，此下文字，又釋其意也。然單疏本前《疏》既云「舍人曰騧色名白駁」，為何後文又云「舍人言騧馬名白駁」，豈非其後矛盾？必有一誤。細味之，《疏》文意謂，舍人以為騧是馬名，白色之騧馬名駁，黃白色相間之騧馬名皇，此即《爾雅》所云「騧，白駁，黃白騜」之義，而孫炎則認為騧非馬名，乃赤色之義，孔《疏》據孫說以為《爾雅》所云「騧白駁，黃白騜」，乃謂赤白相間之馬名駁，黃白相間之馬名皇，舍人與孫炎二說之根本區別在於對騧字字義的理解不同，前者認為是馬名，後者認為是色名，從而對「騧白駁，黃白騜」解釋產生分歧，孔氏是孫說而非舍人也。若此推測不誤，則單疏本所謂「舍人曰騧色名」，乃「舍人曰騧馬名」之誤，下文正可為證，若然，則此段《疏》文當作：「《正義》曰：《釋畜》文，舍人曰『騧，馬名，白，駁也；黃白色，名曰皇也』，孫炎引此詩，餘皆不解騧白之義。案：黃白曰皇，謂馬色有黃處有白處；則騧白曰駁，謂馬色有騧處有白處。舍人言：『騧，馬名，白，駁』，非也，孫炎曰『騧，赤色也』。」全段俱暢，文義曉然。十行本《疏》文所謂「舍人曰騧赤色名曰駁也」，亦涉下文而誤，騧為赤色乃孫炎之說，《爾雅疏》引之「孫炎曰騧赤色也」，亦可為證，且騧既為赤色名，如何又「曰駁」？顯然不通。十行本下云「舍人言騧馬名白馬」，又與前說自相矛盾，其誤明矣，《正字》云「『白馬』，當『曰駁』之誤」，亦誤。

25. 頁十一左　*以申解之*

　　按：單疏本、十行本、元十行本、李本（元）、劉本（嘉靖）、閩本、明監本、毛本皆同。阮記云：「案：浦鏜云『戒誤解』，以《爾雅疏》考之，浦校是也。」盧記同。諸本皆同，考《疏》文云「詩云『親結其縭』，謂母送女，重結其所繫著，以申解之」，此「解」當有「告」義，未必如阮記所云為誤也。

## 卷八之三

### 1. 頁一左　以喻礼義者亦國家之所用*

按：「義」，單疏本、十行本、元十行本、李本（正德，板心有塗抹）、劉本（正德十二年）、閩本、十行抄本同；明監本作「樂」，毛本同。阮記、盧記皆無說。考此《疏》釋《傳》，《傳》云「禮義，國家之用也」，則顯當從單疏本作「義」，作「樂」誤也，此明監本將「樂」字用朱筆塗圈，並於其頁下寫「義」字，則讀此書者，亦以為當作「義」。此下阮本多於「礼義」之「義」旁加圈，且阮記、盧記皆無說，不知何意也。

### 2. 頁二左　傳吪化也

按：十行本、元十行本（正德十二年）、劉本（正德十二年）、閩本、明監本、毛本同；李本（正德，板心有塗抹）作「傳化化也」；單疏本無「也」字。阮記云：「閩本、明監本、毛本『正』上有『o』，案：所補非也，『也』當作『o』耳。」盧記同。此標起止，《傳》云「吪化也」，若標起止作「傳吪化也」，下文《傳》云「遒固也」，其標起止亦當作「傳遒固也」，而十行本標起止作「傳遒固」與單疏本同，無「也」字，據後例前，則此處之「也」字顯為衍文，當從單疏本，阮記是也。

### 3. 頁二左　箋以為之不安故易之

按：「之」，十行本、元十行本（正德十二年）、李本（正德，板心有塗抹）、劉本（正德十二年）、閩本、明監本、毛本同；單疏本無，十行抄本同。阮記云：「案：浦鏜云『之疑衍』，是也。」盧記同。以為之不安，不辭，「之」顯為衍文，當從單疏本，浦說是也。

### 4. 頁四右　以媒氏能用禮*

按：「禮」，單疏本、十行本、元十行本、閩本、明監本、毛本同；李本（正德，板心有塗抹）作「礼」，劉本（正德十二年）、十行抄本同。阮記、盧記皆無說。此《疏》釋《傳》，《傳》云「媒所以用禮也」，則作「禮」是也，阮本於此加圈，不知何義。

### 5. 頁四左　周公至聖見能未形

按：「見能」，十行本、元十行本、李本（正德，板心有塗抹）、劉本（正

德十二年）、閩本、明監本、毛本同；單疏本作「見於」，《要義》所引同。阮記云：「案：浦鏜云『見能字當誤倒』，是也。」盧記同。見能未形，不知何義，作「於」是也，當從單疏本等，浦說誤也。

6. 頁四左　何須問人

按：「問」，單疏本、十行本、元十行本、李本（正德，板心有塗抹）、劉本（正德十二年）、閩本、明監本、毛本皆同，《要義》所引亦同。阮記云：「案：『問』，當作『用』，形近之譌。」盧記同。此處「問」字不誤，當作「詢問」義解，阮記猜測之說，豈可信據。

7. 頁五右　則復籩礼器有踐然行列而次序矣

按：「復籩」，元十行本、李本（元）、劉本（嘉靖）同；單疏本作「豆籩」，十行本、十行抄本同；閩本作「復籩豆」，明監本、毛本同。阮記云：「閩本、明監本、毛本『籩』下有『豆』字，案：『復籩』當作『籩豆』。」盧記同。復籩禮器，不辭，故閩本等於「復籩」後補「豆」字，然「復」字乃衍文，當從單疏本等作「豆籩」，阮記誤也。

8. 頁五右　以其所願於上接己

按：單疏本、十行本、元十行本、李本（元）、劉本（嘉靖）、閩本、明監本、毛本皆同。阮記無說，盧記補云：「案：下文『接己』上當有『之』字」。盧記所云，並無依據，實屬猜測，不可信從。

9. 頁五右　箋柯至知之

按：「柯」，十行本、元十行本、李本（元）、劉本（嘉靖）同；單疏本作「伐柯」，閩本、明監本、毛本同。阮記無說，盧記補云：「『柯』上都有『伐』字。」此標起止，箋云「則，法也，伐柯者必用柯……人心足以知之」，《疏》文標起止例取前後數字，而以前二後二居多，未見有前一後二者，故當從單疏本，作「箋伐柯至知之」，盧記是也。

10. 頁六右　六晃之第二者也

按：「者」，十行本、元十行本、李本（元）、劉本（嘉靖）、閩本、明監本、巾箱本、監圖本、纂圖本皆同；毛本作「章」。阮記云：「盧本『者』作『章』，案云『今改正』，所改是也。」盧記同。今檢《釋文》作「第二者」，

《讀詩記》卷十六《九罭》引《釋文》，正作「第二者」，《正字》云「『者』，毛本誤『章』」，浦說是也，阮記誤也，汪記謂盧本所改非也，是也。

11. **頁六左　釋魚有鱒魴**

按：「鱒魴」，單疏本、十行本、元十行本、李本（元）、劉本（嘉靖）、閩本、明監本、毛本皆同，《要義》所引同。阮記云：「案：『鱒魴』，盧文弨云當作『鮵鱒』，是也。」盧記同。考本詩經文云「九罭之魚，鱒魴」，毛《傳》云「鱒、魴，大魚也」，檢《爾雅·釋魚》，有「鮵鱒」、「魴鯢」，皆為魚之有力者，與毛《傳》意合，孔《疏》釋《傳》，於《釋魚》二魚各取一字以稱，下《疏》又云：「郭朴曰『鱒，似鯶子赤眼者』、『江東呼魴魚為鯿』」，正與「《釋魚》有『鱒』、『魴』」相對應也，故非謂「《釋魚》有『鱒魴』」，《疏》文之「鱒魴」正本經、《傳》之「鱒魴」，盧文弨不明經義，妄加猜測，若如盧說，則僅有鱒，而魴不知在何處，阮記是之，誤甚。

12. **頁七左　東都之人欲周公雷之為君**

按：「之為」，十行本、元十行本、李本（元）、劉本（嘉靖）、閩本、明監本、毛本同；巾箱本作「為之」，監圖本、纂圖本、岳本、五山本、日抄本同，《要義》引之亦同。阮記云：「小字本、相臺本『之為』作『為之』，《考文》一本同，案：『為之』是也。」盧記同。揆諸文義，「留為之君」是也，檢敦煌殘卷斯二〇四九《九域》鄭箋，正作「為之」，則作「為之」是也，阮記是也。

13. **頁八右　箋是東至西歸**

按：「是東」，單疏本、十行本、元十行本、李本（元）、劉本（嘉靖）、閩本、十行抄本同；明監本作「是以」，毛本同。阮記云：「閩本同，明監本、毛本『東』作『以』，案：皆誤也，當作『是』。」盧記同。此標起止，箋云「是，是東都也……無以公西歸」，《疏》嫌「是是」重複，遂取「是東」，故當從單疏本，阮記非也。

14. **頁九右　此成公之大美\***

按：「公」，十行本、元十行本、李本（元）、劉本（元）、閩本、明監本、毛本、監圖本、纂圖本同；巾箱本作「功」，岳本、五山本、日抄本同，《要義》引之亦同。阮記云：「相臺本『公』作『功』，《考文》古本同，案：『功』字是也，《正義》可證。」盧記無說。「成公」不知何指，揆諸文義，顯當作

「成功」，檢敦煌殘卷斯二〇四九《狼跋》鄭箋，正作「成功」，則作「成功」是也，阮記是也。

16. **頁九左** 故以寰代之

按：「寰」，十行本、元十行本、李本（元）、劉本（元）、閩本、明監本、毛本同；單疏本作「載」。阮記無說，盧記補云：「『寰』，當作『載』，下文『明跋上宜有載』，可證。」「以載代之」者，釋經文用字也，本詩云「狼跋其胡，載寰其尾」，前句有狼字，可知乃狼跋其胡也，《疏》文以為「跋胡言狼，寰尾亦是狼也」，而後句經文不言狼者，「文不可重，故以載代之」，狼字不可重複出現，故以「載」代「狼」，據此，則作「寰」顯誤，當從單疏本也，盧記是也。

16. **頁十右** 士冠礼云玄端黑屨青絢繶純爵弁繡黑絢繶純

按：「爵弁繡」，十行本、元十行本、李本（元）、劉本（元）、閩本、明監本、毛本同；單疏本作「爵弁繡屨」，《要義》所引同。阮記云：「案：『繡』下，浦鏜云『脫屨字』，考《士冠禮》，浦挍是也。」盧記同。檢《儀禮·士冠禮》，正作「爵弁繡屨」，則「屨」字不可闕，當從單疏本等，浦說是也。

17. **頁十右** 狀如刃衣

按：「刃」，十行本、元十行本、李本（元）、劉本（元）、閩本、明監本、毛本同；單疏本作「刀」，《要義》所引亦同。阮記云：「案：浦鏜云『刀誤刃』，考《士冠禮》注，浦挍是也。」盧記同。此引《儀禮·士冠禮》鄭注，檢之正作「刀衣」，「刃」字顯誤，當從單疏本等，浦說是也。

18. **頁十右** 烏色赤則絢赤黑也

按：「赤」，十行本、元十行本、李本（元）、劉本（元）、閩本、明監本、毛本同；單疏本作「亦」，《要義》所引亦同。阮記云：「案：盧文弨云『赤當作亦』，是也。」盧記同。揆諸文義，作「亦」是也，當從單疏本等，阮記是也。

19. **頁十左** 故屨赤烏

按：單疏本、十行本、元十行本、李本（元）、劉本（元）、閩本、明監本、毛本皆同，《要義》所引亦同。阮記云：「案：浦鏜云『履誤屨』，是也。」

盧記同。此述箋文，單疏本、諸注疏本及《要義》所引皆作「屨」，浦說純屬
猜測，不可信從。

# 卷　九

## 卷九之一

1. 頁一左　而別世載其功業

按：「別」，單疏本、十行本、元十行本、李本（元）、劉本（元）、閩本、明監本、毛本、十行抄本皆同。阮記云：「案：『別』當作『列』，形近之譌。」盧記同。諸本皆同，原文不誤，「別世」者，後世也，阮記之說，純屬猜測，茆記謂其以意改，是也。

2. 頁二右　雅有小大二體而體亦由事而定故文王以受命為盛大雅以盛為王故其篇先盛隆

按：「王」，十行本、元十行本、李本（元）、劉本（嘉靖）、閩本、明監本、毛本同；單疏本作「主」，十行抄本同。阮記云：「案：浦鏜云『王疑主字誤』，是也。」盧記同。箋云「《大雅》之初，起自《文王》，至于《文王有聲》，據盛隆而推原天命」，則《大雅》所錄皆盛隆之事也，故《疏》云「《大雅》以盛為主」，作「王」則不知何義，顯誤，當從單疏本也，浦說是也。

3. 頁二左　下武不言武王之謚成王時作

按：「成」，單疏本、十行本、元十行本、李本（元）、劉本（嘉靖）、閩本、明監本、毛本、十行抄本皆同。阮記云：「案：『成』當作『武』，形近之譌。」盧記同。考前《疏》云「經無謚者，或當其生存之時，或在其崩後，不可定也」，繼而《疏》云「《下武》不言武王之謚，成王時作」，恰為「或在其

崩後」之例，且單疏本及諸注疏本皆作「成」，阮記疑作「武」，不可信從。

4. **頁三右** 文王之詩既終可王之事繼之

按：「可」，十行本、元十行本、李本（元）、劉本（元）、閩本、明監本、毛本同；單疏本作「武」，十行抄本同，《要義》所引亦同。阮記云：「案：浦鏜云『可當武字誤』，是也。」盧記同。可王，顯誤，揆諸文義，「武王」是也，當從單疏本等，浦說是也。

5. **頁三左** 此篇尚不以作之先後為次況小大反以作之先後為異乎*

按：「此」，十行本、元十行本、李本（元）、劉本（元）、閩本、明監本、毛本同；單疏本作「比」，十行抄本同。阮記、盧記皆無說。作「此」則文義難曉，作「比」是也，「比篇」者，排列各篇先後之義，《疏》文意謂諸風、大雅、小雅、三頌內部各篇的排列順序尚且並非依據創作時間先後，那麼大雅、小雅，二雅的先後排列順序怎麼會與之相異，而以創作時間先後為序呢？前《疏》有云「此又解小雅比篇之義」，下《疏》有云「其比篇如此者」，可見「比篇」乃熟語也，故當從單疏本等作「比」。阮記曾引文「此又解小雅比篇之義」，云：「閩本、明監本、毛本『比』誤『此』，下『比篇尚不以作之先後為次』同。」盧記同。阮本或據此而圈字也。

6. **頁四右** 鄭先論大雅者詩見事漸*

按：「詩」，單疏本、十行本、元十行本、李本（元）、劉本（元）、十行抄本同；閩本作「書」，明監本、毛本同。阮記云：「閩本、明監本、毛本『詩』誤『書』。」盧記無說。考《疏》云「詩次先小雅，此鄭先論大雅者，詩見事漸，故先小後大，鄭以大雅述盛隆之事，故先言焉」，「詩見事漸」之「詩」即「詩次先小雅」之「詩」，作「書」顯誤，當從單疏本也。以阮本體例論之，凡加圈之處，皆有譌誤，而此處阮本不誤，乃正閩本等之誤，於此加圈顯然與其體例有違。

7. **頁四右** 周雖舊邦其命維新之屬是也又大雅生民及卷阿*

按：「也」，十行本、元十行本、李本（元）、劉本（元）同；閩本作「也o」，明監本、毛本、十行抄本同。阮記、盧記皆無說，詳繹原文，「也」上乃《疏》文，「又」下乃《譜》文，單疏本「也」後有一空格，意在區分《疏》、《譜》，則閩本等是也。

「及」，十行本、元十行本、李本（元）、劉本（元）、閩本、明監本同：
單疏本作「下及」，毛本、十行抄本同。此句《疏》文，前後皆有「下及」，乃
相呼應，豈能後作「下及」而前反作「及」，且與文氣亦有滯礙，「下」字不可
闕也，當從單疏本，阮記云：「毛本『及』上剜添『下』字，案：所補是也。」
盧記同。《正字》云「監本脫『下』字」，皆是也。

8. **頁五右**　　樂與萬物得所

按：單疏本、十行本、元十行本、李本（元）、劉本（嘉靖）、閩本、明監
本、毛本皆同。阮記云：「案：『樂與』下當脫『賢與』二字。」盧記同。諸本
皆同，阮記之說，純屬猜測，不可信從。

8. **頁五右**　　亦不廢在生民之前也*

按：單疏本、十行本、元十行本、李本（元）、劉本（嘉靖）、閩本、明監
本、毛本、十行抄本皆同。阮記、盧記皆無說，諸本皆同，不知阮本為何於此
加圈，《正字》云「『廢』疑」，或阮本見之而於此加圈乎。

10. **頁六左**　　故下鄭分別說之何者天子饗元侯

按：「之」，十行本、元十行本、李本（元）、劉本（元）、閩本、明監本、
毛本同。阮記云：「案：『何』上，浦鏜云『脫o』，是也。」盧記無說。詳繹
原文，「之」上乃《疏》文，「何」下乃《譜》文，單疏本「之」後有一空格，
意在區分《疏》、《譜》，則浦說是也。

11. **頁六左**　　天子食元侯歌肆夏也

按：「食」，十行本、元十行本、李本（元）、劉本（元）、閩本、明監本、
毛本同；單疏本作「饗」。阮記云：「案：浦鏜云『食當饗字譌』，是也。」盧
記同。此《疏》引《譜》文也，《譜》云：「天子饗元侯歌肆夏」，則當從單疏
本，諸本皆誤，浦說是也。

12. **頁七右**　　言金奏者始作未必先擊鐘以奏之

按：「未」，單疏本、十行本、元十行本、李本（元）、劉本（嘉靖）、閩
本、明監本、毛本皆同，《要義》所引亦同。阮記云：「案：浦鏜云『未當樂字
譌』，是也。」盧記同。考前《疏》云「凡樂之初作，皆擊金奏之」，下《疏》
云「是歌必以金奏之」，揣摩文義，則此處之「未必」顯然有疑，浦鏜謂「未」

當作「樂」，或是。

13. 頁七左　則元侯相見亦與天子於元侯同

按：「見」，單疏本、十行本、元十行本、李本（元）、劉本（嘉靖）、閩本、明監本、毛本皆同。阮記云：「案：『見』，當作『於』，上下文可證。」盧記同。單疏本及諸注疏本皆同，文義無滯，阮記之言，實為猜測，並無實據，不可信從。

14. 頁七左　不歌四夏避天子也

按：「四」，十行本、元十行本、李本（元）、劉本（嘉靖）同；單疏本作「肆」，閩本、明監本、毛本同。阮記、盧記皆無說。阮記前此曾引文「歌四夏也」，云：「閩本、明監本、毛本『四』作『肆』，案：所改是也，下同。」則阮本於此「四」加圈，意或在此，下文加圈諸「四」，亦無阮記、盧記相釋，則其意或同也。

15. 頁七左　天子諸侯燕羣臣乃聘問之賓

按：「乃」，十行本、元十行本、李本（元）、劉本（嘉靖）、閩本、明監本、毛本同；單疏本作「及」。阮記云：「案：山井鼎云『乃恐及誤』，是也。」盧記同。《正字》云：「『及』，誤『乃』。」此《譜》文，下《疏》引述之云：「燕禮者，諸侯燕其羣臣及聘問之賓之禮也」，故當從單疏本作「及」，浦說是也。

16. 頁七左　於元侯雖

按：「雖」，單疏本、十行本、元十行本、李本（元）、劉本（嘉靖）、閩本、明監本、毛本皆同。阮記云：「案：『雖』當作『饗』，讀四字一句。」盧記同。若從阮記，則《疏》文云「於元侯饗，則下之」，而下《疏》云「饗賓當上取」、「饗賓之中，天子於元侯歌《肆夏》，諸侯相於歌《文王》，皆為上取」，顯然前後矛盾。考《譜》云「其用於樂，國君以《小雅》，天子以《大雅》，然而饗賓或上取」，所謂或上取者，《譜》又云「天子饗元侯，歌《肆夏》，合《文王》；諸侯歌《文王》，合《鹿鳴》，諸侯於鄰國之君與天子於諸侯同」，《肆夏》屬《頌》，天子用《大雅》，天子饗元侯而歌《肆夏》，此之謂上取，《文王》為《大雅》，諸侯用《小雅》，諸侯於鄰國之君用《文王》，此之謂上取，故《疏》云「天子以《大雅》，而饗元侯歌《肆夏》，國君以《小雅》，於

鄰國歌《文王》，是『饗賓或上取』也」，此處《疏》文云「前云『饗賓或上取』，上既言天子饗元侯歌《肆夏》，於元侯雖則下之，諸侯於鄰國之君與天子於諸侯同歌文王者，皆謂饗矣」，正承此而來，所謂「於元侯雖則下之」者，諸侯於元侯下之之義也，前《疏》云「元侯者，元，長也，謂諸侯之長也」，天子於元侯歌《肆夏》，天子於諸侯歌《文王》，故諸侯於元侯下之也，雖則下之，諸侯於鄰國之君亦歌《文王》，與天子於諸侯所歌同者，乃因與天子饗元侯同，亦為諸侯饗異國之君也，故《疏》云「皆謂饗矣」。《疏》文大義如此，原文不誤，阮記猜測之說，不可信從。

17. 頁八右　鄭從風為鄉樂以上差之*

按：「風」，單疏本、十行本、明監本同；劉本（嘉靖）作「凡」，閩本、毛本同；元十行本、李本（元）漫漶。阮記云：「閩本、明監本、毛本『風』誤『凡』。」盧記無說。「風為鄉樂」，前文屢次言及，以與雅為天子之樂相對而言也，作「凡」則不知何義，元十行本此字漫漶，意補板重修時，刻工見其殘形，臆度補之作「凡」，遂為閩本等所承，明監本之「風」乃讀此本者描摹，其底本當亦同作「凡」字，當從單疏本等作「風」，阮記是也。

18. 頁八右　文與天子燕羣臣

按：「文」，單疏本、十行本、元十行本、李本（元）、劉本（嘉靖）、閩本、明監本、毛本皆同。阮記云：「案：浦鏜云『又誤文』，是也。」盧記同。考《疏》云「諸侯燕羣臣及聘問之賓，文與天子燕羣臣及聘問之賓同」，此述鄭《譜》也，《譜》云「天子、諸侯燕羣臣及聘問之賓，皆歌《鹿鳴》，合鄉樂」，則天子燕羣臣及聘問之賓，歌《鹿鳴》，合鄉樂；諸侯燕羣臣及聘問之賓，亦歌《鹿鳴》，合鄉樂，《疏》所謂「文」即指《譜》文「歌《鹿鳴》，合鄉樂」。前《疏》云「諸侯相於，與天子於諸侯文同」，而《譜》云「（天子饗）諸侯歌《文王》，合《鹿鳴》，諸侯於鄰國之君，與天子於諸侯同」，則《疏》所謂「文」即指「歌《文王》，合《鹿鳴》」。前後二「文」，所指相仿，以彼況此，可知作「文」不誤，浦說誤也，阮記是之，亦誤也。

19. 頁八右　天子諸侯皆有上取下就自由尊用之差

按：「用」，十行本、元十行本、李本（元）、劉本（嘉靖）、閩本、明監本、毛本同；單疏本作「卑」，《要義》所引同。阮記云：「案：浦鏜云『卑誤

用』，是也。」盧記同。考下《疏》云「由尊卑為差」、「用樂自以尊卑為差等」，則此處自應作「尊卑」也，「用」字顯誤，當從單疏本等，浦說是也。

20. 頁九右　鄉飲酒燕禮並注云鄉飲酒升歌小雅禮盛者可以進取燕合鄉樂礼者可以逮下

按：「礼者」，元十行本同，十行本作「禮者」，李本（元）、劉本（元）同；單疏本作「禮輕者」，閩本、明監本、毛本同，《要義》所引亦同。阮記云：「閩本、明監本、毛本『禮』下有『輕』字，案：所補是也。」盧記同。檢《儀禮·鄉飲酒》鄭注，「燕合鄉樂，禮輕者可以逮下也」，《儀禮·燕禮》鄭注，「燕合鄉樂者，禮輕者可以逮下也」，又下《疏》云「故鄭解其尊卑不同用樂得同之意，因言由禮盛可以進取，禮輕可以逮下，所以用樂得同」，此處所謂「因言」即指上文所引鄭注，「輕」字不可闕，故當從單疏本等，阮記是也。

21. 頁九右　與升歌合樂別也此其著略

按：「也」，十行本、元十行本、李本（元）、劉本（元）同；閩本作「也o」，明監本、毛本同。阮記、盧記皆無說。詳繹原文，「也」上乃《疏》文，「此」下乃《譜》文，單疏本「也」後有一空格，意在區分《疏》、《譜》，閩本所補是也。

22. 頁九右　未得詳聞也大雅民勞

按：「也」，十行本、元十行本、李本（元）、劉本（元）同；閩本作「也o」，明監本、毛本同。阮記、盧記皆無說。詳繹原文，「也」上乃《疏》文，「大」下乃《譜》文，單疏本「也」後有一空格，意在區分《疏》、《譜》，閩本所補是也。

23. 頁十右　楚語云衛武公九十五矣作懿以自誓韋昭云

按：「誓」，十行本、元十行本、李本（元）、劉本（嘉靖）同；單疏本作「警」，閩本、明監本、毛本同，《要義》所引亦同。阮記云：「案：山井鼎云『《國語》作儆，作誓為非』，是也，《仰》《正義》引作『儆』。」盧記同。檢《國語·楚語》，作「作《懿》戒以自儆也」，儆者警也，則當從單疏本等，阮記誤也。

24. 頁十右　事在大雅之後

按：「大雅」，單疏本、十行本、元十行本、李本（元）、劉本（嘉靖）、閩

本、明監本、毛本皆同，《要義》所引亦同。阮記云：「案：『大雅』當作『流
彘』，上下文可證。」盧記同。「上下文可證」，含糊其辭，不明所指，單疏本、
諸注疏本及《要義》所引皆作「大雅」，原文不誤，阮記非也。

25. 頁十右　民之所以勞者由王政反常綱紀廢次故次板蕩

按：「次」，十行本、元十行本、李本（元）、劉本（嘉靖）同；閩本作「缺」，
明監本、毛本同；單疏本作「壞」。阮記無說，盧記補云：「毛本『次』作『缺』，
按：『缺』字是也，形近之譌。」考《大雅·蕩》詩句云「蕩蕩上帝，下民之
辟」，箋云「蕩蕩，法度廢壞之貌」，《疏》文之「綱紀廢壞」正本此箋也，故
應作「廢壞」，當從單疏本也，盧記誤也。

26. 頁十右　小旻刺王謀之不臧小宛傷天命之將去論怨嗟小故為
　　　　　　次焉

按：「怨嗟」，十行本、元十行本、李本（元）、劉本（嘉靖）、閩本、明監
本、毛本同；單疏本作「怨差」。阮記云：「案：浦鏜云『怨嗟當惡差之誤』，是
也。」盧記同。所謂「差小」者，稍小之義也，論怨稍小於《小旻》，故《小宛》
列於其次也。作「嗟少」則不知何義，當從單疏本也，浦說猜測之見，誤也。

27. 頁十左　王師敗績於羌氏之戎

按：「羌」，單疏本作「羌」，十行本、元十行本、李本（元）、劉本（嘉
靖）同，《要義》所引亦同；閩本作「姜」，明監本、毛本同。阮記云：「閩本、
明監本、毛本『羌』作『姜』，案：所改是也，下『羌戎為敗』，亦當作『姜』。」
盧記同。此《疏》引《史記·周本紀》，單疏本、宋元刊注疏本及《要義》所
引皆作「羌」，則其所見本如此也，阮記以「姜」為是，豈其必然，下「羌戎
為敗」亦同。

28. 頁十一右　是序此篇之意也

按：「此」，單疏本、十行本、元十行本、李本（元）、劉本（嘉靖）、閩
本、明監本、毛本皆同。阮記云：「案：『此』當作『比』，形近之譌。」盧記
同。阮記之說，毫無依據，純屬猜測，不可信從。

29. 頁十三右　又問曰小雅之臣何也獨無刺厲王

按：「也」，十行本、元十行本、李本（元）、劉本（嘉靖）、閩本、明監

本、毛本同；單疏本作「以」，《要義》所引亦同。阮記云：「案：浦鏜云『以誤也』，是也。」盧記同。「何也」，不辭，應作「何以」，「也」字顯誤，或因形近而譌，當從單疏本等，浦說是也。

### 30. 頁十三左　亂甚焉*

按：「焉」，單疏本、十行本、元十行本、李本（元）、劉本（嘉靖）、閩本、明監本、毛本皆同。阮記、盧記皆無說，不知阮本為何於此加圈。

### 31. 頁十三左　今先王起衰亂討四夷

按：「先」，十行本、元十行本、李本（元）、劉本（嘉靖）、閩本、明監本、毛本同；單疏本作「宣」，《要義》所引亦同。阮記云：「案：『先』當作『宣』，下文可證。」盧記同。考下《疏》云「厲王廢小雅之道，以致交侵，宣王修小雅之道，以興中國」，「宣王征伐四夷，興復小雅」，則此處顯應作「宣王」也，當從單疏本等，阮記是也。

### 32. 頁十三左　用舍存於政興廢於人也

按：「於」，十行本、元十行本、李本（元）、劉本（嘉靖）同；閩本作「存於」、明監本、毛本同；單疏本作「由於」，《要義》所引同。阮記云：「閩本、明監本、毛本『廢』下有『存』字，案：所補是也。」盧記同。「用舍存於政」，「興廢由於人也」，「存」、「由」對文而言，豈可闕也，當從單疏本等，閩本亦知此處闕文，然仍以「存」字補之，誤也，阮記是之，亦誤。

### 33. 頁十四左　咨者無紙皆用簡札

按：「咨」，十行本、元十行本、李本（元）、劉本（元）、閩本、明監本、毛本同；單疏本作「古」。阮記云：「案：山井鼎云『咨恐昔字』，非也，『咨』當作『古』，《出車》《正義》云『古者無紙可證』。」盧記同。《正字》云「『咨』，當『古』字誤」，或謂阮記所本。咨者無紙，不知何義，顯應作「古」，當從單疏本也，浦說、阮記皆是也。

## 卷九之二

### 1. 頁一左　講道脩德之樂歌是也

按：「德」，單疏本、十行本、元十行本、李本（元）、劉本（嘉靖）、閩

本、明監本、毛本、十行抄本皆同。阮記云：「案：浦鏜云『政譌德』，以《儀禮》注考之，是也。」盧記同。檢《讀詩記》卷十七《鹿鳴》，引云：「孔氏曰：《燕禮》注云：鹿鳴者，君與臣工及四方之賓，燕講道脩德之樂歌也。」則孔《疏》所見本如此，當從單疏本，浦說誤也。

2. 頁一左　故敘以燕因之

按：「因」，單疏本、十行本、元十行本、李本（元）、劉本（嘉靖）、閩本、明監本、毛本皆同。阮記云：「案：盧文弨云『因疑目』，是也。」盧記同。諸本皆同，揆諸文義，此處不誤，盧氏誤疑，阮記是之，亦誤。

3. 頁二右　聘礼注云饗謂享大牢以飲賓

按：「享」，十行本、元十行本、李本（元）、劉本（嘉靖）、閩本、明監本、毛本、庫本同；單疏本作「亨」，殿本同。阮記云：「案：浦鏜云『亨誤享』，考《儀禮》注是也，《伐木》《正義》引作『亨』。」盧記同。檢《正字》云「『亨』，音烹，古『烹』字，誤作『享』」，單疏本作「亨」，浦說與之合，是也。又文津閣本、薈要本《毛詩注疏》卷十六《鹿鳴》，正作「亨」，與殿本合，則文淵閣本之「享」，乃抄手之誤也。

4. 頁二左　書曰筐厥玄黃

按：「筐厥」，十行本、元十行本、李本（元）、劉本（嘉靖）、閩本、明監本、毛本、巾箱本、監圖本、纂圖本、岳本、五山本、日抄本皆同。阮記云：「小字本、相臺本同，案：『筐厥』二字當倒……」盧記同。檢敦煌殘卷伯二五一四《鹿鳴》鄭箋，作「筐厥玄黃」，而敦煌殘卷斯二〇四九《鹿鳴》鄭箋，作「厥筐玄黃」，則「筐厥」、「厥筐」乃別本之異，阮記必謂當作「厥筐」，顯然武斷，不可信從，《六經正誤》謂作「厥筐」誤，亦非。

5. 頁二左　瑟琴以樂之

按：「琴」，單疏本、十行本、元十行本、李本（元）、劉本（嘉靖）、十行抄本同，《要義》所引亦同；閩本作「笙」，明監本、毛本同。阮記云：「閩本、明監本、毛本『琴』作『笙』，案：所改是也，此《正義》用王肅述毛也。」盧記同。單疏本與宋元刊注疏本皆作「琴」，《要義》所引亦同，則作「琴」不誤，閩本等誤改，阮記是之，非也。

6. **頁三右**　鄭唯下二句為異言己所以召臣燕食琴瑟笙幣帛愛厚之者由己臣下之賢所宜燕饗

按：「琴瑟笙」，十行本、元十行本、李本（元）、劉本（嘉靖）同；閩本作「瑟笙」，明監本、毛本同；單疏本作「琴瑟笙簧」，十行抄本同。阮記云：「閩本、明監本、毛本無『琴』字，案：所刪是也。」盧記同。琴瑟笙，顯然語氣不足，據本詩經文，「燕食」者，「呦呦鹿鳴，食野之苹」；「琴瑟」者，「我有嘉賓，鼓瑟吹笙」；「笙簧」者，「吹笙鼓簧」；「幣帛」者，「承筐是將」，實乃一一對應者也，故「簧」字不可闕，當從單疏本等，阮記誤也。

7. **頁三左**　琴笙以樂之

按：「琴」，單疏本、十行本、元十行本、李本（元）、劉本（嘉靖）同；閩本作「瑟」，明監本、毛本同。阮記云：「閩本、明監本、毛本『琴』作『瑟』，案：所改是也。」盧記同。單疏本與宋元刊注疏本皆作「琴」，作「琴」不誤，閩本等誤改，阮記是之，非也。

8. **頁四右**　郭璞曰今人呼為青蒿

按：「為」，單疏本、十行本、元十行本、李本（元）、劉本（元）、閩本、明監本、毛本皆同。阮記云：「案：『呼』下『為』字衍也，今《爾雅》注無此。」盧記同。單疏本及諸注疏本皆有「為」字，則其所見如此也，以今傳世本《爾雅》以訂孔《疏》本所見，可乎？阮說絕不可信從。

9. **頁四右**　目視物與示傍見

按：「與」，十行本、元十行本、李本（元）、劉本（元）、閩本、明監本、毛本同；單疏本作「為」。阮記云：「案：『與』當作『為』。」盧記同。《正字》云：「『與』，疑『作』字誤。」作「與」則不知何義，所謂「示旁見」即視字也，當從單疏本，阮記是也，浦說誤也。

10. **頁四左**　愉音臾說文酬為薄也昭十年左傳引此詩服虔亦云示民不愉薄是也定本作愉者然

按：「酬」，十行本、元十行本、李本（元）、劉本（元）、閩本、明監本、毛本同；單疏本作「訓」，《要義》所引同。阮記云：「案：浦鏜云『訓誤酬』，是也。」盧記同。作「酬」顯誤，或因與「訓」字形近而譌，當從單疏本等，

浦說是也。

　　「定本作愉者然」，十行本、元十行本、李本（元）、劉本（元）、閩本、明監本、毛本同；單疏本作「定本作偷若然」，《要義》所引同。阮記云：「案：『愉』當作『偷』，見上，『者』當作『若』，屬『然』字，別為句。」盧記同。《正字》云「『愉者』，疑『愉字』誤」，誤也。前文已言「愉」，若定本作「愉」，無需《疏》文特意強調，故應作「定本作偷」，則下作「者然」顯誤，應作「若然」，故當從單疏本等，阮記是也，浦說誤也。

　　11. 頁五左　　韓詩作倭夷

　　按：「倭」，十行本、元十行本、李本（元）、劉本（嘉靖）、閩本、明監本、毛本、巾箱本、監圖本、纂圖本皆同。阮記云：「通志堂本、盧本同，案：盧文弨引臧琳云：《文選》注引韓詩皆作『威夷』，是也。」盧記無說。《正字》云：「案：《漢地理志》右扶風郁夷縣，師古註云：《小雅・四牡》之詩曰：周道倭遲，韓詩作『郁夷』字，言使臣乘馬行於此道，是『倭』字當『郁』字誤也。」檢《釋文》，亦作「倭夷」，則浦說、臧說皆不足取信也。

　　12. 頁五左　　箋云無私恩

　　按：「箋云」，十行本、元十行本、李本（元）、劉本（嘉靖）、閩本、明監本、毛本、巾箱本、監圖本、纂圖本、岳本、五山本、日抄本皆同。阮記云：「案：《正義》云『集註及定本皆無箋云兩字』，是自此盡『辭王事』，並屬《傳》也，段玉裁云是也。」盧記同。段氏校經多猜測無根之說，豈可據信！今檢敦煌殘卷伯二五一四《四牡》、敦煌殘卷斯二〇四九《四牡》，皆作「箋云無私恩」，有「箋云」二字，則傳世諸本皆有「箋云」，《疏》云「箋以《傳》言未備，故贊之云『無私恩……』」，則孔穎達所見亦有「箋云」，段說絕不可信從。

　　13. 頁六右　　主謂念憶父母*

　　按：「主」，單疏本作「正」，十行本、元十行本、閩本、明監本、毛本同；李本（正德，板心有塗抹）作「王」，劉本（正德十二年）同。阮記、盧記皆無說。揆諸文義，顯當作「正」，阮本譌作「主」，似緣其底本，李本、劉本此頁為正德補板，則又譌作「王」，可謂輾轉錯譌，一誤再誤也。

　　14. 頁六左　　又定本思恩作私恩

　　按：單疏本、十行本、元十行本、李本（正德，板心有塗抹）、劉本（正

德十二年）、閩本、明監本、毛本同。阮記云：「案：此當云『又定本私恩作思恩』，誤互易其字也，《正義》本作『私恩』，上文可證。」盧記同。細味《疏》義，阮記是也，然無版本依據，存疑可也。

15. 頁六左　鷽本又作驢力輒反

按：「又」，十行本、元十行本、李本（正德，板心有塗抹）、劉本（正德十二年）、閩本、明監本、毛本、巾箱本、監圖本、纂圖本皆同。阮記云：「通志堂本、盧本同，案：《六經正誤》云『本作，欠作字』，是宋監本無『又』字。」盧記無說。《釋文》出字「黑鷽」，注云「本又鷽，力輒反」，有「又」無「作」，且「黑鷽，本又鷽」，不通，後「鷽」字顯誤，而《六經正誤》所言欠「作」字，正與之合，而不云「又」，或節略言之也，阮記必據此以正《釋文》，未見其是也。

16. 頁六左　受命遂行*

按：「遂」，單疏本、十行本、元十行本、李本（正德，板心有塗抹）、劉本（正德十二年）同，《要義》所引亦同；閩本作「乃」，明監本、毛本同。阮記云：「閩本、明監本、毛本，下『遂』字誤『乃』。」盧記無說。揆諸文義，作「遂」是也，當從單疏本等，閩本等誤改，阮記是也。

17. 頁七右　不方浮反又如字字又作鴩

按：「鴩」，元十行本、李本（元）、劉本（嘉靖）同；十行本作「鴳」，閩本、明監本、毛本、巾箱本、監圖本、纂圖本同。阮記無說，盧記補云：「毛本『鴩』作『鴳』。」檢《釋文》出字「夫」，注云「方于反，字又作鴳，同」，出字「不」，注云：「方浮反，又如字，字又作鴳，同，《草木疏》云：夫不，名浮鳩」，則「夫不」即「鴩鴳」，故此處顯當作「鴳」，以與「鴩」相對也，元十行本刊刻時或因下文有「浮鳩」，遂譌「鴳」為「鴩」，而為諸本所承也。

18. 頁七右　正義曰釋鳥云雛其夫不舍人曰雛名其夫不

按：單疏本、十行本、元十行本、李本（元）、劉本（嘉靖）、閩本、明監本、毛本同，《要義》所引亦同。阮記云：「案：山井鼎云：《爾雅疏》無『其』字，今考彼《疏》引云『雛一名夫不』。」盧記同。《正字》云：「『一名』，誤『名其』。」單疏本、宋元以來諸注疏本及《要義》所引皆同，則浦說不可據信也。

19. **頁七右**　某氏引春秋云祝鳩氏司徒祝鳩雖夫不者故為司徒郭
　　　璞曰今鵓鳩也

按：「者」，十行本、元十行本、李本（元）、劉本（嘉靖）、閩本、明監本、毛本同，《要義》所引同；單疏本作「孝」。阮記云：「案：『者』，當作『孝』，《爾雅疏》采此正作『孝』，而今本亦誤為『者』。」盧記同。《正字》云「『孝』，誤『者』」，乃阮記所本。檢《左傳》昭公十七年《正義》引「樊光曰：『《春秋》云：祝鳩氏，司徒。祝鳩即隹其，夫不，孝，故為司徒。郭璞曰：今鵓鳩也』」，據此，作「孝」是也，當從單疏本，浦說是也。

「鵓」，十行本、元十行本、閩本、明監本、毛本同；李本（元）作「鶉」，劉本（嘉靖）同；單疏本作「鵓」，《要義》所引同。阮記云：「案：浦鏜云『鶉誤鵓』，是也，《釋文》引《草木疏》云：夫不一名浮鳩，即鵓字也。」盧記同。上文所引《春秋正義》載郭璞曰，作「鵓」，又《爾雅疏》引「郭云今鵓鳩」，則作「鵓」，當從單疏本等，浦說是也。

20. **頁七左**　君勞使臣述時其情

按：「時」，元十行本、李本（元）、劉本（嘉靖）同；十行本作「序」，巾箱本、監圖本、纂圖本、岳本、五山本同；閩本作「敘」、明監本、毛本同。阮記云：「小字本、相臺本『時』作『序』，閩本、明監本、毛本作『敘』，案：『序』字是也。」盧記同。考《疏》釋此箋，云「凡詩述序人言以為歌」，又云「既序使臣之意」，則《疏》所見本作「序」，又敦煌殘卷伯二五一四《四牡》、敦煌殘卷斯二〇四九《四牡》鄭箋，皆作「序」，《讀詩記》卷十七《四牡》，引鄭氏曰，作「述序其情」，則當作「序」，阮記是也。

21. **頁八右**　後為詩人歌故云歌耳

按：「人」，單疏本、十行本、元十行本、李本（元）、劉本（嘉靖）、閩本、明監本、毛本同。阮記云：「案：『人』當作『入』，形近之譌。」盧記作「人當作人」，餘同，顯誤。為詩入歌，不知何義，所謂「詩人歌」者，「詩人所歌」也，此處不誤，阮記之說可謂想當然爾。

22. **頁八左**　箋云春秋外傳曰懷私為每懷

按：「私」，十行本、元十行本、李本（元）、劉本（嘉靖）、閩本、明監本、毛本、巾箱本、監圖本、岳本、五山本、日抄本同，《要義》所引亦同；

纂圖本作「思」。阮記云：「案：此引《國語》，『私』，當如彼文作『和』……《正義》云『故鄭引其文因正其誤云和當為私，私為和誤也』，考此則正其誤在下，此當仍作『和』矣……」盧記同。本詩經文云「每懷靡及」，《傳》云「每，雖。懷，和也」，箋云「《春秋外傳》曰：懷私為每懷也，『和』當為『私』」，《疏》云「是《外傳》以為『懷私』，故鄭引其文，因正其誤，云『和當為私』，為『和』誤也」。詳繹箋、《疏》，可知鄭北海所正者乃《毛傳》釋「懷」為「和」之誤也，而引以為據者則為《春秋外傳》，故其所引《外傳》必作「私」，《疏》釋箋意，義甚了然，而阮記竟謂鄭玄乃正《國語》之譌，乃未了《疏》義，宜其新造臆說也。

### 23. 頁九右　而章傳云雖有中和當自謂無所及

按：「而」，十行本、元十行本、李本（元）、劉本（嘉靖）、閩本、明監本、毛本同；單疏本作「而下」，殿本同。阮記云：「案：『而』，當作『卒』。」盧記無說。《正字》云：「『下』，誤『而』。」而章傳云，不知何義，單疏本《疏》文所謂「下章」者，乃指本詩第五章，毛《傳》云「兼此五者，雖有中和，當自謂無所及，成於六德也」，則此處之「下」字豈可闕也，當從單疏本，殿本補之，是也，浦說、阮記皆誤也。

### 24. 頁九右　明魯語所亦當為懷私

按：「所」，十行本、元十行本、李本（元）、劉本（嘉靖）同；閩本作「所云」，明監本、毛本同；單疏本作「所引」，十行抄本同。阮記云：「閩本、明監本、毛本『所』下有『云』字，案：所補是也。」盧記同。考前《疏》云「案：《魯語》穆叔云：《皇皇者華》，君教使臣曰『每懷靡及』，臣聞之曰：懷私為每懷」，則此「懷私」乃《魯語》所引穆叔之言，故「引」字不可闕也，當從單疏本作「所引」，阮記誤也。

### 25. 頁十右　於是訪問求善道也

按：「是」，十行本、元十行本、李本（元）、劉本（嘉靖）、閩本、明監本、毛本、巾箱本同；監圖本作「之」，纂圖本、日抄本同，《要義》所引亦同。阮記云：「小字本、相臺本『是』作『之』，案：『之』字是也。」盧記同。揆諸文義，作「之」似勝，阮記是也。

26. 頁十一右　箋以破和為私則無復有中和之事

按：「以」，十行本、元十行本、李本（元）、劉本（嘉靖）、閩本、明監本、毛本同；單疏本作「已」。阮記云：「案：浦鏜云『以疑已字誤』，是也。」盧記同。「已」與「無復」語氣前後正為相應，作「以」顯誤，當從單疏本也，浦鏜所疑是也。

27. 頁十二右　此經八章上四句言兄弟光顯急難相須五章言安寧
　　　　　　　之日始求朋友

按：「句」，十行本、元十行本、李本（元）、劉本（嘉靖）、閩本、明監本、毛本同；單疏本作「章」，十行抄本同。阮記云：「案：浦鏜云『章誤句』，是也。」盧記同。據此句《疏》文下云「五章言」云云，可知此處作「上四句」決誤也，顯應作「上四章」，當從單疏本等，浦說是也。

28. 頁十二左　以為二叔宜為夏之末不得為管蔡

按：「夏」，十行本、元十行本、李本（元）、劉本（嘉靖）同；單疏本作「夏殷」，閩本、明監本、毛本同，《要義》所引亦同。阮記云：「明監本、毛本『之』上有『殷』字，閩本剜入，案：所補是也。」盧記同。前《疏》屢言，「二叔宜為夏殷末也」、「二叔者亦宜為夏殷之末世」，作「夏」顯誤，當從單疏本，阮記以為閩本等所補，單疏本原文如此，閩本或別有所承也。

29. 頁十三左　與此唐棣異木故爾雅別釋

按：「與此」，十行本、元十行本、李本（元）、劉本（嘉靖）、閩本、明監本、毛本同；單疏本作「此與」。阮記云：「案：浦鏜云『與此當誤倒』，是也。」盧記同。《疏》文前後並未言及唐棣，則若作「與此唐棣」，其「此」字無著落，故當作「此與唐棣」也，當從單疏本，浦說是也。

30. 頁十三左　王述之曰管蔡之事以次而為常棣之歌為來今是也

按：「以次」，單疏本、十行本、元十行本、李本（元）、毛本同；劉本（嘉靖）作「以是」，閩本、明監本同。阮記云：「閩本、明監本『次』誤『是』，案：皆非也，『以次』當作『已缺』……」盧記同。《正字》云：「下四字，疑『為已往』三字之誤。」「管蔡之事以次而為常棣之歌」，即次管蔡之事而為《棠棣》之歌之義，則作「次」是也，當從單疏本，浦說、阮記皆猜測之言，不可據信。

31. 頁十四右　當求以相耽不得疏也

按：「耽」，十行本、元十行本、李本（元）、劉本（元）、閩本、明監本、毛本同；單疏本作「助」。阮記云：「案：『耽』當作『助』，形近之譌。」盧記同。求以相耽，不知何義，揆諸文義，當從單疏本作「助」，阮記是也。

32. 頁十四右　況也永歎

按：「況」，毛本、監圖本、岳本、日抄本、唐石經同；十行本作「況」，元十行本、李本（元）、劉本（元）、閩本、明監本、巾箱本、纂圖本、五山本、白文本同。阮記云：「唐石經『況』字後改，案：《釋文》云：況也，或作兄，非也。段玉裁云：此《桑柔》《召旻》及《今文尚書》，母兄曰，則兄曰，正同，作『兄』是，作『況』非。」盧記同。今檢敦煌殘卷伯二五一四《常棣》、敦煌殘卷斯二〇四九《棠棣》，正作「況也永歎」，則傳世本雖有「況」、「況」之異，然未見有作「兄」者，且陸德明已明言其非，段氏強逞臆說，豈可為據。

33. 頁十四右　箋云每有雖也

按：「有」，十行本、元十行本、李本（元）、劉本（元）、閩本、明監本、毛本、巾箱本、監圖本、纂圖本、日抄本同；岳本無。阮記云：「相臺本無『有』字，案：相臺本誤也，『每有雖也』，箋用《釋訓》文……○按：舊校非也，無『有』字為是，箋正用《皇皇者華》《傳》。」盧記同。檢敦煌殘卷伯二五一四《常棣》、敦煌殘卷斯二〇四九《棠棣》鄭箋，作「每雖也」，無「有」字，則段說不可謂無據也。

34. 頁十四左　茲對也

按：「也」，單疏本、十行本、元十行本、李本（元）、劉本（元）、閩本、明監本、毛本皆同。阮記云：「案：此不誤，浦鏜云『之誤也』，非也……○按：『對』字非經中所有，則舊說亦非，浦云：也當作之，為是，《正義》用箋語耳。」盧記同。單疏本作「也」，則浦說之誤，段說之非，可知也，阮記案語是也。

35. 頁十四左　兄弟鬩于墙

按：「鬩」，十行本、元十行本、李本（元）、劉本（元）、閩本、明監本、毛本、巾箱本、監圖本、纂圖本、岳本、五山本、日抄本、唐石經、白文本皆同，《要義》所引亦同。阮記、盧記皆無說，檢敦煌殘卷伯二五一四《常棣》、

斯二〇四九《棠棣》，皆作「閱」，不知阮本為何於此加圈。

### 36. 頁十四左　　箋云禦禁

按：十行本、元十行本、李本（元）、劉本（元）、閩本、明監本、毛本、巾箱本、監圖本、纂圖本、岳本、五山本、日抄本皆同，《要義》所引亦同。阮記云：「……段玉裁云：此《傳》，御禦，務侮也……各本誤衍『箋云』，非也。」盧記同。檢《讀詩記》卷十七《常棣》，引「鄭氏曰禦禁」，與傳世各本同，檢敦煌殘卷伯二五一四《常棣》、斯二〇四九《棠棣》，皆無「箋云」，作「御禦」，則阮記之說不可謂無據也。

### 37. 頁十六右　　中庸曰燕毛以所序齒

按：「以所」，十行本、元十行本、李本（元）、劉本（元）同；單疏本作「所以」，閩本、明監本、毛本、十行抄本同。阮記、盧記皆無說。檢《禮記·中庸》，正作「所以」，則當從單疏本等。

### 38. 頁十六右　　箋云好合至意合也

按：「至」，十行本、元十行本、李本（元）、劉本（元）、閩本、明監本、毛本同；巾箱本作「志」，監圖本、纂圖本、岳本、五山本、日抄本同。阮記云：「小字本、相臺本『至』作『志』，案：『志』字是也。」盧記同。檢敦煌殘卷伯二五一四、斯二〇四九《常棣》鄭箋，皆作「志」，則作「志」是也，志意合方為好合，阮記是也。

### 39. 頁十六左　　宗子將有事族人者入侍

按：「者」，十行本、元十行本、李本（元）、劉本（元）、閩本、明監本、毛本同；《要義》所引作「皆」。阮記云：「案：『者』，當作『皆』，形近之譌。」盧記同。此處《疏》引《小雅·湛露》《毛傳》，檢之，正作「宗子將有事，則族人皆侍」，則當從《要義》所引作「皆」，阮記是也。

### 40. 頁十七右　　宗室有事族人皆侍終曰

按：「曰」，十行本、元十行本、李本（元）、劉本（元）、閩本、明監本、毛本皆同。阮記云：「案：浦鏜云『曰誤曰』，以《特牲》注考之，是也。」盧記同。此處《疏》引《儀禮·特牲饋食禮》鄭注，檢之，正作「終日」，則當作「日」，阮記是也。

41. 頁十七右　族人在堂室婦在房也

按:「室」,十行本、元十行本、李本(元)、劉本(元)、閩本、明監本、毛本同;《要義》所引作「宗」。阮記云:「案:浦鏜云『宗誤室』,是也。」盧記同。揆諸文義,當從《要義》所引作「宗」,浦說是也。

42. 頁十七右　宜爾家室

按:「家室」,十行本、元十行本、李本(元)、劉本(元)、巾箱本、監圖本、纂圖本、岳本、日抄本、白文本同;閩本作「室家」,明監本、毛本、五山本、唐石經同。阮記云:「案:作『室家』者是也,《禮記》引同,以家、帑、圖、乎為韻,唐石經可據也,《正義》云『然後宜汝之室家』,亦其證。」盧記同。檢敦煌殘卷伯二五一四《常棣》、斯二〇四九《棠棣》,皆作「室家」,然宋元經注本、注疏本皆作「家室」,或所據不同,乃別本之異,阮記必謂作「室家」為是,豈其必然也。

43. 頁十七右　今讀音帑也

按:「帑」,十行本、元十行本、李本(元)、劉本(元)同;閩本作「帑」,明監本、毛本同;巾箱本作「如字」,纂圖本作「奴子」。阮記云:「通志堂本、盧本,奴、子二字并作『帑』,云:帑字舊誤分為奴、子兩字,今改正。案:所改謬甚,奴者,對上『吐蕩反』而言也,『子也』者,載《傳》也,奴字句絕,子也,別為句……」盧記同。檢《釋文》,出字「妻帑」,注云:「依字,吐蕩反,經典通為妻帑字,今讀音奴,子也」,則阮記是也。

## 卷九之三

1. 頁一右　而後言父舅先言兄弟見父舅亦有故舊也

按:「先」,單疏本、十行本、元十行本、李本(元)、劉本(元)同,《要義》所引同;閩本作「及」,明監本、毛本同。阮記云:「閩本、明監本、毛本『先』誤『及』,案:此當重『父舅』二字,別以『父舅先兄弟』五字為一句。」盧記同。考《疏》文云「經、《序》倒者,經以主美文王不遺故舊為重,故先言之,而後言父舅,先兄弟,見父舅亦有故舊也」,此本文從字順,經義曉然,「父舅」二字承前省也,故當從單疏本等,阮記誤也。

2. **頁一左**　故為此次以示法是此篇皆有義意

按：「此」，十行本、元十行本、李本（元）、劉本（元）、閩本、明監本、毛本同；單疏本作「比」。阮記云：「案：『此』當作『比』，形近之譌。」盧記同。「次」即「比」也，皆為排序之義，考單疏本《疏》文云「其親親以下，因說王者立法，且明次篇之義，『親親以睦』指上《常棣》燕兄弟也，『友賢不棄，不遺故舊』，即此篇是也，《常棣》雖周公作，既納之於治內之篇，故為此次以示法，是比篇皆有義意」，其意謂先《常棣》後《伐木》，乃明「王者立法」之義也，其排列先後皆有義意也，故應作「比」，當從單疏本也，阮記是也。

3. **頁三右**　許許柿貌

按：「柿」，十行本、閩本、明監本、毛本同；元十行本作「神」，李本（元）、劉本（元）同；巾箱本作「柿」，監圖本、纂圖本、岳本、五山本、日抄本同。阮記云：「小字本、相臺本『柿』作『柿』，案：『柿』字是也，《五經文字》云『柿，芳吠反，見《詩》注』，謂此也……」盧記同。檢敦煌殘卷伯二五一四《伐木》毛《傳》，正作「柿」，《釋文》出字作「柿貌」，《讀詩記》卷十七《伐木》引「毛氏曰許許柿貌」，皆可為證，又單疏本《疏》文云「以許許非聲之狀，故為柿貌」，則當作「柿」，阮記是也。

4. **頁三右**　箋云此言許者伐木許許之人

按：「許」，十行本、元十行本、李本（元）、劉本（元）、閩本、明監本、毛本、監圖本同；巾箱本作「前」，纂圖本、岳本、五山本、日抄本同。阮記云：「相臺本『言』下『許』字，作『前』，《考文》古本同，案：『前』字是也，《正義》云『鄭以嚮時與文王伐木許許之人』，以嚮時解前者也。」盧記同。檢敦煌殘卷伯二五一四《伐木》、斯二〇四九《伐木》鄭箋，皆作「前」，則當作「前」，阮記是也。

5. **頁三右**　今以召族之飲酒

按：「之」，十行本、元十行本、李本（元）、劉本（元）、閩本、明監本、毛本同；巾箱本作「人」，監圖本、纂圖本、岳本、五山本、日抄本同。阮記云：「小字本、相臺本『之』作『人』，《考文》一本同，案：『人』字是也。」盧記同。召族之飲酒，不辭，檢敦煌殘卷伯二五一四《伐木》、斯二〇四九《伐

木》鄭箋，皆作「人」，又《疏》云「此有酒有羜，召族人飲之」，則當作「人」，阮記是也。

### 6. 頁四右　傳僖四年左傳*

按：「傳」，十行本、元十行本（正德）、李本（正德）、劉本（正德）、閩本、明監本、毛本同；單疏本無「傳」字，《要義》所引同。阮記、盧記皆無說，此處「傳」字顯為衍文，當從單疏、《要義》刪。

### 7. 頁四左　禮記注云牧尊於大國之君

按：單疏本、十行本、元十行本（正德）、李本（正德）、劉本（正德）、閩本、明監本、毛本皆同。阮記云：「案：浦鏜云『禮記二字當衍文』，是也。」盧記同。單疏本有「禮記」二字，浦說非也。

### 8. 頁四左　昔伯舅太公佐我先王

按：單疏本、十行本、元十行本（正德）、李本（正德）、劉本（正德）、閩本、明監本、毛本皆同。阮記云：「案：『佐』當作『佑』，《左傳》作『右』。」盧記同。《正字》云「『右』，誤『佐』」，乃阮記所本。單疏本作「佐」，傳世注疏本皆同，則其所見本作「佐」，浦說、阮記皆非也。

### 9. 頁四左　周公位冢宰為東伯而周公之國故繫繫伯禽

按：「之國」，十行本、元十行本、李本（元）、劉本（元）、閩本、明監本、毛本同；單疏本作「不之國」。阮記云：「『之』上當脫『不』字。」盧記同。周公因位列冢宰，故身在鎬京，未之魯域之封國，其事皆繫其子伯禽也，此《疏》文之義，故「不」之不可闕，當從單疏本，阮記是也。

「繫」，元十行本、李本（元）、劉本（元）、閩本、明監本、毛本同；單疏本作「事」，十行本同。阮記云：「『繫』，衍字也，凡一脫一衍，多是寫書人自覺其誤而如此，後遂忘更正耳，山井鼎云『繫』作『事』，當是剜也。」盧記同。《正字》云「『繫』，疑誤衍」，乃阮記所本。事繫伯禽，文義曉然，單疏本及傳世宋十行本皆不誤，「事」字非衍，「繫」乃「事」字之譌也，元十行本已然，浦鏜疑為衍文，誤也。

### 10. 頁五右　尚書文侯之命王曰父義和

按：「義和」，十行本、元十行本、李本（元）、劉本（元）、閩本、明監

本、毛本同；單疏本作「義和」，《要義》所引同。阮記云：「案：浦鏜云『義誤義』，是也。」盧記同。檢《尚書‧周書‧文侯之命》，正作「義和」，則當從單疏本等，浦說是也。

**11. 頁五左**　公食大夫礼上大夫六簋

按：「六」，單疏本、十行本、元十行本、李本（元）、劉本（元）、閩本、明監本、毛本皆同。阮記云：「案：浦鏜云『八誤六』，是也。」盧記同。單疏本作「六」，傳世注疏本皆同，則其所見本作「六」，浦說非也。

**12. 頁六左**　言己卒有閒暇而為此飲其意欲令族人以不醉

按：「以」，十行本、元十行本、李本（元）、劉本（嘉靖）、閩本、明監本、毛本同；單疏本作「無」，《要義》所引同，十行抄本作「无」。阮記云：「案：浦鏜云『以當無字誤』，是也。」盧記同。此句《疏》文總述經義，本詩經文云「迨我暇矣，飲此湑矣」，箋云：「迨，及也，此又述王意也，王曰：及我今之閒暇，共飲此湑酒，欲其無不醉之意。」《疏》文「無不醉」乃本箋語，作「以」顯誤，當從單疏本等，浦說是也。

**13. 頁六左**　此言兄弟父舅二文故知父黨母黨也礼有同姓異姓庶姓同姓揔上王之同宗是父之黨也

按：十行本、元十行本、李本（元）、劉本（嘉靖）、閩本、明監本、毛本同；單疏本作「此言兄弟揔上父舅二文故知為父黨母黨也禮有同姓異姓庶姓同姓王之同宗是父之黨也」；十行抄本作「此言兄弟總上父舅二文故知父黨母黨也礼有同姓異姓庶姓同姓上揔王之同宗是父之黨也」。阮記云「案：浦鏜云『揔上二字當衍文』，是也」，又前條引文「此言兄弟父舅二文」，云：「案：浦鏜云『兄弟下當脫揔上二字』是也。」盧記皆同。《正字》云「下文『總上』二字，當在『兄弟』之下，與阮記所引稍異。考《疏》文所謂「此言兄弟」，乃指本詩經文「兄弟無遠」也，而「父舅二文」，則指上章經文「既有肥羜以速諸父」之「父」與「既有肥牡以速諸舅」之「舅」，故《疏》云「此言兄弟揔上父舅二文」，意謂此處經文言「兄弟」乃總括上章文「父」、「舅」二文也，又箋文云「兄弟，父之黨，母之黨」，即《疏》文所述箋語「故知為父黨、母黨也」，故「揔上」必在「此言兄弟」之後，若「揔上」在「王之同宗」之前，則「同姓揔上王之同宗」不知何義，若刪之，作「同姓王之同宗」，則辭氣俱

昶，當從單疏本也，浦說正之，是也，惜其亦不知闕「為」也。

14. **頁七右** 正義曰定恨作限恐非

按：「定」，十行本、元十行本、李本（元）、劉本（元）、閩本、明監本、毛本同；單疏本作「定本」。阮記云：「案：『定』下當有『本』字。」盧記同。《正字》云：「當『恨定本作限』之誤。」揆諸文義，顯闕「本」字，當從單疏本補，阮記是也，浦說非也。

15. **頁七左** 聖人示法義取相成此鹿鳴至伐木於前此篇繼之於後以著義

按：「此」，十行本、元十行本、李本（元）、劉本（元）、閩本、明監本、毛本同；單疏本作「比」。阮記云：「『此』，當作『比』。」盧記同。《正字》云「『此』，疑『置』字誤」，誤也。所謂「比」者，排序比次也，將《鹿鳴》、《四牡》、《皇皇者華》、《常棣》、《伐木》諸詩排序，並置於前，此即所謂「義取相成」也，作「此」顯誤，當從單疏本，阮記是也，浦說非也。

16. **頁八右** 箋云使至予之*

按：「云」，元十行本、李本（元）、劉本（嘉靖）、閩本、明監本、毛本同；單疏本作「天」，十行本同。阮記引文作「箋天使至予之」，云：「閩本、明監本、毛本『天』誤『云』。」盧記無說。此標起止，箋云「天使女盡厚天下之民……皆開出以予之」，則作「天使」是也，作「云」顯誤，阮記引文作「天使」，而阮本作「云使」，二者所據底本本應相同，為何於此相異，其情難詳。

17. **頁八右** 維恐日日不足*

按：單疏本、十行本、元十行本、李本（元）、劉本（嘉靖）、閩本、明監本、毛本、十行抄本同。阮記引文作「唯恐日且不足」，云：「閩本、明監本、毛本『且』誤『日』。」盧記無說。阮記引文作「日且」，而阮本作「日日」，二者所據底本本應相同，為何於此相異，其情難詳。

18. **頁八右** 大陵曰阜

按：「陵」，十行本、元十行本、李本（元）、劉本（嘉靖）同；閩本作「陸」，明監本、毛本、巾箱本、監圖本、纂圖本、岳本、五山本、日抄本同。阮記

云：「小字本、相臺本『陵』作『陸』，閩本、明監本、毛本同，案：『陸』字是也。」盧記同。考《傳》云「高平曰陸，大陸曰阜，大阜曰陵」，正相遞進，檢敦煌殘卷斯二〇四九《天保》毛《傳》，正作「大陸作阜」，則當作「陸」，阮記是也。

### 19. 頁八左　多曰積積者

按：「積」，單疏本、十行本、元十行本、李本（元）、劉本（嘉靖）、閩本、明監本、毛本皆同。阮記云：「案：下『積』字，當作『異』，謂此箋以委積皆為多，似與彼注分委積為多少者異……」盧記同。單疏本作「積」，阮記乃猜測之言，並無實據，不可信從也。

### 20. 頁九右　王者因革與世而遷事雖制礼大定要以所改有漸

按：「以」，十行本、元十行本、李本（元）、劉本（嘉靖）、閩本、明監本、毛本同；單疏本作「亦」，《要義》所引同。阮記云：「案：浦鏜云『亦誤以』，是也。盧文弨云『《爾雅疏》作亦』。」盧記同。要以所改有漸，不知何義，「事雖」、「要亦」前後相配，辭氣使然，作「亦」是也，故當從單疏本等，浦說是也。

### 21. 頁九右　可知故省文以宛句也

按：「宛」，單疏本、十行本、元十行本、李本（元）、劉本（嘉靖）、閩本、明監本、毛本皆同。阮記云：「案：『宛』當作『婉』。」盧記同。單疏本作「宛」，阮記乃猜測之言，並無實據，不可信從也。

### 22. 頁十右　如日月之上弦稍就盈滿如日之出稍益明盛

按：「日月」，十行本、元十行本、李本（元）、劉本（嘉靖）、閩本、明監本、毛本同；單疏本作「月」，十行抄本同。阮記云：「案：浦鏜云『日當衍字』，是也。」盧記同。又「出」，十行本、元十行本、李本（元）、劉本（嘉靖）、閩本、明監本、毛本同；單疏本作「始出」，十行抄本同。阮記云：「案：『出』上當有『始』字，因上文衍『日』，而此脫也。」盧記同。考經文云「如月之恒，如日之升」，箋云「月上玄而就盈，日始出而就明」，故《疏》文云「如月之上玄稍就盈滿，如日之始出稍益明盛」，皆據箋文增字以述經義也，故「日」字為衍文，「始」字不可脫也，當從單疏本等，浦說、阮記是也。

23. 頁十左　集本定本

按：「本」，單疏本、十行本、元十行本、李本（元）、劉本（嘉靖）、閩本、明監本、毛本皆同。阮記云：「案：浦鏜云『集本當集注之誤，後並同』，是也。」盧記同。單疏本作「集本」，浦鏜猜測之言，並無實據，不可信從也。

24. 頁十一右　采薇六章章六句

按：「六」，十行本、元十行本、李本（元）、劉本（元）、閩本、明監本、毛本同；單疏本作「八」，十行抄本同。阮記云：「案：浦鏜云『八誤六』，是也。」盧記同。《采薇》六章章八句，當從單疏本等，浦說是也。

25. 頁十一右　以勞將帥之還

按：「帥」，單疏本、十行本、元十行本、李本（元）、劉本（元）、閩本、明監本、毛本、十行抄本皆同。阮記云：「案：《序》作『率』，《正義》作『帥』，率、帥古今字，易而說之也，例見前，餘同此，《釋文》云率本亦作帥，非《正義》本也，《正義》上文複舉《序》云：命其屬為將率，仍作『率』，是其證。○按：舊校非也。」盧記同。阮記案語所云不知何義，作「帥」不誤，按語謂舊校非也，是也。

26. 頁十一右　文王為愧之情深

按：「愧」，單疏本、十行本、元十行本、李本（元）、劉本（元）、十行抄本同；閩本作「恤」、明監本、毛本同。阮記云：「閩本、明監本、毛本『愧』作『恤』，案：所改是也。」盧記同。單疏本作「愧」，阮記猜測之言，並無實據，不可信從也。

27. 頁十一左　後人歌

按：「人」，單疏本、十行本、元十行本、李本（元）、劉本（元）、閩本、明監本、毛本、十行抄本皆同。阮記云：「案：『人』當作『入』。」盧記同。單疏本作「人」，阮記猜測之言，並無實據，不可信從也。

28. 頁十一左　皇甫謐帝王世紀曰文王受命四年周正月丙子愻昆
　　　　　　　夷氏侵周

按：「丙子愻」，十行本、元十行本、李本（元）、劉本（元）、閩本、明監本、毛本同；單疏本作「丙子朔」。阮記云：「案：浦鏜云『愻當朔字誤』，是

也，《縣·正義》引無此字。」盧記同。作「愍」顯誤，當從單疏本，殿本改之，浦說是也。

29. 頁十二右　今薇菜生而行

按：「薇菜」，單疏本、十行本、元十行本、李本（元）、劉本（嘉靖）、閩本、明監本、毛本同；巾箱本作「薇」，監圖本、纂圖本、岳本、五山本、日抄本同，《要義》所引亦同。阮記云：「小字本、相臺本，無『菜』字，《考文》古本同，案：無者是也。」盧記同。檢敦煌殘卷伯二五一四《采薇》、斯二〇四九《采薇》鄭箋，皆無「菜」字，又《要義》所引亦無，則阮記是也。

30. 頁十二左　歲亦莫止

按：「莫」，單疏本、十行本、元十行本、李本（元）、劉本（嘉靖）、閩本、明監本、毛本皆同。阮記云：「案：『莫』當作『暮』，下標起止『箋莫晚』同。」盧記同。單疏本及諸注疏本皆作「莫」，阮記謂作「暮」，未見其必然也，謝記謂皆不能改從「暮」，甚是。

31. 頁十二左　然若出車曰

按：「然若」，單疏本、十行本、元十行本、李本（元）、劉本（嘉靖）、閩本、明監本、毛本同。阮記云：「『然若』二字當倒。」盧記同。此處「然若」二字，不誤，「然」表轉折，「若」者如也，《疏》云「然若《出車》曰『春日遲遲，薄言還歸』，則此戍役以明年之春始得歸矣」，「然」與「則」，前後相配，文義曉暢，阮記誤也。

32. 頁十三右　將使一勞久逸蹔費永久寧

按：「久」，十行本、元十行本、李本（元）、劉本（嘉靖）、閩本、明監本、毛本同；單疏本無此字。阮記云：「案：浦鏜云『久字當衍』，是也。」盧記同。「永」即「久」也，意無重出，則「久」顯為衍文，當從單疏本也，浦說是也。

33. 頁十三左　故綿箋云小聘問

按：十行本、元十行本、李本（元）、劉本（嘉靖）同；單疏本作「故縣箋云小聘曰問」；閩本作「故歸箋云小聘問」，明監本、毛本同。阮記云：「閩本、明監本、毛本『綿』誤『歸』。案：『問』上，浦鏜云當脫『曰』字，是也。」盧記同。檢《大雅·縣》，「亦不殞厥問」，箋云「小聘曰問」，則「曰」

字不可闕也，當從單疏本，今本《正字》無此句，或脫。

34. 頁十四右　　實陰陽而得陽名者

按：「陰陽」，元十行本、李本（元）、劉本（嘉靖）、閩本、明監本、毛本同；單疏本作「無陽」，十行本同，十行抄本作「无陽」。阮記云：「案：上『陽』字當作『月』。」盧記同。《正字》云：「『無』，誤『陰』。」揆諸文義，《疏》文意謂無陽而得稱陽，顯當從單疏作「無陽」，浦說是也，阮記猜測之說，不可據信。

35. 頁十四右　　易文言曰陰疑於陽必戰為其嫌於無陽故稱陽焉鄭
　　　　　　　　云嫌讀如羣公慊之慊古書篆作立心與水相近讀者
　　　　　　　　失之故作溓溓雜也

按：單疏本、十行本、元十行本、李本（元）、劉本（嘉靖）、閩本、明監本、毛本同，《要義》所引同。「嫌於無陽」，阮記云：「案：『嫌』當作『慊』，下《正義》云『且文言慊於無陽為心邊兼』可證，又『無』字當衍。」盧記同。「故稱陽焉」，阮記云：「案：『陽』當作『龍』。」盧記同。「嫌讀如羣公慊之慊」，阮記云：「案：『嫌』當作『慊』，二『慊』字，皆當作『溓』……○按：羣公溓，即今《公羊傳》之羣公廩也，作『廩』者，非古本」。盧記同。「失之故作溓」，阮記云：「案：『溓』當作『慊』。」盧記同。檢元刊王應麟輯《周易鄭康成注》云「嫌於无陽，嫌讀如群公慊之慊，古書篆作立心，與水相近，讀者失之，故作溓，溓，雜也」（北京圖書館出版社二〇〇六年影印中國國家圖書館藏元至元六年慶元路儒學刻本），與單疏本、諸注疏本所引鄭注合，則原文不誤。阮記所云，率多猜測，不可據信。傳世本《周易‧文言》作「嫌於无陽」，鄭玄注《易》其所見本當作「溓於無陽」，故云讀作「羣公慊之慊」，而譌作「溓」者，因「古書篆作立心，與水相近，讀者失之」，《疏》文引之，意在說明鄭注《周易》時無「嫌」，而與此處《采薇》鄭箋云「嫌於無陽」異，而孔《疏》所見《周易‧文言》已作「嫌於無陽」，此既冠於鄭注之前，則鄭注之「嫌讀如羣公慊」之「嫌」正承前而來，非鄭注有此「嫌」字也，明乎此，則《疏》文無滯，而阮記所疑種種皆可渙然冰釋也。又《疏》文下云：「《文言》『慊於無陽』為心邊兼，鄭讀從水邊兼，初無此字，知與此異」，所謂「鄭讀」，即鄭所見《文言》，其字作「溓」，與上文所論正合，而所謂「《文言》『慊於無陽』為心邊兼」，乃據鄭注所得古本文字也，述之以與鄭讀相對，

而意在說明其時唯有「慊」、「溓」，而無「嫌」，即「初無此字」之義也。顧廣圻未了經義，未加斟酌，宜其校語乖舛，絕不可信從。

36. 頁十四左　故將帥之車言彼爾

　　按：「故」，十行本、元十行本、李本（元）、劉本（嘉靖）、閩本、明監本、毛本同；單疏本作「故說」。阮記云：「案：『言』字當在『將』字上，錯在『車』下。」盧記同。《正字》云：「『故』，下脫『言』字。」故將軍之車，不辭，「說」字豈可闕也，當從單疏本，浦說、阮記皆誤也，繆記以為實脫一「說」字，「言」字不必移，是也。

37. 頁十四左　周禮大司馬職曰賊賢害仁則伐之

　　按：「仁」，單疏本、十行本、元十行本、李本（元）、劉本（嘉靖）、閩本、明監本、毛本、十行抄本皆同，《要義》所引同。阮記云：「案：浦鏜云『民誤仁』，是也，《祈父》《正義》引作『民』。」盧記同。單疏本、諸注疏本及《要義》所引皆作「仁」，「賢」、「仁」相對，則其所見本如此，阮記以今傳世本《周禮》以正之，豈可信據。

38. 頁十五右　仍有故取襲克圍滅入之名

　　按：「故」，十行本、元十行本、李本（元）、劉本（元）、閩本、明監本、毛本同；單疏本作「敗」，十行抄本同，《要義》所引亦同。阮記云：「閩本、明監本、毛本『入』誤『人』，案：山井鼎云『故恐功誤』，是也。」盧記同。檢《左傳》莊公十一年言《春秋》敗例云「凡師敵未陳曰敗某師」，則此處當作「敗」也，與「取」、「襲」等，皆為《春秋》筆法之辭，當從單疏本等，山井鼎說誤也。

39. 頁十五右　豈不日戒

　　按：十行本、元十行本、李本（元）、劉本（元）、閩本、明監本、毛本、巾箱本、監圖本、纂圖本、岳本、五山本、日抄本、唐石經、白文本皆同。阮記云：「唐石經初刻作『曰』，後改『日』，案：《釋文》云：曰，音越，又人栗反。上一音是也，下一音，字即宜作日，非也，箋意是曰字。」盧記同。諸本皆同，敦煌殘卷斯二〇四九《采薇》，作「豈不日戒」，又鄭箋云「言君子小人豈不日相警戒乎」，單疏本《疏》文述之「於是君子小人豈不日相警戒乎」，阮記之非，顯而易見也。

40. 頁十五左　文七年左傳云公室者公室之所庇廕是也

按:「左傳云公室」,十行本、元十行本、李本(元)、劉本(元)、閩本、明監本、毛本同;單疏本作「左傳曰公族」,《要義》所引同。阮記云:「案:山井鼎云『室作族為是』,是也。」盧記同。《正字》云:「約《左傳》文,『公族』,誤『公室』。」公室者公室之所庇蔭,顯誤,檢《左傳》文公七年,正作「公族公室之枝葉也」,則作「公室」誤矣,當從單疏本等,浦說是也;而「曰」、「云」雖可通,似亦當從單疏、《要義》。

41. 頁十五左　今以為可弓鞬步叉者也

按:「可」,十行本、元十行本、李本(元)、劉本(元)、閩本、明監本、毛本同;單疏本無此字,《要義》所引同。阮記云:「案:浦鏜云『可衍字』,是也。」盧記同。以為可弓鞬,不辭,「可」字顯為衍文,當從單疏本等,浦說是也。

42. 頁十六右　說文云彆方結反云弓戾也

按:「云」,十行本、元十行本、李本(元)、劉本(元)、閩本、明監本、毛本同;單疏本無此字。阮記云:「案:十行本『反云弓』,剜添者一字,是『云』字衍也。『方結反』三字旁行細書,《正義》自為音,例如此,不知者以之入正文,乃誤加『云』字。○按:此引《說文音隱》語,非自為音。」盧記同。《說文》豈有反切注音之文,「方結反」,顯為《疏》文自注以釋音,前文已言「說文云」,後文豈有再言「云」之理,「云」顯為衍文,故當從單疏本也。阮記案語是也,按語顯非。

43. 頁十六右　以弓必須骨故用滑象

按:單疏本、十行本、元十行本、李本(元)、劉本(元)、閩本、明監本、毛本皆同,《要義》所引同。阮記云:「案:此當作『以弓必須滑故用象骨』,誤倒錯之也。」盧記同。《正字》云「『滑象』,當『象骨』之誤」,乃阮記所本。單疏本、諸注疏本及《要義》所引皆同,則原文如此,阮記猜測之說,不足取信。

44. 頁十六右　夏官司弓人職曰

按:「人」,十行本、元十行本、李本(元)、劉本(元)、閩本、明監本、

毛本同；單疏本作「矢」，《要義》所引同。阮記云：「案：浦鏜云『矢誤人』，是也。」盧記同。《周禮・夏官》眾職，無司弓人，有司弓矢，則當從單疏本等，浦說是也。

45. **頁十六左**　於時行在長遠之道遲遲然則渴則有飢

按：「則渴」，十行本、元十行本、李本（元）、劉本（元）同；單疏本作「則有渴」，閩本、明監本、毛本同。阮記云：「閩本、明監本、毛本『渴』上有『有』字，案：所補是也。」盧記同。此句《疏》文述經，經文云「行道遲遲，載渴載飢」，載者則也，「則有渴」即「載渴」，「則有飢」即「載飢」，「有」字不可闕也，故當從單疏本。

## 卷九之四

1. **頁一右**　異歌異日殊尊之也*

按：「之」，十行本、元十行本、李本（元）同；劉本（元）作「卑」，閩本、明監本、毛本、巾箱本、監圖本、纂圖本、岳本、五山本同，《要義》所引亦同。阮記、盧記皆無說。殊尊之，不辭，顯當作「卑」，異歌異日，正因區別尊卑之故也，《疏》云「必異日者，殊尊卑故也」，檢敦煌殘卷伯二五一四《出車》鄭箋，作「殊尊卑也」，斯二〇四九《出車》鄭箋，作「殊尊卑」，又《讀詩記》卷十七《出車》，引鄭氏曰，正作「殊尊卑也」，皆可為證。阮本於此加圈是也，然阮記、盧記皆無說，似為闕漏。

2. **頁一右**　作出車詩勞還帥也

按：「詩」，十行本、元十行本、李本（元）、劉本（元）、閩本、明監本、毛本同；單疏本作「詩者」，十行抄本同。阮記云：「案：『詩』下，浦鏜云『脫者字』，是也。」盧記同。考《詩疏》，多「作……詩者……也」之例，故應有「者」字，當從單疏本等，浦說是也。

3. **頁一左**　至於五年之春二方大定乃始還帥

按：「還帥」，十行本、元十行本、李本（元）、劉本（元）、閩本、明監本、毛本同；單疏本作「還師」，十行抄本作「还师」。阮記云：「案：『帥』當作『師』，形近之譌。」盧記同。還帥，不辭，顯應作「還師」也，當從單

疏本等，阮記是也。

4. 頁二右　王家之士多危難

按：「士」，十行本、元十行本、李本（元）同；單疏本作「事」，劉本（元）、閩本、明監本、毛本同。阮記、盧記皆無說。此《疏》述經，本詩經云「王事多難，維其棘矣」，「王事多難」即「王家之事多危難」也，作「士」顯誤，當從單疏本也。

5. 頁二右　周礼戎僕掌御戎車

按：「戎」，單疏本、十行本、元十行本、李本（元）、劉本（元）、閩本、明監本、毛本皆同。阮記云：「案：『戎』，當作『貳』，因別體字『貳』作『弍』，形近而譌也。」盧記同。檢《周禮·戎僕》「掌馭戎車」，鄭注云「戎車，革路也，師出，王乘以自將」，則戎僕正掌戎車，阮記之說，牽強附會，汪記謂此不誤，茆記謂此以不誤為誤，皆是也，孫記至謂阮記此條大謬，誠然也。

6. 頁二右　此云維其載矣

按：「維其」，單疏本、十行本、元十行本、李本（元）、劉本（元）、閩本、明監本、毛本皆同。阮記云：「案：浦鏜云『謂之誤維其』，是也。」盧記同。以經文考之，浦說似是也，然文獻無徵，惟有存疑也。

7. 頁二左　或卿兼官

按：單疏本、十行本、元十行本、李本（元）、劉本（元）、閩本、明監本、毛本皆同。阮記云：「案：『卿』當作『即』，形近之譌。」盧記同。諸本皆同，或卿兼官者，或有卿大夫兼官為之，作「卿」不誤，阮記非也。

8. 頁二左　將帥既受命行乃乘馬

按：十行本、元十行本、李本（元）、劉本（元）、閩本、明監本、毛本同；巾箱本作「將率既受命行乃乘焉」，監圖本、纂圖本、岳本同；五山本作「將率既受命行乃乘馬」，日抄本同。阮記云：「小字本、相臺本『帥』作『率』、『馬』作『焉』，案：『率』字、『焉』字是也。」盧記同。「率」「帥」可通，乃別本之異，考《疏》云「出我將帥之戎車於彼郊牧就馬矣」，又檢敦煌殘卷伯二五〇六《出車》鄭箋，作「將率既受命行乃乘馬」，斯二〇四九《出車》鄭箋，作「將車既受命行乃乘馬」，則當作「馬」，作「焉」乃形近之譌，阮記非也。

9. 頁二左　　僕夫況瘁

按：十行本、元十行本、李本（元）、劉本（元）、閩本、明監本、毛本、巾箱本、監圖本、纂圖本、岳本、五山本、日抄本、唐石經、白文本皆同。阮記云：「《釋文》云『況瘁，本亦作萃，依注作悴』，考此當是經本作『萃』，故於訓釋中竟改其字，箋之例也，《釋文》云依注作『悴』，似乎未晰也，《四月》《釋文》：盡瘁，本又作萃，下篇同，亦其證。」盧記同。阮記全然不顧歷代相傳之版本皆作「瘁」，而生此異說，檢敦煌殘卷伯二五一四《出車》，正作「瘁」，瘁即瘁也，又斯二〇四九《出車》，作「萃」，則作「瘁」不誤，「萃」、『萃』為別本也，阮記非也。

10. 頁二左　　憂其馬之不正

按：十行本、元十行本、李本（元）、劉本（元）、閩本、明監本、毛本、巾箱本、監圖本、纂圖本、岳本、五山本、日抄本皆同。阮記云：「正義云『憂其馬之不正，定本正作政，又無不字』，《釋文》云『憂其馬之不正，一本作之不正也，一本作馬之政』，考憂其馬之政，謂憂非其馬之政也，段玉裁云：用《甘誓》文是也，當以定本為長。」盧記同。檢敦煌殘卷伯二五一四《出車》鄭箋，正作「憂其馬之不正」，又斯二〇四九《出車》鄭箋，作「憂馬之不政也」，此句歷來多有別本，文字互異，《疏》文已云義並通，阮記必謂何本為長，純屬猜測，絕不可信。

11. 頁三右　　定本云旆旆旟旐垂貌多一旆字*

按：單疏本、十行本、元十行本、李本（元）、劉本（嘉靖）、閩本、明監本、毛本皆同。阮記、盧記皆無說。不知阮本為何於此加圈，《正字》云「脫一『旆』字」，實浦鏜不解《疏》義也，今本《傳》云「旆旆，旟旐垂貌」，則定本當作「旆旆，旆，旟旐垂貌」，故《疏》云「定本云『旆旆旟旐垂貌』多一『旆』字」，不知何誤之有！

12. 頁三左　　故南仲所以在朔方而築於也

按：「於」，十行本、元十行本、李本（元）、劉本（嘉靖）同；單疏本作「壘」，殿本、十行抄本同；閩本作「城」，明監本、毛本同。阮記云：「閩本、明監本、毛本『於』誤『城』，案：此『築於』者，經之『城于』。」盧記同。築於，不知何義，此句《疏》文據箋釋經，本詩經云「王命南仲，往城于方」，

箋云「王使南仲為將率，往築城于朔方，為軍壘以禦北狄之難」，又下《疏》云「知為築壘者，以軍之所處而城之，唯有壘耳」，故當作「壘」，當從單疏本，殿本改之，是也，阮記非也。

13. 頁三左　其所建於旐鮮明央央然而至於朔方也

按：「於」，十行本、元十行本、李本（元）、劉本（嘉靖）、閩本、明監本、毛本同；單疏本作「旐」，十行抄本同。阮記云：「案：浦鏜云『旐誤於』，是也。」盧記同。此句《疏》文釋經，經云「出車彭彭，旂旐央央」，「所建旐旂」之「旂旐」正本經文，「旐」豈可闕哉，作「於」或因形近而譌，當從單疏本等，浦說是也。

14. 頁三左　箋云往築至軍壘*

按：「云」，十行本、元十行本、李本（元）、劉本（嘉靖）、閩本、明監本、毛本同；單疏本無，十行抄本同。阮記、盧記皆無說。此標起止，箋文云「王使南仲為將率，往築城于朔方，為軍壘以禦北狄之難」，箋文無「云」字，以《疏》文標起止之例亦可知「云」為衍文，當從單疏本也。

15. 頁五左　有晥其實

按：「晥」，十行本、元十行本、李本（元）、劉本（嘉靖）、閩本、明監本、毛本、監圖本、纂圖本、岳本、五山本、日抄本、唐石經、白文本同；巾箱本作「睆」。阮記云：「案：《釋文》云『字從白，或作目邊』，又見《大東》經『睆彼牽牛』，字同。」盧記同。檢敦煌殘卷伯二五一四《杕杜》，作「晥」，又伯二五七〇《杕杜》、斯二〇四九《杕杜》，作「睆」，則此字別本眾多，阮本於此加圈，不知何謂。

16. 頁六右　有睆然其實

按：「睆」，十行本、元十行本、李本（元）、劉本（嘉靖）同；單疏本作「晥」，閩本、北監本、毛本同。阮記云：「閩本、明監本、毛本『睆』作『晥』，案：所改是也。」盧記同。此句《疏》文釋經，經云「有晥其實」，則當作「晥」，作「睆」顯誤，當從單疏本也。

17. 頁六左　以君子勞苦堅故之由*

按：「故」，十行本、元十行本、李本（元）、劉本（嘉靖）同；單疏本作

「固」，閩本、北監本、毛本、十行抄本同。阮記、盧記皆無說。堅故，不辭，考上《疏》云「以汝勞苦，故言王事無不堅固」，則當從單疏本作「固」。阮本於此加圈不知何義，或亦以為「故」當「固」字之譌。

18. 頁六左　謂之父母也已尊之又親之也

按：「也」，十行本、元十行本、李本（元）、劉本（嘉靖）、閩本、明監本、毛本同；單疏本作「者」，十行抄本同。阮記云：「案：『也』當作『由』，讀下屬。」盧記同。《正字》云：「『也』，當『者』字誤。」「者」、「也」，前後相銜，若作「也」，則「也」、「也」文氣頓滯，作「也」顯誤，當從單疏本等，浦說是也，阮記非也。

19. 頁七左　魚麗美萬物盛多*

按：十行本、元十行本、李本（元）、劉本（元）、閩本、明監本、毛本、巾箱本、監圖本、纂圖本、岳本、五山本、日抄本、唐石經、白文本皆同。檢敦煌殘卷伯二五七〇《魚麗》、伯四九九四《魚麗》、斯二五一四《魚麗》，亦同。阮記、盧記皆無說。不知阮本為何於此加圈。

20. 頁八右　草木不折不操斧斤不入山林

按：十行本、元十行本、李本（元）、劉本（嘉靖）、閩本、明監本、毛本、巾箱本、監圖本、纂圖本、岳本、五山本、日抄本皆同，《要義》所引亦同。阮記云：「案：各本皆誤，《正義》云『草木不折不芟斤斧不入山林』，下云『定本芟作操』，又云『斧斤入山林無不字』，《釋文》云：一本作草木不折不芟，定本芟作操。考此，則今誤合兩本為一……此當從《正義》本，《正義》以定本為誤者，最得之也。」盧記同。《疏》云「『草木不折不芟，斤斧不入山林』……定本『芟』作『操』，又云『斧斤入山林』，無『不』字，誤也」，《釋文》出字「草木不折不操斧斤」，注云「一本作草木不折不芟，定本『芟』作『操』」，檢《讀詩記》卷十七《魚麗》引毛氏曰：「草木不折不芟斧斤不入山林」，此與《正義》、《釋文》一本合也，然檢敦煌殘卷伯二五一四《魚麗》毛《傳》，作「草木不折傷不芟不槎斤斧不入山林」，伯二五七〇《魚麗》毛《傳》，作「草木不折不操斤斧不入山林」，伯四九九四《魚麗》毛《傳》，作「草木不槎斤斧不入山林」，則此處別本眾多，阮記必謂一本為是，非也。

21. **頁八右　庶人不數罟**

按：十行本、元十行本、李本（元）、劉本（嘉靖）、閩本、明監本、毛本、巾箱本、監圖本、纂圖本、岳本、五山本、日抄本皆同，《要義》所引亦同。阮記云：「小字本、相臺本同，案：此定本也，《正義》云：『庶人不揔罟』者，謂罟目不得揔之使小，又云：集注『揔』作『緫』，依《爾雅》，定本作『數』，義俱通也。《釋文》以『不數』作音，與定本同。考《九罭》《傳》作『緫罟』，《釋文》云：字又作總，是『緫』、『總』同字，『揔』又『總』之別體，當以《正義》本為長。」盧記同。阮記純屬猜測之言，檢《讀詩記》卷十七《魚麗》引毛氏曰「庶人不數罟」，此與傳世本及《釋文》本、《正義》定本合也，檢敦煌殘卷伯二五七〇《魚麗》毛《傳》，作「庶人不數罟」，伯四九九四《魚麗》毛《傳》，作「庶人不數罟」，皆可為證，則作「數」為長，阮記誤也，其說絕不可從。

22. **頁八左　然則曲薄也以薄為魚笱其功易**

按：兩「薄」，單疏本、十行本、元十行本、李本（元）、劉本（嘉靖）、十行抄本同；閩本作「薄」，明監本、毛本同。阮記云：「案：上引《爾雅》注作『薄』，『薄』字是也。」盧記同。單疏本《疏》文上引《爾雅》注作「凡以薄取魚者，名為罶也」，則《疏》文所見作「薄」，又《要義》引此《疏》後半句作「以薄為魚笱其功易」，則作「薄」是也，阮記誤也。

23. **頁九右　定本芟作操又云斧斤入山林無不誤字也**

按：「誤字」，十行本、元十行本、李本（正德，板心有塗抹）、劉本（正德十二年）、閩本、明監本、毛本同；單疏本作「字誤」，十行抄本同。阮記云：「案：浦鏜云『誤字二字當倒』，是也。」盧記同。無不誤字，顯誤，此句《疏》文乃謂定本作「斧斤入山林」，與其所見本相較，無「不」字，故誤也，今十行本《傳》文作「斧斤不入山林」，與之正同，故當從單疏本等，浦說是也。

24. **頁九左　故魯語云獸長麑夭**

按：「麑夭」，單疏本、十行本、元十行本、李本（正德，板心有塗抹）、劉本（正德十二年）、十行抄本同；閩本作「麛麑」，明監本、毛本同。阮記云：「案：『夭』即『麑』字之假借，不知者以今《國語》改之。○按：改『麑』

是也。」盧記同。單疏本作「齃夭」,則閩本所改確非,阮記案語是也,按語非也。

### 25. 頁十右　　三章則似酒多也

按:十行本,元十行本、李本（正德十二年）、劉本（正德十二年）、同;單疏本作「三章則似酒美酒多也」,閩本、明監本、毛本同。阮記云:「閩本、明監本、毛本『似』下衍『酒美』二字。案:『三章』二字亦衍,涉下文而誤也。」盧記同。所謂「酒美酒多」,正指「酒旨」、「酒多」,所謂「旨且多文承有酒之下」也,豈可闕也,故當從單疏本。阮記臆斷,不可信從。

### 26. 頁十右　　鱧鮦也

按:十行本、元十行本、閩本、明監本、毛本、巾箱本、監圖本、纂圖本、岳本、日抄本皆同。阮記云:「小字本、相臺本同,案:《釋文》云:鮦,直冢反,鱧下云鮦也,《正義》云:徧檢諸本,或作鱧鱺,或作鱧鯇,又云:或有本作鱧鯏者,定本鱧鮦,鮦與鱺音同。考此《正義》引舍人曰鯉名鯇……作鯇為是,作鮦者,乃依郭注《爾雅》所改。」盧記同。阮記純屬猜測之言,檢《讀詩記》卷十七《魚麗》引毛氏曰「鱧鮦也」,此與傳世本及《釋文》本、《正義》定本合也,檢敦煌殘卷伯二五七〇《魚麗》毛《傳》,正作「鱧鮦也」,伯四九九四《魚麗》毛《傳》,作「鱧鯇也」,則作「鮦」為長,阮記誤也,其說絕不可從。下《疏》:「郭璞以為鰋鮎鱧鮦四者各為一魚」,阮本於「鮦」旁加圈,阮記以為當作「鯇」,單疏本、諸注疏本,及《要義》所引皆作「鮦」,則阮記亦誤也。

### 27. 頁十一右　　鄉飲酒則云笙入堂下鼓

按:單疏本、十行本、元十行本、李本（元）、劉本（嘉靖）、閩本、明監本、毛本同;《要義》所引云「鄉飲酒則云笙於堂下鼓」。阮記云:「案:浦鏜云『磬誤鼓』,考《鄉飲酒禮》,是也。」盧記同。孔《疏》所見如此,浦鏜以今本訂之,不可信從。

### 28. 頁十一右　　又解為亡而義得存者其義則以眾篇之義合編故得存也

按:「為」,十行本、元十行本、李本（元）、劉本（嘉靖）、閩本、明監本、毛本同;單疏本作「經」,十行抄本作「至」。阮記云:「案:『為』當作

『篇』，形近之譌。」盧記同。此句《疏》文述箋也，箋云「此三篇者……遭戰國及秦之世而亡之，其義則與眾篇之義合編，故存」，據此，所亡者三篇之「經」也，因其詩義與眾篇合編，故存，則當從單疏本，十行抄本之「至」即「經」之省文也，阮記誤也。

29. 頁十一左　至毛公為詁訓傳乃分別眾篇之義各置於其篇亡

按：「亡」，十行本、李本（元）、劉本（嘉靖）、閩本、明監本、毛本同；單疏本作「端」，十行抄本同。阮記云：「『亡』，當作『端』，即複舉注文也。」盧記同。《正字》云：「『亡』，疑『首』字誤。」於其篇亡，不知何義，顯誤，當從單疏本等，阮記是也，浦說非也。

30. 頁十一左　非則止鹿鳴一篇

按：「篇」，單疏本、十行本、元十行本、李本（元）、劉本（嘉靖）、閩本、明監本、毛本、十行抄本皆同。阮記云：「案：『篇』當作『什』。」盧記同。《疏》文上云「毛公又闕其亡者，以見在為數，推改什篇之首」，則什篇聯袂，非如阮記之說必謂之為《鹿鳴》之什也。

31. 頁十一左　鄉飲酒之礼

按：「之」，單疏本、十行本、元十行本、李本（元）、劉本（嘉靖）、閩本、明監本、毛本、十行抄本皆同，《要義》所引亦同。阮記云：「案：浦鏜云『之當燕字誤』，是也。」盧記同。浦說猜測之說，此孔《疏》行文之語，豈必作「燕禮」，當從單疏本等。

32. 頁十一左　禮樂之書稍廢棄

按：「稍」，單疏本、十行本、元十行本、李本（元）、劉本（嘉靖）、閩本、明監本、毛本、十行抄本皆同，《要義》所引亦同。阮記云：「案：『稍』下，浦鏜云『脫一稍字』，以《鄉飲酒》《燕禮》二注考之，浦挍是也。」盧記同。孔《疏》所見如此，浦鏜以今本訂之，不可信從。

# 卷　十

## 卷十之一

### 1. 頁一右　　太平君子

按：十行本、元十行本、李本（元）、劉本（嘉靖）、閩本、明監本、毛本同；巾箱本作「太平之君子」，監圖本、纂圖本、岳本、五山本、日抄本、唐石經、白文本同。阮記云：「唐石經、小字本、相臺本『平』下有『之』字，《考文》古本同，案：有者是也，下《正義》云『《鳧鷖》與此序皆云大平之君子』，可證。」盧記同。揆諸文氣，有「之」者似勝，又檢《讀詩記》卷十八《南有嘉魚》，引序作「大平之君子」，與《疏》文所見本合，則阮記是也。

### 2. 頁一左　　思遲此賢者欲置之於朝

按：「置」，十行本、元十行本、李本（元）、劉本（嘉靖）同；單疏本作「致」，閩本、明監本、毛本、十行抄本同。阮記云：「閩本、明監本、毛本『置』作『致』，案：所改是也。」盧記同。此句《疏》文釋經，考經云「南有嘉魚，烝然罩罩」，箋云「喻天下有賢者，在位之人將久如而並求致之於朝，亦遲之也」，《疏》本箋義，故應作「致」，當從單疏本等。

### 3. 頁二右　　又云塵然猶言久然為如也

按：十行本、元十行本、李本（元）、劉本（元）、閩本、明監本、毛本同；單疏本作「又云塵然猶言久如是以塵為久然為如也」，比十行本多「久如

是以塵為」六字，十行抄本同，《要義》所引亦同。阮記云：「案：『久』下當脫『如塵為久』凡四字，以『久』字複出而誤也。」盧記同。《正字》云：「『然』下疑脫一『然』字，或『然為』二字衍文。」此句《疏》文釋箋，箋云「尒，塵也，塵然，猶言久如」，則《疏》文乃引箋而釋之，「是以『塵』為『久』，『然』為『如』也」，此釋語也，則此六字豈可闕也，當從單疏、《要義》。阮記所補與單疏本近似，惟闕「是以」二字，堪稱卓識，浦說則非也。

4. 頁二右　彼注云君子謂成王

按：單疏本、十行本、元十行本、李本（元）、劉本（元）、閩本、明監本、毛本、十行抄本皆同。阮記云：「案：浦鏜云『斥誤謂』，是也……」盧記同。此《疏》文敘述之語，豈必引原文，浦說不可信從。

5. 頁二左　李巡曰汕以薄魚也

按：「薄魚也」，十行本、元十行本、李本（元）、劉本（元）同；閩本作「薄汕魚」，明監本、毛本同；單疏本作「簿汕魚也」。阮記云：「閩本、明監本、毛本『魚也』作『汕魚』，案：《爾雅疏》引作『汕以薄汕魚也』，此當『汕』『也』並有，各脫其一。」盧記同。檢《爾雅疏·釋器》云「李巡云汕以薄汕魚也」，則當從單疏本也，阮記非也。

6. 頁二左　鄉飲酒曰賓以我安

按：十行本、元十行本、李本（元）、劉本（元）、閩本、明監本、毛本、巾箱本、監圖本、纂圖本、岳本、五山本、日抄本皆同，《要義》所引亦同。阮記云：「案：《正義》云『則此文當在《燕禮》矣，言鄉飲酒者，誤也，定本亦誤……』，此《正義》據當時或本猶有鄉飲酒燕禮連言者，而定其誤如此也，今無其本矣。」盧記同。今傳世各本皆如此，《疏》文所云推測之語，阮記引而不斷，不知何義也。

7. 頁二左　案鄉飲酒燕飲而安之

按：單疏本、十行本、元十行本、李本（元）、劉本（元）、閩本、明監本、毛本、十行抄本皆同，《要義》所引亦同。阮記云：「案：浦鏜云『下五字當衍文』，是也，此寫者涉上文而誤。」盧記同。孔《疏》所見如此，浦鏜以今本訂之，不可信從。

8. 頁三右　　喻賢者有專壹之意於我\*

按：十行本、元十行本、李本（元）、劉本（嘉靖）、閩本、明監本、毛本、巾箱本、監圖本、纂圖本、岳本、五山本、日抄本皆同。阮記、盧記皆無說。阮本於此加圈，不知何義，或涉下文而於此誤畫。

9. 頁三右　　喻在野之賢者有專壹之意我君子

按：單疏本、十行本、元十行本、李本（元）、劉本（嘉靖）、閩本、明監本、毛本、十行抄本皆同。阮記：「案：『我』上當有『於』字。」盧記同。阮記純屬猜測，而無實據，不可信從。

10. 頁三右　　夫擇木之鳥愨謹

按：「擇木」，十行本、元十行本、李本（元）、劉本（嘉靖）、閩本、明監本、毛本同；單疏本作「不」。阮記云：「案：此當作『雖夫不之鳥愨謹』，用《四牡》《傳》、箋之文也。」盧記同。考《小雅・四牡》經文云「翩翩者鵻，載飛載下，集于苞栩」，《傳》云「鵻，夫不也」，箋云「夫不，鳥之愨謹者，人皆愛之」，本詩經文云「翩翩者鵻，烝然來思」，此《疏》取彼《傳》、箋以釋本詩也，作「不」是也，當從單疏本，阮記誤也。

11. 頁五右　　無以知其篇第之處

按：「處」，十行本、元十行本、李本（元）、劉本（元）、閩本、明監本、毛本、監圖本、纂圖本、岳本、日抄本同，《要義》所引亦同；巾箱本作「次」；五山本作「意」。阮記云：「案：《正義》云『篇第所在，皆當言處，云之意者，以無意義可推尋而知，故云意也』，各本作『處』者皆誤。段玉裁云：《正義》作意是也。」盧記同。《正字》云「『意』，誤『處』，從《疏》校」，乃阮記所本。五山本作「意」，與孔《疏》所引合，揆諸文義，作「意」是也，當從五山本，浦說是也。

12. 頁五左　　故鄭於譜言辭義皆亡

按：單疏本、十行本、元十行本、李本（元）、劉本（元）、閩本、明監本、毛本、十行抄本皆同。阮記云：「案：『譜』當作『此』。」盧記同。揆諸文義，阮記之說頗有道理，可存疑也。

13. 頁六左　虞書曰州有十二師

按：「有十」，十行本、元十行本、李本（元）、劉本（元）、閩本、明監本、毛本同；單疏本作「十有」，十行抄本同。阮記云：「案：『有十』，當作『十有』。」盧記同。此《疏》引《序》注也，《序》注云「《虞書》曰：州十有二師」，故當從單疏本也，阮記是也。

14. 頁七左　言為天子所保

按：單疏本、十行本、元十行本、李本（元）、劉本（嘉靖）、閩本、明監本、毛本、十行抄本皆同。阮記云：「案：浦鏜云『子疑下字誤』，是也。」盧記同。單疏本亦作「子」，浦鏜所疑非是，純為猜測，不可信從。

15. 頁八右　儵革忡忡

按：「忡忡」，十行本、元十行本、李本（元）、劉本（嘉靖）、巾箱本、監圖本、纂圖本、岳本、五山本同；閩本作「沖沖」，明監本、毛本、日抄本、唐石經、白文本同。阮記云：「案：『沖沖』是也，十行本《正義》中字仍作『沖沖』，《釋文》同，皆可證。」盧記同。「忡忡」、「沖沖」乃別本之異，阮記必以作「沖」為是，顯非也。下箋「忡忡，垂飾貌」，阮本於「忡忡」旁加圈，似意亦當作「沖沖」，亦非也。

16. 頁九左　其義有似醉之貌

按：「義」，李本（元）、劉本（元）、閩本、毛本同；十行本作「儀」，元十行本、明監本、巾箱本、監圖本、纂圖本、岳本、五山本、日抄本同。阮記云：「閩本、明監本、毛本同，小字本、相臺本『義』作『儀』，案：『儀』字是也，《正義》云『其威儀有似醉之貌也』，可證。」盧記同。《正字》云「『儀』，誤『義』，從《疏》校」，乃阮記所本。揆諸文義，作「義」顯誤，作「儀」是也，當從十行本，浦說是也。阮本謂明監本同作「義」，今本明監本作「儀」，與其所見異，不知其所據何本。

17. 頁九左　夜飲私燕也

按：「私燕」，十行本、元十行本、李本（元）、劉本（元）、閩本、明監本、毛本、巾箱本、監圖本、纂圖本、岳本、五山本、日抄本同；《要義》所引作「燕私」。阮記云：「小字本、相臺本同，案：《正義》云『故言燕私也』……是此誤倒……」盧記同。《要義》所引正作「燕私」，與《疏》文所見本正合，

然檢《讀詩記》卷十八《湛露》，引毛氏曰：「夜飲私燕也」，則「私燕」、「燕私」乃別本之異，阮記必謂「燕私」為是，誤也。

18. 頁九左　猶諸侯之儀也

按：「儀」，十行本、元十行本、李本（元）、劉本（元）、閩本、明監本、毛本、巾箱本、監圖本、纂圖本、岳本、五山本、日抄本皆同，《要義》所引亦同。阮記云：「案：『儀』當作『義』……」盧記同。檢吐魯番阿斯塔那五二四號墓出土義熙寫本《小雅·湛露》鄭箋，正作「猶諸侯之儀也」（《吐魯番出土文書（壹）》，第一三八頁），則今所見各本及《要義》所引皆作「儀」，阮記誤也。下箋「諸侯之儀」，阮本於「儀」旁加圈，似意亦當作「義」，亦非。

19. 頁十左　燕私者何而與族人飲

按：單疏本、十行本、元十行本、李本（元）、劉本（元）、閩本、明監本、毛本皆同，《要義》所引亦同。阮記云：「案：『而』上當有『已』字，《常棣》《正義》引有。」盧記同。單疏本、諸注疏本及《要義》所引皆同，不誤也，阮記此說純屬猜測，《疏》文多有節引，豈可以彼證此。

20. 頁十一左　以此變言在其實

按：單疏本、十行本、元十行本、李本（元）、劉本（嘉靖）、閩本、明監本、毛本、十行抄本皆同。阮記云：「案：『言在』二字，盧文弨云當乙，是也。」盧記同。「變言」乃言物以興之義，「其實」，即指經文「其實離離」之「其實」，上《疏》云「其子實離離然垂而蕃多，以興其杞也，其宋也，二君於王燕之時，其薦俎眾多」，變言在其實，正謂此意，單疏本、諸注疏本皆同，不誤也，盧說純屬猜測，不可信從。

21. 頁十二左　後說享

按：「享」，十行本、元十行本、李本（元）、劉本（元）同；單疏本作「饗」，閩本、明監本、毛本、十行抄本同。阮記云：「閩本、明監本、毛本『享』作『饗』，案：所改是也，下同。」盧記同。「饗」、「享」可通，然作「饗」為長。

22. 頁十三左　有功者受彤弓彤弓之賜

按：單疏本、十行本、元十行本、李本（元）、劉本（嘉靖）、閩本、明監本、毛本、十行抄本皆同。阮記云：「案：下『彤』字當作『旀』。」盧記同。

《正字》云：「下『彤弓』二字當衍。」考《疏》云「正以有功者受彤弓，彤弓之賜，《周禮》唐弓大弓以授勞者，此《傳》言彤弓以講德習射，《周禮》唐弓大弓以授學射者」，「彤弓之賜」，乃啟下文，遂引《周禮》以證；又述《傳》意彤弓以講德習射，亦引《周禮》以證；兩兩相配，相得益彰，故當從單疏本，浦說、阮記皆誤也。

23. 頁十四右　　安得賜旅弓多彤弓少

按：單疏本、十行本、元十行本、李本（元）、劉本（元）、閩本、明監本、毛本皆同。阮記云：「案：『安得』當作『案傳』，形近之譌。」盧記同。揆諸上下文，此處文義曉暢，阮記為何橫生如此之異說，令人百思不得其解也，孫記謂阮校非，甚是。

24. 頁十四左　　絕祭齊之

按：「齊」，十行本、元十行本、李本（元）、劉本（元）、閩本、明監本、毛本同；單疏本作「嚌」，十行抄本同，《要義》所引亦同。阮記云：「案：浦鏜云『嚌誤齊』，是也。」盧記同。此引《儀禮·燕禮》，檢之，正作「嚌」，則當從單疏本等，浦說是也。

25. 頁十五右　　是言之可以明主之獻賓故作者舉以表之

按：「言」，單疏本、十行本、元十行本、李本（元）、劉本（嘉靖）、閩本、明監本、毛本、十行抄本同；《要義》所引作「右」。阮記云：「案：浦鏜云『言當右字誤』，是也。」盧記同。所謂「作者」，乃指作詩之人，「舉以表之」，乃指本詩經文作「一朝右之」，箋云「右之者，主人獻之，賓受爵」，此即「明主之獻賓」，故當作「右之」，《要義》所引是也，浦說是也。

26. 頁十五左　　命鄉論秀士升之司徒曰選官司徒論選士之秀者升之於大學

按：「官」，李本（元）、劉本（嘉靖）、閩本、明監本、毛本同；單疏本作「士」，十行本、十行抄本同，《要義》所引亦同；元十行本漫漶。阮記云：「案：山井鼎云『官當作士』，是也，物觀補遺云『宋板官作士』，當是剜也。」盧記同。《正字》云：「『士』，誤『官』。」揆諸文義，既云「司徒論選士之秀者」，則此前顯當作「選士」，單疏本、十行本及《要義》所引是也，浦說是也。物觀所謂宋板，即足利學校所藏宋刊十行本，亦即本書所謂十行本，細

察之，未見剿入之跡，阮記謂之剿入，當因自認其所據底本為宋本，既其字作「官」，遂想當然以為物觀所據之宋板作「士」者，乃剿入也，於此，正可見阮本所據底本為元刊本，故與十行本異，而與李本、劉本同也。

27. 頁十六右　正義曰言菁菁然茂盛者蘿蒿也此蘿蒿也此蘿蒿所以得茂盛者

按：「此蘿蒿也」，十行本、李本（元）、劉本（嘉靖）同；單疏本無此四字，閩本、明監本、毛本同；元十行本闕頁。阮記云：「閩本、明監本、毛本，不重『也此蘿蒿』四字，案：所改是也，此複衍。」盧記同。此處之衍文，顯而易見，阮記是也，阮本圈字與其所述稍有不同，是為疏忽也。

## 卷十之二

1. 頁一右　從此至無羊十四篇是宣王之變小雅

按：十行本、元十行本、李本（元）、劉本（元）、監圖本同；閩本、明監本、毛本此句之前，明確標有「箋」字；纂圖本「從」字前有「o」，岳本同；巾箱本移至《序》末注文之後，並加「o」以區別前後；日抄本無此句。阮記云：「閩本、明監本、毛本，此下有注，小字本、相臺本無，《考文》古本同，案：山井鼎云：釋文混入注者，是也。」盧記同。《正字》云：「一十五字係《釋文》誤入箋。」檢《釋文》出字「六月」，小注云「從此至無羊十四篇是宣王之變小雅」，又《讀詩記》卷十九《六月》，「《釋文》曰：從此至無羊十四篇是宣王之變小雅」，則此句為《釋文》乃無可疑，浦說是也，十行本等「從」字前並闕「o」也，然阮本於「篇」、「雅」右旁圈字不知何義。

2. 頁一左　明與上詩別主見缺者為剛*

按：「主」，單疏本、十行本、元十行本、明監本、十行抄本同；李本（元）作「王」，劉本（元）、閩本、毛本同。阮記引文作「明與上詩別主」，云：「閩本、明監本、毛本『主』誤『王』。」盧記引文作「明與上詩別王」，補云：「閩本、明監本、毛本同，案：王當作主」。考單疏本《疏》文云：「《由庚》以下不言『缺』者，敘者因文其義，明與上詩別，主見缺為剛，君父之義，不言缺者為柔，臣子之義。」主者，主張之義，作「王」則不知何義也，當從單疏本等。阮本與阮記所引文字同，然既以作「主」為是，阮本不當於此加圈；又盧記引文作「王」，與阮本異，補云又與阮記異，可謂舛亂殊甚也。

3. 頁二左　若將師之從王而行

按：「師」，十行本、元十行本、李本（元）、劉本（元）、閩本、明監本、毛本同；單疏本作「帥」。阮記云：「案：浦鏜云『帥誤師』，是也。」盧記同。「將帥」連文，「師」顯因與「帥」形近而譌，單疏本是也，浦說是也。

4. 頁二左　我是用急

按：「急」，十行本、元十行本、李本（元）、劉本（元）、閩本、明監本、毛本、巾箱本、監圖本、纂圖本、岳本、五山本、日抄本、唐石經、白文本皆同。阮記云：「案：《毛鄭詩考正》云：急字於韻不合，段玉裁云：《鹽鐵論》引『急』作『戒』，謝靈運撰《征賦》用作棘，皆協，今作『急』者，後人用其義，改其字耳，詳《詩經小學》。」盧記同。檢吐魯番阿斯塔那五二四號墓出土義熙寫本《小雅・六月》，正作「急」（《吐魯番出土文書（壹）》，第一四〇頁），敦煌殘卷伯二五〇六《小雅・六月》，亦作「急」，皆可為證，且傳世各本皆作「急」，戴、段所疑，皆為猜測，不可信從！

5. 頁三右　春官車僕掌戎路之倅廣車之倅闕車之倅屏車之倅輕車之倅注云此五者皆兵車所設五戎也

按：「設」，十行本、元十行本、李本（元）、劉本（元）、閩本、明監本、毛本同；單疏本作「謂」，十行抄本同。阮記云：「案：浦鏜云『謂誤設』，以《車僕》注考之，浦按是也。」盧記同。檢《周禮・春官・車僕》鄭注，正作「所謂」，故當從單疏本等，浦說是也。

6. 頁三左　周礼云韋弁皮弁服

按：「云」，單疏本、十行本、元十行本、李本（元）、劉本（元）、閩本、明監本、毛本、十行抄本皆同，《要義》所引亦同。阮記云：「案：『云』當作『志』，《采芑》《正義》引《周禮志》云韋韋弁素裳，是其證，又引見《周禮・屨人》《疏》。」盧記同。此為想當然之說，志者記錄之義也，何曾有《周禮志》之書，單疏本、諸注疏本及《要義》所引皆作「云」，可證原文不誤，阮記謬甚。

7. 頁三左　聘禮君使卿韋弁歸饔餼注云韋弁韎韐之弁

按：「韐」，十行本、元十行本、李本（元）、劉本（元）、閩本、明監本、毛本同；單疏本作「韋」，十行抄本同，《要義》所引亦同。阮記云：「案：浦

鏜云『韋誤韐』，考《聘禮》注是也。」盧記同。檢《儀禮・聘禮》鄭注，正作「韎韋」，故當從單疏本等，浦說是也。

8. 頁三左　鄭獨言在軍者為僕右無也

按：「無」，單疏本、十行本、元十行本、李本（元）、劉本（元）、閩本、明監本、毛本皆同，《要義》所引亦同。阮記云：「案：『無』當作『服』。」盧記同。考《疏》文云：「故《坊記》注云：『唯在軍同服耳』……禮，在朝及齊祭，君臣有同服多矣，鄭獨言在軍者，為僕右無也，以君各以時服，僕右恒朝服，至在軍則同，故言『唯』耳，不謂通於他事。」據此，所謂「僕右無也」，即指僕右無有多服，恒服朝服，故惟在軍時，君臣與僕右服同，他時則君臣與僕右服異，故鄭玄《坊記》注云「唯在軍同服耳」，則此處作「無也」不誤，當從單疏本等，阮記昧於經義，宜其疑於不當疑之處也。

9. 頁五右　箋云鉤鞶行曲直

按：「鉤鞶」，十行本、元十行本、李本（元）、劉本（元）、閩本、明監本、毛本、纂圖本同；監圖本作「鉤鉤鞶」，岳本、五山本、日抄本同；巾箱本作「鉤一鞶」。阮記云：「小字本、相臺本重『鉤』字，《考文》古本同，案：『重』者是也……」盧記同。檢敦煌殘卷伯二五〇六《小雅・六月》鄭箋，作「鉤=股」，「鉤鞶」、「鉤鉤鞶」、「鉤=股」，皆是別本之異，阮記必謂作「鉤鉤鞶」，不可信從也。

10. 頁五左　侵及近地石為大甚

按：「石」，十行本、元十行本、李本（元）同；單疏本作「實」，劉本（元）、閩本、明監本、毛本、十行抄本同。阮記云：「閩本、明監本、毛本『石』作『實』。案：所改非也，『石』當作『忞』。」盧記同。作「石」顯誤，揆諸文義，當從單疏本，阮記純屬猜測，豈可信據。

11. 頁五左　故知嚮日千里之鎬

按：「知嚮日」，單疏本、十行本、元十行本、李本（元）、劉本（元）、閩本、明監本、毛本、十行抄本同；《要義》所引作「知嚮同」。阮記云：「案：『知嚮日』，盧文弨云『劉向曰』，是也，此在《漢書・陳湯傳》。」盧記同。此處文字頗為費解，盧氏所云，可備一說。

12. **頁五左** 濟陰有長安鄉漢有洛陽縣

按：單疏本、十行本、元十行本、李本（元）、劉本（元）、閩本、明監本、毛本、十行抄本皆同，《要義》所引亦同。阮記云：「案：惠棟云『漢下當有中字，陽字衍』，是也。」盧記同。惠說不確，檢《漢書·地理志》、《續漢書·郡國志》，漢中郡無洛縣，廣漢郡有雒縣，此處之「漢」不知所指，而所謂「濟陰有長安鄉」，亦文獻無徵，則此處亦當存疑也。

13. **頁六右** 士喪注云牢幅一尺絳幅二尺

按：「牢」、「絳」，十行本、元十行本、李本（元）、劉本（元）、閩本、明監本、毛本同；單疏本作「半」、「終」，十行抄本同，《要義》所引亦同。阮記云：「案：浦鏜云『半誤牢，終誤絳』，是也。」盧記同。檢《儀禮·士喪禮》鄭注，正作「半幅一尺終幅二尺」，故當從單疏本等，浦說是也。

14. **頁六左** 除去絳直是銘長三尺

按：「絳」，單疏本、十行本、元十行本、李本（元）、劉本（元）、閩本、十行抄本同，《要義》所引同；明監本作「降」，毛本同。阮記云：「閩本同，明監本、毛本『絳』作『降』，案：皆誤也，當作『縿』。」盧記同。銘乃書名於末，考前《疏》云「以絳為縿，畫為鳥隼」，則除去畫圖之絳，有文之銘長三尺也，作「絳」是也，當從單疏本等，阮記誤也。

15. **頁六左** 帥謂軍將至五長是*

按：「五」，李本（元）、劉本（元）、閩本、明監本、毛本同；單疏本作「伍」，十行本、元十行本、十行抄本同。阮記引文云「帥謂軍將至伍長」，云：「閩本、明監本、毛本『伍』誤『五』，下同。」盧記引文云「帥謂軍將至五長」，補云：「閩本、明監本、毛本同，案：『五』當作『伍』，下同。」作「五」顯誤，《正字》云「『伍』，誤『五』，下同」，浦說是也。此例阮本之底本與阮記所據之底本異，不知何因也。

16. **頁七右** 但以卿統名焉

按：「焉」，單疏本、十行本、元十行本、李本（元）、劉本（元）、閩本、明監本、毛本、十行抄本皆同。阮記云：「案：『焉』當作『為』，形近之譌。」盧記同。阮記純屬猜測，此處文從字順，何來錯譌之說。

17. 頁七右　釣讀如婁領之釣

按：「讀如」，單疏本、十行本、元十行本、李本（元）、劉本（元）、閩本、明監本、毛本、十行抄本皆同。阮記云：「案：浦鏜云『讀如二字衍也』，是也，《采芑》《韓奕》《正義》引無。」盧記同。浦說純屬猜測，此處乃《疏》文引述《周禮》鄭注，豈必前後如一也。

18. 頁七右　是也釣鑿之文

按：單疏本、十行本、元十行本、李本（元）、劉本（元）、閩本、明監本、毛本、十行抄本皆同。阮記云：「案：當作『是釣鑿之文也』，誤倒。」盧記同。阮記純屬猜測，並無實據，存疑可也。

19. 頁七右　無文論其形故云同異未制聞

按：十行本、元十行本、李本（元）、劉本（元）同；閩本作「無文論其形故云同異制未聞」，明監本、毛本同；單疏本作「無文論其形制故云同異未聞」，《要義》所引同，十行抄本作「无文論其形制故云同異未聞」。阮記云：「閩本、明監本、毛本『未制』作『制未』，案：所改是也。」盧記同。所謂「故云『同異未聞』」，乃本鄭箋，箋云「其制之同異未聞」，「同異未聞」為箋語，「同異未制聞」、「同異制未聞」皆非也，其「制」字當在「形」字之下，當從單疏本等，繆記謂阮記誤，甚是。

20. 頁八左　芑菜也*

按：閩本、明監本、毛本、巾箱本、監圖本、纂圖本、岳本、五山本、日抄本同；十行本作「采」，元十行本、李本（元）、劉本（嘉靖）同。阮記、盧記皆無說，不知阮本為何於此加圈。檢敦煌殘卷二五〇六《采芑》毛《傳》作「芑菜也」，《疏》文標起止作「傳芑菜至用之」，《讀詩記》卷十九《采芑》，引毛氏曰，「芑菜也」，則作「菜」是也。

21. 頁九左　箋解菜之新田

按：「菜」，單疏本、十行本、元十行本、李本（元）、劉本（元）、閩本、明監本、毛本同；十行抄本作「采」。阮記云：「案：浦鏜云『采誤菜』，是也。」盧記同。本詩經文云「薄言采芑，于彼新田」，則顯當作「采」，十行抄本正作「采之新田」，則浦說是也。

22. 頁十左　置文王於車之上

按:「文王」,元十行本、李本(元)同;單疏本作「文彩」,十行本、十行抄本同;劉本(嘉靖)作「其文」,閩本、明監本、毛本同。阮記云:「閩本、明監本、毛本『文王』誤『其文』,案:山井鼎云『宋板王作彩』,當是剜也,『彩』字是,《韓奕‧正義》作『采』。」盧記同。文王如何可置於車上,「文彩」是也,當從單疏本等。

23. 頁十一右　彼云又累一命至三命而止

按:「彼云又」,單疏本、十行本、元十行本、李本(元)、劉本(嘉靖)、閩本、明監本、毛本、十行抄本皆同,《要義》所引亦同。阮記云:「案:『彼云又』,當作『又彼文』。」盧記同。《正字》云:「『云』,疑『文』字誤。」《疏》引《玉藻》,云「一命緼韍黝珩,再命赤韍黝珩,三命赤韍葱珩」,則彼者「《禮記‧玉藻》」也,所謂「又累一命」,即復累一命也,三命而止也,並無難解之處,阮記誤也。

24. 頁十一右　又以為衣裳是朱之淺者

按:「衣裳」,單疏本、十行本、元十行本、李本(元)、劉本(嘉靖)、閩本、明監本、毛本、十行抄本皆同。阮記云:「案:『裳』字衍也。」盧記同。此《疏》釋箋,考箋文云「天子之服,韋弁服,朱衣裳也」,故《疏》文釋之云「又以為衣裳是朱之淺者,故得以朱表之」,《疏》文之「衣裳」正本箋文之「衣裳」,諸本皆同,阮記誤甚,汪記謂「裳」非衍文,是也。

25. 頁十一左　未戰之前則陳閱軍士

按:「則」,單疏本、十行本、元十行本、李本(元)、十行抄本同;劉本(嘉靖)作「而」,閩本、明監本、毛本同。阮記云:「閩本、明監本、毛本『則』作『而』,案:所改是也。」盧記同。揆諸文義,作「則」是也,當從單疏本等,劉本等改作「而」顯誤,阮記是之,亦誤。

26. 頁十二右　箋春秋至礼一正義曰

按:十行本、元十行本、李本(元)、劉本(嘉靖)同;閩本「正」前有「ㅇ」,明監本、毛本、十行抄本同。阮記、盧記皆無說。猜測其意,謂「箋春秋至禮一」為標起止,下應有「ㅇ」隔斷前後,以為區別。又,單疏本通例不

用「o」而以空格區別前後，而單疏本「箋春秋至禮一」正為一行末尾，「正義曰」為另行領起，無容置空格以別前後，似職此之故，宋元十行本見無空格，遂不加「o」也。

### 27. 頁十二左　明彼為誤故經改其文而引之

按：「經」，單疏本、十行本、元十行本、李本（元）、劉本（嘉靖）、閩本、明監本、毛本皆同。阮記云：「案：『經』當作『徑』，形近之譌。」盧記同。阮記以今日文法猜測古人行文，雖似有理，然並無實據，存疑可也。

### 28. 頁十二左　蠢爾蠻荊

按：十行本、元十行本、李本（元）、劉本（嘉靖）、閩本、明監本、毛本、巾箱本、監圖本、纂圖本、岳本、五山本、日抄本、唐石經、白文本皆同。阮記云：「案：段玉裁云：《漢書・韋賢傳》引『荊蠻來威』，案毛云荊州之蠻也，然則毛詩固作荊蠻，傳寫倒置也……見《詩經小學》。今考《正義》云宣王承厲王之亂，荊蠻內侵，是《正義》本作『荊蠻』，下文皆作『蠻荊』，後人依經注本倒之而有未盡也。」盧記同。此條阮記可謂強詞奪理、無中生有之至者也，今傳世各本皆作「蠢爾蠻荊」，《傳》文明明寫作「蠻荊，荊州之蠻也」，段氏據「荊州之蠻」竟能推出經文作「荊蠻」，又謂《傳》文「蠻荊」二字為倒置，真可謂自說自話，毫無依據；而顧氏竟據《疏》文「荊蠻內侵」，推出經文作「荊蠻」，其荒唐程度乃與段氏可相比肩也，又謂此下《疏》文中比比所見之「蠻荊」為後人改之未盡，何其可笑之說也，顧氏獨不見本詩《序》《疏》文所云：「宣王命方叔南征蠻荊之國」，則此條阮記當改作「前後文皆作『蠻荊』，後人依經注本倒之而有未盡也」，如此校語竟出自顧氏之口，令人難以置信也，檢敦煌殘卷伯二五〇六《采芑》，正作「蠢爾蠻荊」，則阮記謬甚可知也。

## 卷十之三

### 1. 頁一右　案王制注云以為

按：「云」，單疏本、十行本、元十行本、李本（正德）、劉本（正德）、閩本、明監本、毛本、十行抄本皆同，《要義》所引亦同。阮記云：「案：浦鏜云『云當衍字』，是也。」盧記同。浦鏜以今日文法猜測古人行文，純為猜測，不可信從。

2. **頁二右　宗廟齊毫尚純也**

按：「毫」，十行本、元十行本、李本（正德，板心有塗抹）、劉本（正德十二年）、監圖本、纂圖本、岳本、五山本同；閩本作「豪」，明監本、毛本、巾箱本、日抄本同。阮記云：「閩本、明監本、毛本『毫』作『豪』，案：《釋文》云：依字作毫也，考《說文》無毫，即豪字之俗耳，《正義》作『毫』，乃易字而說之，當以《釋文》本作『豪』為長。」盧記同。檢《爾雅·釋畜》，「宗廟齊毫」，本詩毛《傳》似即本之，則作「毫」不誤，作「豪」者，或別本也。

3. **頁二右　不得入左者左右者之右**

按：「左者左」，十行本、元十行本、李本（正德，板心有塗抹）、劉本（正德十二年）、閩本同；明監本作「左者之左」，毛本、巾箱本、監圖本、纂圖本、岳本、五山本、日抄本同，《要義》所引亦同。阮記云：「小字本、相臺本作『左者之左』，閩本、明監本、毛本同，案：有『之』者，是也，《釋文》云『之左者之左，一本無上之字，下句亦然』，《正義》云『其屬左者之左門，屬右者之右門』，與一本同。」盧記同。檢敦煌殘卷伯二五〇六《車攻》毛《傳》，作「不得入之左者之左右者之右」，亦有「之」字，阮記以為當有「之」者，或是。

4. **頁二左　既為防院當設周衛而立門焉**

按：「院」，單疏本、十行本、元十行本、李本（正德，板心有塗抹）、劉本（正德十二年）、十行抄本同；閩本作「限」，明監本、毛本同。阮記云：「閩本、明監本、毛本『院』作『限』，案：所改是也。」盧記同。阮記以今日字義猜測古人行文，雖似有理，然並無實據，存疑可也。

5. **頁二左　闞車軌之裏**

按：「軌」，十行本、十行抄本同；元十行本作「軓」，李本（正德，板心有塗抹）、劉本（正德十二年）、閩本、明監本、毛本同；單疏本作「軌」。阮記云：「閩本、明監本、毛本『軌』作『軓』，案：皆誤也，當作『軌』，謂兩輪閒也。」盧記同。單疏本正作「軌」，檢《讀詩記》卷十九《車攻》小注云「孔氏曰……闞車軌之裏」，亦可為證，阮說是也。

6. **頁三左**　既陳車驅車卒奔

按：「車」，單疏本、十行本、元十行本、李本（元）、劉本（元）、閩本、明監本、毛本、十行抄本皆同，《要義》所引亦同。阮記云：「案：浦鏜云『驅下誤衍車字』，是也。」盧記同。單疏本、諸注疏本及《要義》所引皆有「車」字，則非衍文也，浦說純屬猜測，不可信從。

7. **頁四右**　維數車徒者為有聲也

按：「維」，十行本、元十行本、李本（元）、劉本（元）、閩本、明監本、毛本、巾箱本、監圖本、纂圖本、岳本、日抄本同；五山本作「唯」。阮記云：「案：《釋文》以『唯數』作音，是其本『維』作『唯』。」盧記同。今傳世各本皆作「維」，《讀詩記》卷十九《車攻》引「毛氏曰」，亦作「維」，《釋文》所見乃別本也，阮記於此述而不斷，不知何意，阮本於此加圈，顯與誤字加圈通例有違。

8. **頁四右**　搏獸于敖

按：「搏」，十行本、閩本、明監本、毛本、巾箱本、監圖本、纂圖本、岳本、五山本、日抄本、唐石經、白文本同；元十行本作「博」，李本（元）、劉本（元）同。阮記云：「案：《九經古義》云：《水經注》引云『薄狩于敖』，《東京賦》同……」盧記同。敦煌殘卷伯二五〇六《車攻》，作「薄獸于敖」，可證阮記所云，然《釋文》以「搏獸」出音，《讀詩記》卷十九《車攻》，亦作「搏獸」，古人重音不重字，故「搏獸」、「薄獸」、「薄狩」，皆為別本之異，而非對錯之別也。

9. **頁四右**　獸田獵搏獸也

按：「獸」，十行本、元十行本、李本（元）、劉本（元）、閩本、明監本、毛本、巾箱本、監圖本、纂圖本、岳本、日抄本同；五山本作「狩」。阮記云：「案：惠棟云：上『獸』字亦當為『狩』，《考文》古本作『狩』，因覺其不詞而改之耳。」盧記同。本詩云「搏獸于敖」，箋云「獸，田獵搏獸也」，此箋引經之「獸」而釋之也，如何作「狩」，敦煌殘卷伯二五〇六《車攻》鄭箋，正作「獸田獵搏獸也」，可見惠說荒謬，絕不可信。

10. **頁四右**　今近榮陽

按：「榮」，十行本、元十行本、李本（元）、劉本（元）、閩本、明監本、

毛本、巾箱本、監圖本、纂圖本、岳本、五山本、日抄本皆同。阮記云:「案:『滎』當作『滎』,《六經正誤》云作『滎』誤,其說非也,後人多依之,改『滎』為『滎』,詳見《沿革例》中。」盧記同。敦煌殘卷伯二五〇六《車攻》鄭箋,作「滎陽」,似可證其說。然「滎」、「滎」之辨,由來已久,王念孫《讀書雜誌·漢書第一》「滎陽」條云:「陳平、灌嬰將十萬守滎陽,宋祁曰:『滎』,舊本作『滎』;又《高後紀》灌嬰至滎陽,宋祁曰:景德本『滎』作『滎』。念孫案:作『滎』者,是也。凡《史記》、《漢書》中滎陽字作『滎』者,皆後人所改,唯此二條作『滎』,乃舊本之僅存者,而子京未能訂正也。段氏若膺《古文尚書撰異》曰:考滎澤字,古從火不從水,《周官經》『其川滎雝』,《逸周書》同,《詩·定之方中》《鄭箋》:『及狄人戰於滎澤』,《春秋左氏傳》閔公二年:『及狄人戰於滎澤』,宣十二年:『及滎澤』,杜預後序云:即《左傳》所謂滎澤也,《爾雅注》圈田在滎陽,《釋文》凡六滎字,皆從火,隱元年注:『虢國,今滎陽縣』,《釋文》云:本或作『滎』,非,尤為此字起例。《玉篇·焱部》滎字下云:『亦滎陽縣』,《漢韓勑後碑》『河南滎陽』,《劉寬碑陰》『河南滎陽』,《鄭烈碑》『滎陽將封人也』,字皆從火,而唐盧藏用撰書《紀信碑》『嘗以百萬之兵困高祖于滎陽』,字正從火,至今明畫,《隋書·王劭傳》上表言符命曰:『龍鬥于滎陽者,滎字三火,明火德之盛也』,然則滎澤、滎陽古無從水者。《尚書·禹貢》『滎波既豬』,唐石經及諸本從水,《釋文》亦同者,《崇文總目》云宋開寶中,詔以德明所釋,乃《古文尚書》與唐明皇所定《今文駁異》,令太子中舍陳鄂刪定其文,改從隸書。蓋今文自曉者多,故音切彌省,然則衛包庸妄,改滎作滎,而陳鄂和之,所當訂正者也。至於經典《史記》、《漢書》、《水經注》『滎』字多作『滎』,蓋天寶以前確知滎陽、滎澤不當從水,而其後淺人以為水名,不當從火,遂爾紛紛改竄,然善本亦時有存者。又曰:《說文》水部滎字下曰:滎濘,絕小水也,從水滎省聲;濘字下曰:滎濘也,從水寧聲。閻氏《潛邱箚記》以『絕小水』為《爾雅》『正絕流曰亂』之絕,與《禹貢》『沇沋為滎』相發明,其穿鑿傅會,由不知《禹貢》字本作『滎』故爾。中斷曰絕,絕者窮也,故引伸為極至之用。絕小水者,極小水也。正絕字下正絕流曰亂者,中斷之意也,字同而義別矣。至滎澤則非小水之名,與此言絕小水者無涉。」段氏以天寶為界,斷定此前「滎陽、滎澤不當從水」,然若論東周,出土印陶滎字寫作「𡷗」,上從火下從水(牛濟普《滎陽印陶考》,《中原文物》一九八四年第二期);若論漢代,亦有滎陽,居延漢簡一三一·

一八簡寫有「滎陽」二字（《居延漢簡‧圖版之部》「中央研究院」歷史語言研究所一九五七年版，第九十一頁）；若論唐代，仍有滎陽，敦煌殘卷英藏斯二〇七一抄陸法言《切韻》卷三：熒，光明；滎，小水，又德藏吐魯番寫本殘卷抄《文選‧曹大家北征賦》有「滎陽」二字（《敦煌吐魯番本文選》中華書局二〇〇〇年版，第二十四頁），據此，天寶前「滎陽」所見甚多，段若膺可謂武斷之甚者也。「滎陽」、「熒陽」乃別本之異，阮記之說絕不可信。

11. 頁六右　　射左髀達于右䯅為下殺

按：「䯅」，十行本、元十行本、李本（元）、閩本、明監本、毛本、巾箱本、監圖本、纂圖本、岳本、五山本、日抄本皆同，《要義》所引亦同。阮記云：「案：段玉裁云：《五經文字》作『䯏』，是也，《釋文》、《正義》皆作『䯅』，乃轉寫之譌……」盧記同。檢《讀詩記》卷十九《車攻》引毛氏曰，作「䯅」，敦煌殘卷伯二五〇六《車攻》毛《傳》，作「䯓」，「䯅」「䯏」「䯓」皆別本之異文，非對錯之別也，段說非也。

12. 頁七左　　時述此慎微接下二事

按：「時」，單疏本、十行本、元十行本、李本（元）、閩本、明監本、毛本皆同。阮記云：「案：浦鏜云『時當特字誤』，是也。」盧記同，又補云「案：下『故時言之也』，『時』亦當作『特』」。浦鏜猜測之說，存疑可也。

13. 頁八右　　二者人君之美事故時言之也

按：「時」，十行本、元十行本、李本（元）同；單疏本作「特」，閩本、明監本、毛本、十行抄本同。阮記無說，盧記於前條有補云「案：下『故時言之也』，『時』亦當作『特』」。正因人君之美事，故特別言之，則作「時」顯誤，似因與「特」字形近而譌，當從單疏本也，盧記是也。

14. 頁八左　　麚牝曰麌

按：「牝」，十行本、元十行本、李本（元）、監圖本、纂圖本、五山本同；閩本作「牡」，明監本、毛本、巾箱本、岳本、日抄本同。阮記云「案：『牡』字是也……」盧記同。考單疏本《疏》文標起止「箋麚牡曰麌」，云「《釋獸》云：麀，牡麌；牝麌。是『麚牡曰麌』」，又《釋文》出音「麚牡」，則孔氏、陸氏所見本皆作「麚牡」也，又《爾雅‧釋獸》云「麚牡麌」，郭注：「《詩》曰『麀鹿麌麌』，鄭康成解，即謂此也。」則作「牡」是也，然檢敦煌殘卷伯

二五〇六《吉日》鄭箋，作「麕牝曰麌」，則「牡」譌作「牝」，可謂由來已久。

15. 頁八左　　而致天子之所

按：「致」，十行本、元十行本、李本（元）、閩本、明監本、毛本、監圖本、纂圖本同；巾箱本作「至」，岳本、五山本、日抄本同。阮記云「相臺本『致』作『至』，案：作『至』字是也……」盧記同。揆諸文義，顯應作「至」，檢敦煌殘卷伯二五〇六《吉日》鄭箋，正作「至」，則當從巾箱本，阮記是也。

16. 頁八左　　既簡擇我田獵之馬

按：「簡」，單疏本、閩本、明監本、毛本同；十行本作「蕳」，元十行本、李本（元）同。阮記、盧記皆無說，不知阮本因何於此加圈。然作「簡」是也。

17. 頁九右　　箋麕牝至言多

按：「牝」，十行本、元十行本、李本（元）、劉本（嘉靖）同；單疏本作「牡」，閩本、明監本、毛本、十行抄本同。阮記云：「案：『牡』字是也。」盧記同。此標起止，由上條可知鄭箋必作「麕牡曰麌」也，作「牡」是也，當從單疏本也，阮記是也。十行本等箋文皆誤，故其標起止，似據之而改以誤也。

18. 頁九右　　郭璞引詩曰麀鹿麌麌

按：「麌」，十行本、元十行本、李本（元）、劉本（嘉靖）、毛本同；閩本作「麏」，明監本同；單疏本作「麌」，十行抄本同。阮記云：「毛本同，閩本、明監本『麌』作『麏』，案：皆誤也，浦鏜云『麌字誤』，是也。」盧記同。檢《爾雅·釋獸》云「麕，牡麌」，郭注：「《詩》曰『麀鹿麌麌』，鄭康成解即謂此也」，作「麀鹿麌麌」是也，當從單疏本，浦說是也。

19. 頁九右　　由麌之相類又承鹿牡之下本或作麌牝者誤也

按：十行本作「由麌之相類又承鹿牡之下本或作麌牝者誤也」，元十行本、李本（元）、劉本（嘉靖）、閩本、明監本、毛本同；單疏本作「由麌之相類又承鹿牝之下本或作麌牡者誤也」。阮記云：「案：『牡』當作『牝』。」盧記同。考本詩經文云「麀鹿麌麌」，《傳》云「鹿牝曰麀」，巾箱本等箋云「麕牡曰麌」，單疏本《疏》文云「由麌之相類，又承『鹿牝』之下，本或作『麌牡』者，誤

也」，意謂因「麋」為鹿類也，而「又承鹿牝之下」，「鹿牝」乃引《傳》文，毛《傳》既釋經文「麀鹿麌麌」之「麀」，箋處《傳》下自因釋經文「麀鹿麌麌」之「麌」，「麀」為牝鹿，則「麌」為牡鹿，「麋」又為鹿類，故別本箋文作「麋牡曰麌」也，而與孔《疏》所見鄭箋「麕牡曰麌」有異，此即《疏》文所謂「本或作『麋牡』」，而孔穎達以為此本「誤也」，《疏》義大抵如此，非從單疏本，經義難曉，十行本以下文字皆舛誤不可卒讀。

### 20. 頁九右　　釋獸有麌之名

按：「麌」，單疏本、十行本、元十行本、李本（元）、劉本（嘉靖）、閩本、明監本、毛本、十行抄本皆同。阮記云：「案：浦鏜云『震誤麌』，是也。」盧記同。揆諸文義，浦說似勝，然無實據，存疑可也。

### 21. 頁十右　　天子飲酒之

按：單疏本、十行本、元十行本、李本（元）、劉本（嘉靖）、閩本、明監本、毛本、十行抄本皆同。阮記云：「案：『酒之』二字當倒。」盧記同。《正字》云「『之』字，誤在『飲酒』下」，浦說、阮記皆為猜測，不可信從。

# 卷十一

## 卷十一之一

### 1. 頁一左　以宣王據亂而起明其王先據散民

按：「王先據」，十行本、元十行本、李本（元）、劉本（嘉靖）、閩本、明監本、毛本同；單疏本作「王先招」。阮記云：「閩本、明監本、毛本『其』誤『宣』，案：『王』當作『正』，形近之譌。」盧記惟「正」作「止」，餘同。民如何可據，其「招」字正對「散」字而言，而譌作「據」者，或涉上文「據亂而起」而誤也，當從單疏本，「王」字不誤，阮記非也。

### 2. 頁一左　箋云侯伯卿士謂諸侯之伯*

按：「箋云」，十行本、元十行本、李本（元）、劉本（嘉靖）、閩本、明監本、毛本、巾箱本、監圖本、纂圖本、岳本、五山本、日抄本皆同，《要義》所引亦同。阮記、盧記皆無說。考《疏》文標起止云「箋侯伯至美焉」，則此處「箋云」二字絕無問題，而阮本為何於此加圈，檢阮記引文「箋云鴻雁知避陰陽寒暑」，云：「案：《正義》云『故《傳》辨之云，大曰鴻，小曰雁也，知避陰陽寒暑者』云云，『故箋云喻民知去無道就有道』，標起止云『傳大曰鴻至寒暑』，是《正義》本『鴻雁知避陰陽寒暑』八字在《傳》，『箋云』二字在其下也。」盧記同。則阮本似本意於「箋云鴻雁知辟陰陽寒暑」之「箋云」二字加圈，而誤於下文「箋云侯伯卿士」之「箋云」二字加圈也。檢核眾本，「箋云鴻雁」之「箋云」皆如此，而與孔《疏》所見本異，孰是孰非，難以遽斷也。

3. 頁二左　歲偏存三歲偏覘五歲偏省＊

按：三「偏」，十行本、元十行本、李本（元）、劉本（元）、十行抄本同；單疏本作「徧」，閩本、明監本、毛本同。阮記、盧記皆無說，阮本於此加圈，不知何義。此《疏》引《周禮・大行人》文，檢之正作「徧」，則當從單疏本，作「徧」是也，「偏」或因與「徧」形近而譌。

4. 頁三左　何休注云公羊

按：「云」，十行本、元十行本、李本（元）、劉本（嘉靖）、閩本、明監本、毛本同；單疏本無，十行抄本同，《要義》所引亦同。阮記云：「案：浦鏜云『誤衍云字』。」盧記同。何休注云公羊，不辭，此「云」字顯為衍文，當從單疏本等，浦說是也。

5. 頁五右　央旦也庭燎大燭＊

按：「旦」，十行本、元十行本、李本（元）、劉本（嘉靖）、閩本、明監本、毛本、巾箱本、監圖本、纂圖本、岳本、五山本同；日抄本作「且」。阮記云：「小字本、相臺本同，案：此《正義》本也……《釋文》云且七也反，又子徐反，又音旦，段玉裁云：且，薦也，凡物薦之，則有二層，未且，猶言未漸進也，與未艾向晨為次第，若作旦字與向晨不別矣……」盧記同。單疏本《疏》文標起止作「傳央旦至大燭」，又云「《傳》言央旦者」，則其所見本必作「旦」，與傳世經注、注疏各刊本皆同，且《釋文》明云「經本作旦」，則作「且」者別本也，「旦」、「且」為別本之異，豈有是非之別，段說牽強附會，絕不可信。

「大燭」，十行本、元十行本、李本、劉本、閩本、明監本、毛本、巾箱本同；監圖本作「大燭也」，纂圖本、岳本、五山本、日抄本同。阮記云：「小字本、相臺本『燭』下有『也』字，《考文》古本同。」盧記無說。此亦別本之異也。

6. 頁六左　女自恣聽不朝

按：「恣聽」，十行本、元十行本、李本（元）、劉本（嘉靖）、閩本、明監本、毛本、巾箱本、監圖本、纂圖本、岳本、日抄本同；五山本作「聽恣」。阮記云：「小字本、相臺本同，案：《正義》云『箋云自恣不朝，集注及定本恣下有聽字』，此《正義》本是也，有者衍。」盧記同。有無「聽」字乃別本之

異，阮記必謂有者為衍，今諸本皆有，不知其何據，顯然武斷，不可信從。

7. **頁九右**　能深隱者

按：單疏本、十行本、元十行本、李本（元）、劉本（嘉靖）、十行抄本同；閩本作「能深於隱者」，明監本、毛本同。阮記云：「閩本、明監本、毛本『深』下衍『於』字，案：十行本『人』至『深』，剜添者一字，是『深』字亦衍也。」盧記同。宋十行本「人有能」三字雖有迫促之狀，然非必為剜添也，單疏本即有「深」字，正可可證，阮記誤也，謝記以為當有「深於」二字，亦誤。

8. **頁九右**　非但在朝為人所親

按：「親」，十行本、元十行本、李本（元）、劉本（嘉靖）、閩本、明監本、毛本同；單疏本作「觀」，十行抄本同。阮記云：「案：浦鏜云『親當觀字誤』，是也。」盧記同。考前《疏》云「王得賢則為人樂觀其朝」，此處「在朝為人所觀」正承之而來，若作「為人所親」則不知何義，故當從單疏本也，浦說是也。

9. **頁九右**　澤者水之所鐘

按：「鐘」，單疏本、十行本、元十行本、李本（元）、劉本（嘉靖）、十行抄本同；閩本作「鍾」，明監本、毛本同。阮記、盧記皆無說，不知阮本為何於此加圈。

10. **頁九左**　陸機疏云幽州人為之穀桑荊楊人謂之穀

按：「為」，單疏本、十行本、元十行本、李本（元）同；劉本（嘉靖）作「謂」，閩本、明監本、毛本同。阮記云：「閩本、明監本、毛本『為』作『謂』，案：所改是也。」盧記同。揆諸文義，當作「謂」也，阮記是也。

11. **頁十右**　執而治其正殺之

按：「正」，十行本、元十行本、李本（元）、劉本（嘉靖）同；單疏本作「罪正」，閩本、明監本、毛本、十行抄本同。阮記云：「閩本、明監本、毛本『其』下有『罪』字，案：所補非也，『正』當作『罪』。」盧記同。「罪」字不可闕，闕之則原文不通，當從單疏本也，阮記誤也。

12. **頁十右　犯令陵政則之杜塞杜塞使不得與鄰國交通**

按：「之杜塞杜塞」，十行本、元十行本、李本（元）、十行抄本同；單疏本作「杜之杜塞」，閩本、明監本、毛本同；劉本（嘉靖）作「杜塞之杜塞」。阮記云：「十行本『塞杜塞』三字衍，『杜之』誤倒，閩本以下亦衍『杜塞』二字。」盧記同。「杜塞」二字非衍文，「犯令陵政則杜之」，乃引《周禮·夏官·大司馬》文，而「杜塞使不得與鄰國交通」正鄭注文，則當從單疏本也。阮記誤也，茆記謂「杜塞」屬下非衍文，孫記謂阮並刪「塞」下「杜塞」二字非，皆是也。

13. **頁十左　羌戎為敗**

按：「羌」，閩本、明監本、毛本、巾箱本、監圖本、纂圖本、岳本、日抄本同；十行本作「羌」，元十行本、李本（元）、劉本（嘉靖）同；五山本作「姜」。阮記云：「案：《正義》引《周語》云『王師敗績於姜氏之戎』，考韋注以為西方之種，四嶽後，是『羌』字當作『姜』，《周本紀》文同，《集解》亦引韋注，可證。」盧記同。五山本正作「姜」，與阮說合，則作「姜」是也。

14. **頁十左　書曰若疇祈父**

按：「疇」，單疏本、十行本、元十行本、李本（元）、劉本（嘉靖）、閩本、明監本、毛本、十行抄本皆同，《要義》所引亦同。阮記云：「案：『疇』當作『壽』，下『若疇圻父』同。」盧記同。此引箋文也，箋云「書曰若疇圻父」，則當從單疏本、《要義》，阮記誤也。下「若疇圻父」同。

15. **頁十一左　義或然也**

按：單疏本、十行本、元十行本、李本（元）、劉本（嘉靖）、閩本、明監本、毛本、十行抄本皆同，《要義》所引亦同。阮記、盧記皆無說，不知阮本為何於此加圈。

16. **頁十二左　白駒四章章四句**

按：「四」，十行本、元十行本、李本（元）、劉本（元）、閩本、明監本、毛本、十行抄本同；單疏本作「六」。阮記云：「案：浦鏜云『六誤四』，是也。」盧記同。檢本詩四章，皆六句，非四句，故作「六」是也，當從單疏本，諸本皆誤，浦說是也。

17. **頁十三右**　散則繼其本地

按：「繼」，單疏本、十行本、元十行本、李本（正德，板心有塗抹）、劉本（正德十二年）、閩本、明監本、毛本皆同。阮記云：「案：『繼』當作『繫』。」盧記同。諸本皆同，阮記之說，不知何據，猜測之詞，不可信從，孫記謂此處不誤，是也。

18. **頁十三右**　勉爾遁思

按：「遁」，十行本、元十行本、李本（正德，板心有塗抹）、劉本（正德十二年）、閩本、明監本、毛本、巾箱本、監圖本、纂圖本、岳本、日抄本、唐石經、白文本同；五山本作「𨖰」。阮記、盧記皆無說，不知阮本為何於此加圈。

19. **頁十四左**　列傳曰執禮而行兄弟之道

按：「列傳」，十行本、元十行本、李本（元）、劉本（嘉靖）、閩本、明監本、毛本同；單疏本作「列女傳」，十行抄本同，《要義》所引亦同。阮記云：「浦鏜云『脫女字』，是也……《雞鳴·正義》亦引此《傳》，是其證。」盧記同。列傳，不知何指，檢《太平御覽》卷五百四十一《禮儀部·婚姻》引《列女傳》云「報反而行，則有兄弟之道」，孔《疏》乃以意引之也，則「女」字不可闕，當從單疏本等，浦說、阮記皆是也。

20. **頁十四左**　喻天下室家不以其道而相去是失其性

按：「喻」，十行本、元十行本、李本（元）、劉本（嘉靖）、閩本、明監本、毛本、巾箱本、監圖本、纂圖本、岳本、日抄本同；五山本作「興者喻」。阮記云：「小字本、相臺本同。案：此《傳》十六字是箋，『喻』上當有『箋云興者』四字，因『者』字複出而誤脫也……」盧記同。阮記之說，似屬猜測，然五山本有「興者」二字，則其所疑，或有依據也。

21. **頁十九右**　所謂是乘白駒而去之賢人今於何處*

按：此為特例，乃於盧記引文上加圈，阮記引文與此同，此句原文在阮本頁十二左，單疏本、十行本、元十行本、李本（元）、劉本（元）、閩本、明監本、毛本同。阮記云：「案：十行本『人』至『何』，剜添者一字。」盧記同。單疏本已如此，非剜入，阮記誤也。

## 卷十一之二

### 1. 頁一右　大司徒曰以荒政十有二娶萬民

按：「娶」，十行本、元十行本、李本（元）、閩本、明監本、毛本、十行抄本同；劉本（嘉靖）作「裒」；單疏本作「聚」。阮記云：「案：浦鏜云『聚誤娶』，是也。」盧記同。娶萬民，顯誤，檢《周禮‧地官‧大司徒》云「以荒政十有二聚萬民」，則作「聚」是也，當從單疏本也，浦說是也。

### 2. 頁二右　亦祇以異

按：「祇」，十行本、元十行本、李本（元）、劉本（元）、閩本、明監本、毛本、監圖本、纂圖本、岳本、五山本、白文本同，《要義》所引亦同；巾箱本作「祇」，日抄本同；唐石經作「祇」。阮記云：「唐石經，『祇』作『祇』，案：《六經正誤》云作『祇』誤，段玉裁云：祇，適也，凡此訓，唐人皆從衣从氏，見《五經文字》、唐石經、《廣韻》、《集韻》，宋以後俗本多作『祇』，非古也，至各體從『氏』，尤繆極矣。」盧記同。《釋文》作「祇」，「祇」、「祇」、「祇」，字畫相近，乃別本之異，段氏惟「祇」為是，未見其必也。

### 3. 頁二右　誠不以是而得富

按：「誠」，單疏本、十行本、元十行本、李本（元）、劉本（元）、閩本、明監本、毛本、十行抄本皆同。阮記云：「案：『誠』當作『成事』二字，《正義》即用箋文也。」盧記同。《疏》用箋義，乃阮記之說也，未見其必然，《正字》云「『成』，《論語》引作『誠』，案：《疏》亦作『誠』字」，則《疏》用《論語》之解也，原文不誤，阮記非是。

### 4. 頁二右　其根正白可著熱灰中溫敢之

按：「敢」，十行本、元十行本、李本（元）、劉本（元）同；單疏本作「噉」，閩本、明監本、毛本同。阮記無說，盧記補云：「案：『噉』字是也。」作「敢」顯誤，當從單疏本也，盧說是也。

### 5. 頁二左　史傳稱伊尹有莘氏之媵氏之媵臣

按：「有莘氏之媵氏之媵臣」，十行本、元十行本、李本（元）、劉本（元）同；單疏本作「有莘氏之媵臣」，閩本、明監本、毛本、十行抄本同，《要義》所引亦同。阮記云：「閩本、明監本、毛本，無下『氏之媵』三字，案：所刪

是也。」盧記同。「氏之勝」三字顯為重衍，應刪，當從單疏本等，阮說是也。

6. 頁二左　歌斯干之詩以落之

按：「落」，十行本、元十行本、李本（元）、劉本（元）、閩本、明監本、毛本、巾箱本、監圖本、纂圖本、岳本、五山本、日抄本皆同。阮記云：「案：《釋文》云：落之，如字，始也，或作樂，非。《正義》云：歌《斯干》之詩以樂之，又云本或作落，以聲又名落，定本、集注皆作落，未知孰是……」盧記同。《疏》所見本作「樂」，與傳世本作「落」者異，乃別本也。

7. 頁二左　宗廟成則又祭祀先祖

按：「祀」，十行本、元十行本、李本（元）、劉本（元）、閩本、明監本、毛本同；巾箱本無，監圖本、纂圖本、岳本、五山本、日抄本同。阮記云：「小字本、相臺本，無『祀』字，《考文》古本同，案：『無』者是也，《正義》可證。」盧記同。孔《疏》所見鄭箋，乃為別本，則阮記據《疏》所引以證必無「祀」字，顯非也，阮記不可信從。

8. 頁三右　則而以礼礨塗之

按：「而」，單疏本、十行本、元十行本、李本（元）、劉本（元）、十行抄本同，《要義》所引亦同；閩本無「而」字，明監本、毛本同。阮記云：「閩本、明監本、毛本，無『而』字，案：所刪是也。」盧記同。考箋云「既成而礨之」，《疏》文之「而」，正本之，且單疏本、《要義》皆有「而」字，閩本刪之非也，阮記誤也。

9. 頁三左　據經乃安斯寢是考室之事而於經無豐廟之云

按：「云」，十行本、元十行本、李本（元）、劉本（元）、閩本、明監本、毛本同；單疏本作「文」，十行抄本同。阮記無說，盧記補云：「案：『云』當作『文』。」《正字》云「『云』，疑『文』字誤」，乃盧記所本。考下《疏》云「鄭云豐之者」，乃承此而來，意謂經既無豐廟之文，而鄭卻言豐之，《疏》乃釋其因云云，故此處必作「文」，十行本作「云」，或因形近而譌，故當從單疏本，浦說是也。

10. 頁四左　箋云似讀如巳午之巳

按：「如」，十行本、元十行本、李本（元）、劉本（嘉靖）、閩本、明監本、毛本、監圖本、纂圖本、岳本、五山本、日抄本同，《要義》所引亦同；巾箱本作「作」。阮記云：「案：《正義》云『故讀為巳午之巳』，又云『直讀為巳』，是《正義》本『如』字作『為』。」盧記同。阮記之說非也，《疏》文所云乃引述箋文，鄭箋釋音，多用「讀如」，且諸本及《要義》所引皆作「如」，故阮記不可信從。

11. 頁五右　比宗廟路寢是為南其戶

按：「是」，單疏本、十行本、元十行本、李本（元）、劉本（元）、十行抄本同；閩本作「之」，明監本、毛本同。阮記無說，盧記補云：「毛本『是』作『之』，案：上文『比一房之室為西其戶』，上云『之室』，則此『是』字誤也。」考本詩經文云「築室百堵，西南其戶」，《箋》云「天子之寢有左右房，西其戶者，異於一房者之室戶也；又云南其戶者，宗廟及路寢，制如明堂，每室四戶，是室一南戶爾」，《疏》云「乃宮內築燕寢之室，百堵同時起之，比一房之室，為西其戶，比宗廟、路寢，是室為南其戶」，「一房之室」正本箋文「一房者之室戶」，「是室為南其戶」正本箋文「是室一南戶也」。所謂「比一房之室，為西其戶」者，下《疏》云「天子之燕寢有左右房也，既有左右，則室當在中，故西其戶者，異於一房之室戶也，大夫以下無西房，唯有一東房，故室戶偏東，與房相近，此戶正中，比之為西其戶矣」，則天子燕寢有左右兩房，室夾於兩房之間，居在正中，則室戶亦在正中也，而大夫以下，唯有東房，則其室戶偏東，天子燕寢與之相比，室戶自然偏西，故云「為西其戶」。「是室為南其戶」者，下《疏》云「宗廟及路寢，制如明堂，每室四戶，是燕寢之室獨一南戶耳，故言南其戶也」，宗廟、路寢每室有四戶，則戶向有東南西北，而天子燕寢室在左右房之中，唯有南向之室戶也。則《疏》文言「是室」乃指天子燕寢之室，語本鄭箋，原文不誤，盧記誤也。

12. 頁五左　礼諸侯之制也有夾室

按：「也」，單疏本、十行本、元十行本、李本（元）、劉本（元）、閩本、明監本、毛本皆同。阮記云：「案：『也』當作『聘』。」盧記同。《正字》云「『也』，疑『得』字誤」，此處「也」字不誤，單疏本亦有「也」字，浦說、阮記皆非也。

13. **頁六右**　又解南其戶者宗廟及路寢制如明堂每室四戶是燕寢之室獨一南戶耳故言西其戶也

按：「西」，十行本、元十行本、李本（元）、劉本（嘉靖）、閩本、明監本、毛本同；單疏本作「南」。阮記云：「案：浦鏜云『西當南字誤』，是也。」盧記同。《疏》文前後皆就「南戶」而言，與「西戶」何涉，又前云「解南其戶者」，末言「故言南其戶也」，正首尾相應也，作「南」是也，故當從單疏本，諸本皆誤，浦說是也。

14. **頁六右**　寢者夾室與東西房也

按：「者」，十行本、元十行本、李本（元）、劉本（嘉靖）、閩本、明監本、毛本同；單疏本作「有」，《要義》所引亦同。阮記云：「案：浦鏜云『者當有字誤』，是也。」盧記同。「夾室與東西房」非「寢」也，作「者」顯誤，當從單疏本等，浦說是也。

15. **頁六左**　周礼注云王路寢一小寢五下又后六宮

按：「又」，單疏本、十行本、元十行本、李本（元）、劉本（嘉靖）、閩本、明監本、毛本皆同。阮記云：「案：『又』當作『云』。」盧記同。作「又」不誤，單疏本亦作「又」，阮記非也。

16. **頁七右**　其堅致則鳥鼠之所去也

按：「致」，十行本、元十行本、李本（元）、劉本（元）、閩本、明監本、毛本、巾箱本同，《要義》所引亦同；監圖本作「緻」，纂圖本、岳本、五山本、日抄本同。阮記云：「小字本、相臺本『致』作『緻』，案：《正義》本作『緻』，定本作『致』，見《鴇羽》，又《釋文》云：致，本亦作緻同，《考文》古本作『緻』，采《正義》、《釋文》。」盧記同。「致」、「緻」乃別本之異也。

17. **頁七右**　君子於是居中所以自光天也

按：「天」，十行本、元十行本、李本（元）同；單疏本作「大」，劉本（元）、閩本、明監本、毛本、十行抄本同。阮記無說，盧記補云：「案：『天』當作『大』，下《正義》云『所以為自光大』可證，毛本正作『大』。」揆諸文義，作「大」是也，當從單疏本，盧說是也。

18. 頁七右　箋約謂遛土

按：十行本、元十行本、李本（元）、劉本（元）、閩本同；單疏本作「箋約謂至遛土」，明監本、毛本、十行抄本同。阮記無說，盧記補云：「毛本『謂』下有『至』字，案：所補是也。」此標起止，當從單疏本，盧說是也。

19. 頁七右　故云其堂堂相稱

按：「堂堂」，十行本、元十行本、李本（元）、劉本（元）同；閩本作「堂」，明監本、毛本同；單疏本作「堂室」。阮記云：「案：下『堂』字乃『室』字之誤，輒刪者非也。」盧記同。《正字》謂監本、毛本「脫『室』字」，乃阮記所本。此《疏》引鄭箋也，箋云「其堂室相稱」，則作「堂室」是也，故當從單疏本，浦說是也。

20. 頁八右　如鳥夏暑又布革張其翼者

按：「又布革」，十行本、元十行本、李本（元）、劉本（嘉靖）同；單疏本作「希革」，十行抄本同；閩本作「又希革」，明監本、毛本同。阮記云：「閩本、明監本、毛本『布』作『希』，案：所改非也，『又布』當作『希』，誤分為二字耳。」盧記同。此《疏》引鄭箋也，箋云「如鳥夏暑希革張其翼時」，則作「希革」是也，當從單疏本等，阮記是也。

21. 頁八右　冥幼也

按：十行本、元十行本、李本（元）、劉本（嘉靖）、閩本、明監本、毛本、巾箱本、監圖本、纂圖本、岳本、日抄本同；五山本作「黝」。阮記云：「案：《釋文》云：幼，王如字，本或作窈，崔音杳。《正義》云：冥幼，《釋言》文，又云：而本或作冥窈者，《爾雅》亦或作窈……當以或作本為長。」盧記同。「幼」、「窈」為別本之異，豈有是非之別，今傳世各本多作「幼」，無有作「窈」者，阮記非也。

22. 頁八左　快快快然其晝日居之也

按：「快快快」，十行本、元十行本、李本（元）、劉本（嘉靖）同；閩本作「快快」，明監本、毛本同；單疏本作「故快快」，十行抄本同，《要義》所引亦同。阮記云：「閩本、明監本、毛本，無一『快』字。案：上『快』字，乃『矣』字之誤，輒刪者，非也。」盧記同。快快快，不辭，顯誤，閩本無「故」字，亦誤，當從單疏本等，阮記非也。

23. 頁八左　本或作冥幼者爾雅亦或作窈

按：「幼」，十行本、元十行本、李本（元）、劉本（嘉靖）、閩本、明監本、毛本同；單疏本作「窈」。阮記云：「案：浦鏜云『幼當窈字誤』，是也。」盧記同。《疏》既云「《爾雅》亦或作『窈』」，則「亦」字可證此前必作「窈」，若作「幼」，「亦」如何有著落？又，此段《疏》文釋《傳》，而云「傳正長冥幼」，則孔氏所見毛《傳》作「冥幼」也，若從十行本作「本或作冥幼」，此處之本乃與孔氏所見本同，何「或作」之有？故此處必作「冥窈」，當從單疏本也，浦說是也。

24. 頁八左　快快煴煴為室宮寬明之貌

按：「室宮」，十行本、元十行本、李本（元）同；劉本（嘉靖）作「宮室」，閩本、明監本、毛本同；單疏本作「室宇」。阮記無說，盧記補云：「毛本『室宮』作『宮室』，案：所易是也。」考前《疏》云「院寬室明」，院、宇相仿，言宮則過於寬泛，作「宇」似勝，當從單疏本也，盧記非也。

25. 頁八左　與羣臣安燕為歡以落之

按：「落」，十行本、元十行本、李本（元）、劉本（嘉靖）、閩本、明監本、巾箱本、監圖本、纂圖本、岳本、日抄本同；毛本作「樂」，五山本同。阮記云：「毛本『落』作『樂』，案：毛本依《釋文》改也。」盧記同。《釋文》出字「樂之」，注云：「音洛，本亦作落」，《疏》文標起止作「落」，則「落」、「樂」，乃別本之異也。

26. 頁九右　箋莞小蒲至落之

按：「落」，單疏本、十行本、元十行本、李本（元）、劉本（嘉靖）、閩本、明監本、毛本皆同。阮記云：「案：『落』當作『樂』，下文云定本作『落』可證，此合併以後，依經注本所改耳。」盧記同。阮記之說想當然爾，單疏本在合併之前，亦作「落」，可證原文如此，阮記大謬不然也。

27. 頁九右　如莞席紛純

按：「如」，十行本、元十行本、李本（元）、劉本（嘉靖）、閩本、明監本、毛本同；單疏本作「加」，《要義》所引同。阮記云：「案：浦鏜云『加誤如』，是也。」盧記同。此《疏》引《周禮・司几筵》，檢之，正作「加」，作「如」顯誤，當從單疏本等，或因形近而譌，浦說是也。

28. **頁九左**　郭璞曰此自一種蛇人自名為蝮虺今蛇細頸大頭色如
　　　　　　　文綬文

按：「文」，十行本、元十行本、李本（元）、劉本（嘉靖）、閩本、明監本、毛本同；單疏本作「艾」。阮記云：「案：『綬』上『文』字當作『艾』。」盧記同。《正字》云「『艾』，誤『文』」，乃阮記所本。文綬文，不辭，檢《爾雅疏》所引，正作「艾綬文」，則作「艾」是也，當從單疏本，浦說是也。

29. **頁九左**　鼻上有斜大者長七八尺一名反鼻

按：「斜」，十行本、元十行本、李本（元）同；單疏本作「針」，劉本（嘉靖）、閩本、明監本、毛本同。阮記無說，盧記補云：「毛本『斜』作『針』。」「斜」者，姓也，顯誤，檢《爾雅疏》所引，正作「針」，則作「針」是也，當從單疏本。

30. **頁十右**　而言大人占之明其法天人所為

按：「天」，十行本、元十行本、李本（元）、劉本（元）、閩本、明監本、毛本同；單疏本作「大」，《要義》所引同。阮記云：「案：浦鏜云『大誤天』，是也。」盧記同。前既言「大人占之」，後自當云「大人所云」，若作「天人」，則前後皆無提及「天人」之處，無乃突兀乎？故應作「大人」，當從單疏本等，浦說是也。

31. **頁十右**　正以璋者明成之漸

按：「正」，十行本、元十行本、李本（元）、劉本（元）、閩本、明監本、毛本、巾箱本、監圖本、纂圖本、岳本、五山本、日抄本皆同，《要義》所引亦同。阮記無說，盧記補云：「案：『正』當作『玉』，下《正義》『玉不用珪而以璋』，可證。」此猜測之說，諸本及《要義》所引皆作「正」，則作「正」不誤，盧記不可信從，孫記謂作「正」不誤，盧記此說大謬，是也。

32. **頁十右**　喤音熿

按：「熿」，十行本作「橫」，元十行本、李本（元）、劉本（元）、閩本、明監本、毛本、巾箱本、監圖本、纂圖本皆同。阮記、盧記皆無說，不知阮本為何於此加圈。檢《釋文》出字「喤喤」，注云「音橫」，則諸本皆作「橫」，阮本之「熿」不知從何而來也。

33. 頁十左　　時已其泣聲太煌煌然至其長大皆佩朱芾於此煌煌然

按：「太煌煌」，十行本，元十行本、李本（元）、劉本（元）同；單疏本作「大喤喤」，閩本、明監本、毛本、十行抄本同。阮記無說，盧記補云：「毛本『太煌煌』作『大喤喤』，案：所改是也」。此句《疏》文釋經，本詩經文云「其泣喤喤」，「其泣聲大喤喤然」正釋之也，則作「喤喤然」是也，十行本誤作「煌煌然」或涉下文之「煌煌然」而誤，故當從單疏本也。

34. 頁十一右　　故困封注云朱深云赤是

按：十行本、元十行本、李本（元）、劉本（元）同；單疏本作「故困卦注云朱深云赤是」；閩本作「故內封注云朱深云赤是」，明監本、毛本同。阮記云「閩本、明監本、毛本『困』誤『內』，案：山井鼎云：『封』恐『卦』誤，是也」，又云「段玉裁云：『云』當作『于』，形近之譌」。盧記皆同。「困封」、「內封」，不知何義，顯誤，「封」或因與「卦」形近而譌，閩本似見「困封」不可解，遂改「困」為「內」，則更不知何義也，當從單疏本也，《正字》云『『困卦』，誤『內封』』，是也。單疏本作「云」不作「于」，段氏之說，不可信從。

35. 頁十一右　　習其一有所事也

按：十行本、元十行本、李本（元）、劉本（元）、閩本、明監本、毛本、監圖本同；纂圖本作「習其有所事也」；巾箱本作「習其所有事也」，岳本日抄本同；五山本作「其所有事也」。阮記云：「相臺本作『習其所有事也』，《考文》古本同，案：《正義》云『習其所有事也』，相臺本、《考文》古本皆依之改耳……」盧記同。此句多有異文，乃屬別本之異也。

36. 頁十二左　　傳黃牛黑脣曰犉　　正義曰釋畜云黑脣曰犉傳言黃牛者以言黑脣明不與深色同而牛之黃者眾故知是黃牛也

按：「深」，十行本、元十行本、李本（元）、劉本（嘉靖）、閩本、明監本、毛本同；單疏本作「身」。阮記云：「案：『深』，當作『身』，《良耜·正義》作『身』，是其證。」盧記同。《正字》云：「『身同色』，誤『深色同』。」此句《疏》文釋《傳》，《釋畜》僅言「黑脣曰犉」，而《傳》則云「黃牛黑脣曰犉」，多出「黃牛」二字，《疏》乃釋其因，以為由「黑脣」可知，此牛身色必不黑，故言牛脣為黑色，此即所謂「明不與身色同」也，而牛色常見者無非黑、黃

也，既非黑色，故為黃色，此即「而牛之黃者眾，故知是黃牛也」，故當作「身」，作「深」顯誤，當從單疏本也，阮記是也，浦說誤也。

### 37. 頁十三右　黑毛色者三十也

按：十行本、元十行本、李本（元）、劉本（元）、閩本、明監本、毛本、監圖本、纂圖本、岳本同；巾箱本作「異」，五山本、日抄本同。阮記云：「小字本、相臺本『黑』作『異』，《考文》古本同，案：『異』字是也。」盧記同。《正字》云「『異』，誤『黑』」，乃阮記所本也。考下箋云「牛羊之色，異者三十」，又《疏》文標起止，「傳異毛者三十」，作「黑」顯誤，作「異」是也，或因形近而譌作「黑」，浦說是也。

### 38. 頁十三右　搏禽獸以來歸也

按：「搏」，十行本、元十行本、李本（元）、劉本（元）、閩本、明監本、毛本、巾箱本、監圖本、纂圖本、岳本、日抄本同；五山本作「捕」。阮記云：「小字本、相臺本同，案：《釋文》云：搏禽，音博，下同，亦作捕，音步。下箋：相與捕魚，《正義》云維相與捕魚矣，是《正義》本，此亦當作捕，《釋文》本下箋亦作搏，今各本此依《釋文》，下依《正義》，非是。」盧記同。傳世諸本多作「搏」，《釋文》出字「搏禽」，則其所見本亦作「搏」，作「搏」是也，阮記謂《正義》本作「捕」，毫無依據，妄加猜測，誤甚。

### 39. 頁十三左　王乃令以大夫占夢之法占之

按：「大夫」，十行本、元十行本同；李本（元）作「大大」，劉本（元）同；單疏本作「大人」，閩本、明監本、毛本同。阮記無說，盧記補云：「毛本『夫』作『人』，案：『人』字是也。」此句《疏》文釋經，經云「大人占之」，則作「大人」是也，當從單疏本，盧記是也。

### 40. 頁十四右　故知此以占夢之官得而獻之

按：「以」，十行本、元十行本、李本（元）同；劉本（嘉靖）無「以」字，閩本、明監本、毛本同；單疏本作「亦」。阮記云：「閩本、明監本、毛本，無『以』字，案：十行本『此以占』剜添者一字，是『以』字衍也。」盧記同。考單疏本《疏》文云「彼所獻者，謂天下臣民有為國夢者，其官得而獻之，非占夢之官身自夢也，故知此亦占夢之官得而獻之。」則此處之「亦」正承上文文義而來，豈可闕也，阮記之說，乃想當然爾，不可信從。

# 卷十二

## 卷十二之一

**1. 頁一右**　頌及風頌正經唯公劉等三篇

按:「頌」,十行本、元十行本、李本(元)、劉本(元)、閩本、明監本、毛本、十行抄本同;單疏本作「雅」,《要義》所引同。阮記云:「案:下『頌』字,浦鏜云『當雅誤』,是也。」盧記同。頌及風頌,顯誤,當從單疏、《要義》作「雅」,浦說是也。

**2. 頁一左**　箋家父字周大夫　正義曰卒章傳已云家父周大夫但不言家父是字此辨其字因言其官所以國傳重也

按:「國」,十行本、元十行本、李本(元)、劉本(元)、閩本、明監本、毛本同;單疏本作「與」。阮記云:「案:『國』當作『箋』。」盧記無「國」字,餘同。所以國傳重,不知何義,此句《疏》文乃釋《序》箋與下《傳》文字重複之因,揆諸文義,自應作「與」也,當從單疏本,《正字》云「『國』,當『與』字誤」,是也,阮記誤也。

**3. 頁一左**　桓七年天王使家父來求車

按:「七年」,十行本、元十行本、李本(元)、劉本(元)、閩本、明監本、毛本同;單疏本作「十五年」,十行抄本同,《要義》所引亦同。阮記云:「案:浦鏜云『十五誤七』,是也,《正義》下文可證。」盧記同。檢《左傳》桓公十五年「春二月,天王使家父來求車」,則作「七」年顯誤,當從單疏本

等，諸本皆誤，浦說是也。

4. 頁一左　韋昭以為平王時作此言不廢作在平桓之世而上刺幽王

按：「言」，單疏本、十行本、元十行本、李本（元）、劉本（元）、閩本、明監本、毛本、十行抄本皆同，《要義》所引亦同。阮記云：「案：『言』當作『詩』。」盧記同。《正字》云：「『言』，疑『亦』字誤。」「此言」者正指韋昭之說，其以為《節南山》乃平王時作，《疏》文釋之，云韋昭此說不可廢棄，因為即便是作於平、桓之世，亦可上刺幽王，故此處不誤，當從單疏本等，浦說、阮記皆誤也。

5. 頁二右　不敢相戲而言語

按：「言」，十行本、元十行本、李本（元）、劉本（嘉靖）、閩本、明監本、毛本、巾箱本、監圖本、纂圖本、岳本、日抄本同，《要義》所引亦同；五山本作「談」。阮記云：「案：《正義》云『不敢相戲而談語』，又云『故言又畏汝之威不敢相戲而談語也』，是『言』當作『談』，《考文》古本作『談』，采諸《正義》也。」盧記同。五山本作「談」，與孔《疏》所見同，或是。

6. 頁二右　焱說文作炗字才廉反小熱也

按：「熱」，十行本、元十行本、李本（元）、劉本（嘉靖）、巾箱本、監圖本、纂圖本同；閩本作「熟」，明監本、毛本同。阮記云：「通志堂本同，盧本『熱』作『蓺』，云『蓺舊作熱，據《說文》改』，案：所改是也。」盧記同。《正字》云：「『蓺』，誤『熟』，《疏》同。」今檢《釋文》作「熱」，檢宋本《說文》卷十上「火」部「炗」字，正作「小熱」也，與陸元朗所見《說文》合，且單疏本《疏》文明云：「《說文》作『炗』，訓為小熱也」，則所見亦合，作「熱」無所可疑也，盧氏擅改，阮記是之，皆可謂大謬不然。閩本等改作「熟」，《正字》以為作「蓺」，皆誤。

7. 頁二左　具瞻少酋嚴之狀互相發見故箋云喻三公之位人所尊嚴

按：「酋」，十行本、元十行本、李本（元）、劉本（嘉靖）同；單疏本作「尊」，閩本、明監本、毛本同。阮記無說，盧記補云：「毛本『酋』作『尊』，案：『尊』字是也。」酋嚴之狀，不知何義，後文既云「人所尊嚴」，則此前自當作「尊嚴之狀」也，當從單疏本，盧記是也。

8. 頁二左　訓為小熟也

按：「熟」，元十行本、李本（元）、劉本（嘉靖）、閩本、明監本、毛本同；十行本作「褻」；單疏本作「熱」，十行抄本同。阮記云：「案：浦鐙云『蓺誤熟』，是也。」盧記同。宋本《說文》卷十上「火」部「熱」字，作「小熱」也，《釋文》引《說文》同，則當從單疏本等，浦說非也。

9. 頁二左　明所憂者刑罰之成貪暴可知

按：「成」，十行本、元十行本、李本（元）、劉本（嘉靖）、閩本、明監本、毛本同；單疏本作「外」，十行抄本同。阮記云：「案：浦鐙云『成疑威字譌』，是也。」盧記同。此句《疏》文釋箋，本詩經云「憂心如惔，不敢戲談」，箋云「疾其貪暴，脅下以刑辟也」，前《疏》云「『疾其貪暴脅下以刑辟』者，言其有二事也，『疾其貪暴』，所以『憂心』；『脅下以刑辟』，故『不敢戲談』」，據此，箋文正解經也，民心所憂者，乃疾其貪暴也，與以刑罰威嚇民眾實非一事，即所謂「刑罰之外貪暴可知」也，則作「刑罰之成」正與《疏》義相違，顯誤，故當從單疏本等，浦說非也。

10. 頁三左　節彼事懲嗟

按：「事」，十行本、元十行本、李本（元）同；單疏本作「至」，劉本（元）、閩本、明監本、毛本、十行抄本同。阮記無說，盧記補云：「毛本『事』作『至』，案：所改是也。」此標起止，作「事」顯誤，當從單疏本，此非毛本所改，劉本已然。

11. 頁四右　山傍近山唯畎谷耳能實畎唯草木也

按：「畎」，十行本、元十行本、李本（元）、劉本（嘉靖）、閩本、明監本、毛本同；單疏本作「畎谷」，十行抄本同。阮記云：「案：浦鐙云『畎下當脫谷字』，是也。」盧記同。「能實畎谷」之「畎谷」，正承上文「唯畎谷耳」而來，四四成句，八八對偶，豈可闕「谷」字，故當從單疏本等，浦說是也。

12. 頁四左　故責之

按：「之」，單疏本、十行本、元十行本、李本（元）、劉本（嘉靖）、閩本、明監本、毛本、十行抄本皆同。阮記云：「案：『責』下『之』字，當作『云』。」盧記同。此處無誤，諸本皆同，阮記所云非也。

13. 頁四左　箋云氏當作桎鎋之桎

按：「桎」，十行本、元十行本、李本（元）、劉本（嘉靖）、閩本、明監本、毛本同、巾箱本、監圖本、纂圖本、岳本、五山本、日抄本皆同。阮記云：「……段玉裁云：當是『抵』字，誤『桎』是也……」盧記同。諸本皆作「桎」，《釋文》出字「桎」，云「之實反，又丁履反，礙也，本有作手旁至者，誤也」，段氏云當作「抵」，不知有何依據，所言謬甚也。

14. 頁四左　何為專行盧政以脅下也*

按：「盧」，十行本、元十行本、李本（元）、劉本（元）、閩本同；單疏本作「虐」，明監本、毛本、十行抄本同。阮記、盧記皆無說。「盧政」，不知何義，顯為「虐」字之譌，宋林岊《毛詩講義》卷五所引亦作「專行虐政」，作「虐」是也，故當從單疏本等。

15. 頁五右　說文云桎車鎋也

按：「說文」，單疏本、十行本、元十行本、李本（元）、劉本（元）、閩本、明監本、毛本、十行抄本皆同。阮記云：「案：浦鏜云今《說文》無，是也，考《正義》所引《說文》，如第舸摻滄等字，皆與《說文》不合，當是《正義》自誤以他書為《說文》耳，非字有譌也。」盧記同。阮記之說，令人難解，僅以後世之傳本，豈能必謂孔《疏》所引為非？又諸單疏本及注疏本皆同，可以阮記之說絕不可從。

16. 頁五右　勿當作末

按：「末」，十行本、元十行本、明監本、監圖本、纂圖本、岳本、五山本、日抄本同；李本（元）作「未」，劉本（元）、閩本、毛本、巾箱本同。阮記云：「閩本、明監本、毛本『末』作『未』，下及《正義》中同。案：『末』字是也……」盧記同。本詩經文云「弗問弗仕，勿罔君子」，下箋云「不問而察之，則下民末罔其上矣」，單疏本《疏》文云「箋以此篇主刺在上，非責民之辭，故知勿當為末也」，則作「末」是也，「未」、「末」字畫相近，或因此而譌。明監本之「末」有塗抹之際，檢重修監本此字正作「未」，則其本作「未」也。

17. 頁五右　用能紀理其事也無小人近

按：「也」，十行本、元十行本、李本（元）、劉本（元）、閩本、明監本、

毛本同；巾箱本作「者」，監圖本、纂圖本、岳本、五山本、日抄本同。阮記云：「閩本、明監本、毛本同，小字本、相臺本『也』作『者』，《考文》古本同。案：『者』字是也……」盧記同。揆諸文義，「者」字乃引啟下文，以釋「用能紀理其事」之因，乃由「無小人近」也，作「也」則文氣不通，故作「者」是也，當從巾箱本等，阮記是也。

18. 頁五左　必天下之民勿得欺罔其上之君子也*

按：「必」，元十行本、李本（元）、劉本（元）、閩本、明監本、毛本同；單疏本作「汝」，十行本、十行抄本同。阮記引文「汝天下之民」，云：「閩本、明監本、毛本『汝』誤『必』。」盧記引文「必天下之民」，補云：「閩本、明監本、毛本同，案：『必』當作『汝』，形近之譌。」考前疏云「又責下民，言王為政雖不監問之，不察理之」，下接「汝天下之民勿得欺罔其上之君子也」，若作「必天下之民」，則不知何義，故當從單疏本等作「汝」。阮記之底本作「汝」，而阮本之底本作「必」，二者底本文字不一，不知何故。

19. 頁六右　箋以此篇主刺仕上非責民之辭*

按：「仕」，十行本、元十行本、李本（元）、劉本（元）同；單疏本作「在」，閩本、明監本、毛本、十行抄本同。阮記、盧記皆無說。仕上，不辭，顯為「在上」之誤，當從單疏本等。

20. 頁六左　無民之所不為皆化於上也

按：「無民之所不為」，單疏本、十行本、李本（元）、劉本（元）同，十行抄本作「无民之所不為」；閩本作「民之無所不為」、明監本、毛本同；元十行本作「無民之所不為■」。阮記云：「閩本、明監本、毛本『無』字在『之』下，案：皆誤也，當云『民之所為無不皆化於上也』。」盧記同。阮記以今日之句法正古人之文辭，純屬猜測，未見依據，不可信從也。

21. 頁六左　民既化上上為惡亦當效上為惡亦當化上為善

按：「亦當化上為善」，十行本、李本（元）、劉本（元）同；單疏本作「上為善亦當化上為善」，閩本、明監本、毛本、十行抄本同；元十行本作「亦當化■■善」。阮記云：「閩本、明監本、毛本，下『亦』字上有『上為善』三字，案：所補非也，此當云『民既化上為惡亦當化上為善』，複衍『上為惡亦當效上』七字，寫者之誤也。」盧記同。「上為惡亦當效上為惡」、「上為善亦當化

上為善」，正相對成文，「上為善」三字顯不可闕也，當從單疏本，繆記謂阮記
誤，甚是。

22. 頁七左　乃云不自為政是今昊天之辭

按：「今」，十行本、元十行本、李本（元）、劉本（元）、閩本、明監本、
殿本同；單疏本作「令」，毛本同。阮記云：「毛本『今』作『令』，案：所改
是也。」盧記同。《正字》云：「『令』，監本誤『今』。」考箋云「欲使昊天出
圖書，有所授命，民乃得安」，《疏》文之「令」正本箋文之「使」，則作「令」
是也，當從單疏本，毛本改之，是也，浦說是也。

23. 頁八右　此正與祖伊諫皆同義忠臣殷勤之何謂非人臣宜言哉

按：「皆同義忠臣殷勤之」，單疏本、十行本、元十行本（正德）、李本（正
德）、劉本（正德）、十行抄本同；閩本作「皆同忠臣殷勤之義」，明監本、毛
本、十行抄本同。阮記云：「閩本、明監本、毛本，作『此正與祖伊諫皆同忠
臣殷勤之義』，案：『皆同』當作『同皆』。」盧記同。細味此句文義，「義」字
屬上讀，「此正與祖伊諫皆同義」，祖伊諫有大義，人臣呈下民疾怨之言，冀
君有所悟亦有大義，「忠臣殷勤之」即忠臣殷勤於此，則何謂非人臣宜言？此
《疏》引王基駁王肅之說，文從字順，原文不誤，閩本妄改在前，阮記猜測在
後，皆誤也。

24. 頁八右　我視四方土地蹙蹙然至俠

按：「俠」，十行本同；元十行本（正德）作「使」，李本（正德）、劉本
（正德）同；單疏本作「狹」，閩本、明監本、毛本、十行抄本同。阮記云：
「閩本、明監本、毛本『俠』作『狹』，案：所改是也。」盧記同。揆諸文義，
作「狹」是也，當從單疏本，阮記以為閩本等改之，單疏本原文如此，閩本或
別有所承也。

25. 頁八左　箋本無大讎集本云大辨是爭義亦得通也

按：「集本云大辨是爭」，單疏本、十行本同；元十行本（正德）作「集本
云大辯是爭」，李本（正德）、劉本（正德）、閩本、明監本、毛本同。阮記引
文作「集本云大辯是爭」，云：「閩本、明監本、毛本同，案：浦鏜云『大辯下
疑脫辯字』，是也，『本』當作『注』，見前。」盧記同。此句似有脫誤，然其
詳情難知也，浦說、阮記皆為猜測之言。

26. 頁九右　冀上改悞

按：「悞」，單疏本、十行本、元十行本（正德）、李本（正德，板心有塗抹）、劉本（正德十二年）同；閩本作「悟」，明監本、毛本、十行抄本同，《要義》所引亦同。阮記云：「閩本、明監本、毛本『悞』作『悟』，案：所改是也。」盧記同。悞者，誤也，冀上改誤，改誤這者，改前事之誤者也，作「悞」是也，當從單疏本等，阮記謂閩本等改「悟」為是，非也。

27. 頁九左　昭十七年夏七月甲戌朔日有食之左傳曰祝史請所用幣

按：「七」，十行本、閩本、明監本、毛本同；單疏本作「六」，元十行本（正德）、李本（正德，板心有塗抹）、劉本（正德十二年）、十行抄本同，《要義》所引亦同。阮記云：「案：浦鏜云『六誤七』，是也。」盧記同。檢《左傳》昭公十七年經云「夏六月甲戌朔，日有食之」，則作「六」是也，當從單疏本等，浦說是也。

28. 頁十左　又此病我之先不從我之後

按：「我之先」，十行本、元十行本（正德）、李本（正德，板心有塗抹）、劉本（正德十二年）同；單疏本作「不從我之先」，閩本、明監本、毛本、十行抄本同。阮記云：「閩本、明監本、毛本『病』下有『不從』二字，案：所補是也。」盧記同。此句《疏》文釋經，經文云「不自我先，不自我後」，箋云「自，從也」，「不從我之先」釋「不自我先」，「不從我之後」釋「不自我後」，「不從」二字豈可闕也，故當從單疏本，阮記以為閩本等所補，單疏本原文如此，閩本或別有所承也。

29. 頁十左　汝口一耳而善惡固出其口甚可憎賤也

按：「固」，十行本、元十行本（正德）、李本（正德，板心有塗抹）、劉本（正德十二年）、閩本同；單疏本作「同」，明監本、毛本、十行抄本同。阮記、盧記皆無說。考箋云「女口一爾，善也惡也同出其中，謂其可賤」，《疏》文之「同出」正本箋文之「同出」，當從單疏本也。

30. 頁十左　文王雖受命之王年世已久過今時之虐政訴上世之哲氏非人情也

按：「王」，單疏本、十行本、元十行本（正德）、李本（正德，板心有塗

抹）、劉本（正德十二年）、閩本、明監本、毛本、十行抄本皆同。阮記云：「『文』下『王』字，當作『武』，與下互換。」盧記同。阮記之說，純屬猜測，不可信從。

「哲氏」，十行本同；元十行本（正德）作「哲民」，李本（正德，板心有塗抹）、劉本（正德十二年）、閩本、明監本、毛本同；單疏本作「哲王」；十行抄本作「聖王」。阮記云：「閩本、明監本、毛本『氏』作『民』，案：皆誤也，『民』當作『王』，與上『武』字互換而又有譌也。」盧記同。《正字》云「『民』，當『王』字誤」，乃阮記所本。哲氏，不知何義，上世之哲王正指文王也，作「王」是也，當從單疏本，浦說是也。本無所謂上之「武」字，阮記非也。

### 31. 頁十左　上章言王急酷故此病遭暴之政而病也

按：「暴」，十行本、元十行本（正德）、李本（正德，板心有塗抹）、劉本（正德十二年）同；單疏本作「暴虐」，閩本、明監本、毛本、十行抄本同。阮記云：「閩本、明監本、毛本『暴』下有『虐』字，案：所補是也，上『病』字衍。」盧記同。本詩經文云「父母生我，胡俾我瘉」，箋云「天使父母生我，何故不長遂我，而使我遭此暴虐之政而病」，則《疏》文之「暴虐」正本箋文之「暴虐」，「虐」字豈可闕也，當從單疏本，阮記以為閩本等所補，單疏本原文如此，閩本或別有所承也。又單疏本有「病」字，阮記誤也。

### 32. 頁十一右　箋云視烏集於富人之室

按：「室」，元十行本、李本（元）、劉本（嘉靖）、閩本、明監本、毛本同；十行本作「屋」，巾箱本、監圖本、纂圖本、岳本、五山本、日抄本同。阮記云：「小字本、相臺本『室』作『屋』，《考文》古本同，案：『室』字誤也。」盧記同。十行本作「屋」，與經注本合，元明刊本譌作「室」，阮記是也。

### 33. 頁十一右　世此視烏於所止

按：「世」，元十行本、李本（元）同；單疏本作「由」，十行本、閩本、明監本、毛本、十行抄本同；劉本（嘉靖）作「出」。阮記云：「閩本、明監本、毛本『世』作『由』，案：所改非也，『世』當作『也』，形近之譌。」盧記同。「由此」者，以此也，「世」、「出」皆因與「由」字形相近而譌，阮記謂當作「也」，毫無根據，顯誤。

34. **頁十一右　今我天下之民見遇於此***

按：「於」，單疏本、十行本、元十行本、李本（元）、劉本（嘉靖）、十行抄本同；閩本作「如」，明監本、毛本同。阮記、盧記皆無說，不知為何於此加圈。

35. **頁十一左　晝則役之夜是入圜土***

按：「是」，十行本、元十行本、李本（元）、劉本（嘉靖）同；單疏本作「則」，閩本、明監本、毛本、十行抄本同。阮記、盧記皆無說。當從單疏本作「則」，與前「則」前後對應也。

36. **頁十一左　大司寇戰曰***

按：「戰」，十行本、元十行本、李本（元）、劉本（嘉靖）同；單疏本作「職」，閩本、北監本、毛本、十行抄本同。阮記、盧記皆無說。作「戰」顯誤，當從單疏本也。

37. **頁十一左　弗受冠飾而而加明刑焉**

按：「受」，十行本、元十行本、李本（元）、劉本（嘉靖）、閩本、明監本、毛本同；單疏本作「使」，十行抄本同。阮記云：「案：浦鏜云『使誤受』，以《周禮》注考之，浦校是也。」盧記同。單疏本作「使」，浦說是也。

38. **頁十二右　僕第九臺等十**

按：「等」，十行本、元十行本、李本（元）、劉本（嘉靖）同；單疏本作「第」，閩本、明監本、毛本同。阮記、盧記皆無說。考箋云「僕第九臺第十」，此《疏》引箋語也，作「等」顯誤，當從單疏本等。

39. **頁十二右　無罪知彼刑殺者**

按：「彼」，十行本、元十行本、李本（元）、劉本（嘉靖）、閩本、明監本、毛本同；單疏本作「被」同。阮記云：「案：浦鏜云『彼疑被字譌』，是也。」盧記同。上《疏》云「故云『王既刑殺無罪，乃并及其家之賤者，不止於所罪而已』」，可知此處顯當作「被」也，當從單疏本，浦鏜所疑是也。

40. **頁十三右　故老召之**

按：「召之」，元十行本、李本（元）、劉本（嘉靖）、閩本、明監本、毛本

同；十行本作「元老」，巾箱本、監圖本、纂圖本、岳本、五山本、日抄本同，《要義》所引亦同。阮記云：「小字本、相臺本『召之』作『元老』，《考文》古本同，案：『召之』誤也。」盧記同。檢《讀詩記》卷二十《正月》，引毛氏曰：「故老，元老」，與諸本合，則當作「元老」，阮記是也。

41. 頁十三左　召彼無老宿舊有德者

按：「無」，十行本、元十行本、李本（元）同；單疏本作「元」，十行抄本同；劉本（嘉靖）作「故」，閩本、明監本、毛本同。阮記云：「閩本、明監本、毛本『無』作『故』。案：皆誤也，『無』當作『元』，因別體字『無』作『无』而譌也。」盧記同。無老，不知何義，考此句《疏》文本《傳》述經也，本詩經文云「召彼故老」，《傳》云「故老元老」，則作「元老」是也，當從單疏本等，阮記是也。

42. 頁十四右　今之人可故而咄蝎也

按：「可」，元十行本、李本（元）同；單疏本作「何」，十行本、劉本（嘉靖）、閩本、明監本、毛本同。阮記無說，盧記補云：「毛本『可』作『何』，案：『何』字是也。」作「可」顯誤，作「何」是也，當從單疏本等，盧記是也。

43. 頁十四右　一名蠑螈蝎也

按：單疏本、十行本、元十行本、李本（元）、劉本（嘉靖）、閩本、明監本、毛本、十行抄本皆同。阮記云：「案：盧文弨於『蝎』上補『水』字，是也，下文云水陸異名耳，可證。」盧記同。諸本皆同，盧文弨所補不知何據，阮記不可信從也。

44. 頁十四左　以喻被王之以礼命以徵召我賢者

按：「被」，十行本、元十行本、李本（元）、劉本（嘉靖）同；單疏本作「彼」，閩本、明監本、毛本同。阮記無說，盧記補云：「毛本『被』作『彼』。」若作「被」，則與「以礼命」辭氣矛盾，故作「彼」是也，當從單疏本等。

45. 頁十六右　鄭以為平地載任之車*

按：單疏本、十行本、元十行本、李本（元）、劉本（嘉靖）、閩本、明監本、毛本、十行抄本皆同。阮記、盧記皆無說，不知阮本為何於此加圈。

**46. 頁十六右　以防輔事也\***

按：「事」，十行本、元十行本、李本（元）、劉本（嘉靖）同；單疏本作「車」，閩本、明監本、毛本、十行抄本同。阮記、盧記皆無說。《疏》文屢言「輔車」，作「車」是也，當從單疏本等。

**47. 頁十六右　終是用踰度陷絕之險**

按：「是用」，十行本、元十行本、李本（元）、劉本（嘉靖）、閩本、明監本、毛本、監圖本、纂圖本同；巾箱本作「用是」，岳本、五山本、日抄本同。阮記云：「相臺本『是用』作『用是』，《考文》古本同，案：相臺本是也，此誤倒。」盧記同。此別本之異，非是非之別，阮記之說，不可信從也。

**48. 頁十六右　女不曾以是為意乎**

按：「不曾」，十行本、元十行本、李本（元）、劉本（嘉靖）、閩本、明監本、毛本、監圖本、纂圖本同；巾箱本作「曾不」，岳本、五山本、日抄本同。阮記云：「小字本、相臺本『不曾』作『曾不』，案：『曾不』是也。」盧記同。揆諸文氣，「曾不」似勝，然阮記必以作「曾不」為是，亦不可信從。

**49. 頁十六右　益於爾之輪轉\***

按：「轉」，十行本、元十行本、李本（元）、劉本（嘉靖）同；單疏本作「輻」，閩本、明監本、毛本、十行抄本同。阮記、盧記皆無說。輪轉，不知何義，考本詩經文云「員于爾輻」，《傳》云「員，益也」，則《疏》文之「輻」正本經文之「輻」，作「輻」是也，當從單疏本也。

**50. 頁十六右　汝能若是則輔車輻**

按：「輔車輻」，十行本、元十行本、李本（元）、劉本（嘉靖）、閩本、明監本、毛本同；單疏本作「輔益車輻」，十行抄本同。阮記云：「案：『車』當作『益』。」盧記同。《正字》云「『輔車』下，疑脫『益』字」。輔車輻，不辭，考前《疏》明云「無棄爾之車輔，益於爾之輪輻」，後《疏》又云「但輔益輻」，皆可證此處「益」字不可闕也，當從單疏本等，浦說、阮記皆誤也。

**51. 頁十六左　箋雖不言以僕喻相但輔益輻以賢益國則僕將車自　　　　然似相執政也**

按：「以」，十行本、元十行本、李本（元）、劉本（嘉靖）、閩本、明監

本、毛本同；單疏本作「似」。阮記云：「案：『以』當作『似』。」盧記同。此處「輔益輻似賢益國」，與下文「僕將車自然似相執政」，正前後相應，若作「輔益輻以賢益國」，不惟語句不通，於上下文義亦失照應也，則作「似」是也，當從單疏本，阮記是也。

52. 頁十六左　炤音灼之君反*

按：「君」，元十行本、李本（元）、劉本（嘉靖）同；十行本作「若」、閩本、明監本、毛本、巾箱本、監圖本、纂圖本同。阮記、盧記皆無說。檢《釋文》，正作「之若反」，「君」或因與「若」字形相近而譌也。

53. 頁十七右　言尹氏富與兄弟相親友為朋黨也

按：「富與」，十行本、元十行本、李本（元）、劉本（元）、閩本、明監本、毛本、監圖本、纂圖本同；巾箱本作「富獨與」，岳本、日抄本同；五山本作「當與」。阮記云：「小字本、相臺本『與』上有『獨』字，《考文》引古本亦同，案：有者是也。」盧記同。此本詩鄭箋，《疏》文釋之云「鄭以為時權臣奢富，親戚相黨，故言彼尹氏有旨酒，又有嘉殽，會比其鄰近兄弟及昏姻，甚相與親友為朋黨也」，未見有「獨」義，則《正義》所見箋文無「獨」字，阮記謂有「獨」字是也，實不可信。

54. 頁十七左　柷如柷杖之杖*

按：「杖」，單疏本、閩本、明監本、毛本同；十行本作「杖」，元十行本、李本（元）、劉本（元）、十行抄本同。阮記、盧記皆無說。當從單疏本作「杖」也。

# 卷十二之二

1. 頁一右　節刺師尹不平*

按：「節刺」，十行本、元十行本、李本（元）、劉本（嘉靖）、巾箱本、監圖本、纂圖本、岳本、五山本、日抄本同，《要義》所引亦同；閩本作「節彼刺」，明監本、毛本同。阮記云：「相臺本、《考文》古本同，小字本『節』下有『南山』二字，閩本、明監本、毛本『節』下有『彼』字，案：皆衍也，《釋文》以『節刺』作音，《正義》亦云『節刺師尹不平』。」盧記同。十行本、經注本及《要義》所引皆同，則閩本等衍「彼」字也。阮本作「節刺」不誤而加

圈，顯與其誤字加圈之體例有違也。

2. 頁一左　此篇譏曰皇父擅恣日月告凶

按：「曰皇父」，閩本、明監本、毛本同；單疏本作「皇父」，《要義》所引同；十行本作「曰王父」，元十行本、李本（元）、劉本（嘉靖）同。阮記云：「案：『曰』當作『由』，形近之譌。」盧記同。此《疏》引箋語，箋云「此篇譏皇父擅恣日月告凶」，則作「曰王父」顯誤，當從單疏、《要義》也。十行本或因誤「皇」上之「白」為「曰」字，下「王」為一字，而譌為「曰王」也，閩本或見「王父」與前箋不合，改「王」為「皇」，遂成「曰皇父」，阮記以為當作「由」，顯為猜測之說，皆誤也。

3. 頁一左　事國家之權任天下之責不得並時而有二人

按：「事」，十行本、元十行本、李本（元）、劉本（嘉靖）同；閩本作「專」，明監本、毛本同；單疏本作「秉」，十行抄本同，《要義》所引亦同。阮記云：「閩本、明監本、毛本『事』作『專』，案：所改是也。」盧記同。事國家之權，顯非，揆諸文義，顯當作「秉」，此「事」字或因與「秉」字形近而譌，閩本或見作「事」不可通，遂改為「專」，所疑是，所改非也，當從單疏本等，阮記誤也。

4. 頁一左　中候摘雒貳曰昌受符屬倡蘗期十之世權在相*

按：「貳」，單疏本、十行本、元十行本、李本（元）、劉本（嘉靖）、閩本、明監本、毛本皆同。阮記云：「案：『貳』當作『戒』，形近之譌，《周頌》《正義》引『摘雒戒』，可證。」盧記同。阮記之說，或是。

「蘗」，單疏本、十行本、元十行本、李本（元）同；劉本（嘉靖）作「蘗」，閩本、明監本、毛本、十行抄本同。阮記云：「閩本、明監本、毛本『蘗』作『蘗』，案：『蘗』即『蘗』字之別體。」盧記同。以阮記所言，阮本作「蘗」不誤而加圈，顯與其誤字加圈之體例有違也。

5. 頁二左　朔月即是之交為事也

按：「事」，單疏本、十行本、元十行本、李本（元）、劉本（嘉靖）、閩本、明監本、毛本、十行抄本皆同。阮記云：「案：『事』當作『會』。」盧記同。《正字》云：「『為』，疑『一』字誤。」考本詩經云「十月之交，朔月辛卯」，《傳》云「之交，日月之交會」，若如阮記，當作「朔月即是之交為會也」，

則「之交」已指交會，朔月即是交會為會，顯然不通，原文不誤，意謂朔月即是交會之事也，浦說、阮記皆誤也。

6. 頁三右　推度災曰*

按：「曰」，單疏本同；十行本作「日」、元十行本、李本（元）、劉本（嘉靖）、閩本、明監本、毛本、十行抄本同。阮記引文作「推度災日」，云：「案：浦鏜云『日誤曰，下同』，是也。」盧記同。作「曰」是也，下《疏》引「推度災曰」，可證。阮本已改作「曰」，與阮記之底本不合也。

7. 頁三右　金應勝木反侵金

按：「反」，十行本、元十行本、李本（元）、劉本（嘉靖）、閩本、明監本、毛本同；單疏本作「木反」，十行抄本同。阮記云：「案：浦鏜云『勝木下當脫木字』，是也。」盧記同。若無「木」字，則孰反侵金？主語不明，故「木」字不可闕，當從單疏本也，浦說是也。

8. 頁三右　案此朔月辛卯自是所食之月

按：「月」，十行本、元十行本、李本（元）、劉本（嘉靖）、閩本、明監本、毛本同；單疏本作「日」，殿本、十行抄本同。阮記引文「自是所食之月」，云：「案：浦鏜云『日誤月』，是也。」盧記同。無論日食、月食，其事皆在某日，何能在某月也，且前《疏》明云「日食，侵陰陽，而以辛卯日」，則此處必作「日」，當從單疏本也，殿本改之，是也。又，殿本改「朔月辛卯」為「朔日辛卯」，十行抄本同，揆諸文義，是也，單疏本似誤，《正字》云「『日』，並誤『月』」，是也。阮記節取浦說，不及前文，誤也。

9. 頁三左　陰其盛而陽微生其君幼弱而任卯臣也

按：「生」，單疏本、十行本、元十行本、李本（元）、劉本（嘉靖）、閩本、明監本、毛本、十行抄本同。阮記云：「案：『生』當作『主』。」盧記同。此句「生」字屬上讀，殿本即如是句讀，作「生」不誤，阮記之說非也。

10. 頁三左　昭二十一年秋正月壬午朔日有食之

按：「正」，十行本、元十行本、李本（元）、劉本（嘉靖）、閩本、明監本、毛本同；單疏本作「七」，十行抄本同，《要義》所引亦同。阮記云：「案：山井鼎云『正當作七』，是也。」盧記同。《正字》云：「『七月』，誤『正月』。」

既已秋，如何又為正月，檢《左傳》昭公二十一年經文云「秋七月壬午朔日有食之」，則作「秋七月」是也，當從單疏本等，浦說是也。

11. 頁四右　魯衛惡之衛大魯小云衛地如魯地於是有災魯實受之

按：「云」，十行本、元十行本、李本（元）、劉本（嘉靖）、閩本、明監本、毛本、十行抄本同；單疏本作「去」。阮記云：「案：山井鼎云『云恐去誤』，是也。」盧記同。《正字》云：「『去』，誤『云』。」揆諸文義，去衛，方至魯，作「云」顯誤，或因與「去」字形近而譌，當從單疏本也，浦說是也，阮記不引浦說，而引山井鼎疑似之說，未見其知也。

12. 頁四左　襄二十四年秋七月甲子朔日有食之既八月癸巳朔月有食之

按：「月」，十行本、元十行本、李本（元）、劉本（嘉靖）同；單疏本作「日」，閩本、明監本、毛本、十行抄本同，《要義》所引同。阮記無說，盧記補云：「《春秋》經，『月』作『日』，是『月』字誤也」。檢《左傳》襄公二十四年經文云「八月癸巳朔日有食之」，則作「月」顯誤，當從單疏本等，盧記是也。

13. 頁四左　而王基獨云以麻考此辛卯日食者而王基獨云以麻校之

按：劉本（嘉靖）作「而王基獨云以曆考此辛卯日食者而王基獨云以曆校之」；十行本作「而王基獨云以曆者此辛卯日食者而王基獨云以曆校之」，元十行本、李本（元）同；單疏本作「而王基獨云以曆校之」，閩本、明監本、毛本同，《要義》所引同。阮記云：「閩本、明監本、毛本作『而王基獨云以曆校之』中，更無『考此辛卯日食者而王基獨云以麻』十四字，案：此十行本複衍。」盧記同。十行本「以曆者此辛卯日食者而王基獨云」此句，顯涉上文「漢世通儒未有以曆考此辛卯日食者」而衍，又譌「考」為「者」，劉本改「者」為「考」，衍文則如故，皆誤也，當從單疏本等，阮記是也。

14. 頁四左　說者或據世以定義矣

按：十行本、元十行本、李本（元）、劉本（嘉靖）同；單疏本作「說者或據此以定義謬矣」，十行抄本同，《要義》所引亦同；閩本作「說者或據世以定義謬矣」，明監本、毛本同。阮記云：「閩本、明監本、毛本『矣』上有『謬』字，案：此十行本因上文衍十四字，而『義』字下有脫耳，輒補非也。」

盧記同。所謂「此」者，乃指上文所引王基之說，作「世」顯誤，揆諸文義，「謬」字亦不可闕也，當從單疏本等，《正字》云「『世』，疑『此』字誤」，所疑是也。阮記純屬猜測，其說非也。

15. **頁五右**　臣不有以犯君故以日食為重耳

按：「有」，十行本、元十行本、李本（元）同；單疏本作「可」，劉本（嘉靖）、閩本、明監本、毛本、十行抄本同，《要義》所引亦同。阮記云：「閩本、明監本、毛本『有』作『可』，案：所改是也。」盧記同。不有以犯君，不知何義，顯誤，當從單疏本等，阮記以為閩本等改之，單疏本原文如此，閩本或別有所承也。

16. **頁五左**　燁燁震電

按：「燁」，岳本同；十行本作「爗」、元十行本、李本（元）、劉本（嘉靖）、閩本、明監本、毛本同、巾箱本、監圖本、纂圖本、五山本、日抄本、白文本同；唐石經作「爗」。阮記、盧記皆無說，不知阮本為何圈字。檢《釋文》出字作「燁」，《讀詩記》卷二十《十月之交》，亦作「燁」，單疏本標起止作「爗」，與唐石經同。「燁」、「爗」乃別本之異也。

17. **頁五左**　山冢崒崩

按：「崒」，十行本、元十行本、李本（元）、劉本（嘉靖）、閩本、明監本、毛本同、巾箱本、監圖本、纂圖本、岳本、五山本、日抄本、唐石經、白文本皆同。阮記云：「……《正義》本是『卒』字，《正義》云崒者厜㕒，又云此經作卒……今《正義》中卒皆譌作崒……」盧記同。檢單疏本《疏》文明云「此經作崒」，今傳世各本皆作「崒」，此無可疑也，阮記於無可疑處而生疑，可謂大謬不然也。

18. **頁六右**　高岸為谷賢者退深谷為陵小臨即是也

按：「小臨即」，十行本、元十行本、李本（元）、劉本（嘉靖）同；單疏本作「小臨大即」，閩本、明監本、毛本、十行抄本同。阮記云：「閩本、明監本、毛本『臨』下有『大』字。案：所補非也，『即』當作『節』耳。」盧記同。小臨，不辭，「賢者退」與「小臨大」正相對應，「大」字豈可闕也，當從單疏本。阮記誤也。

19. **頁六右** 箋作崔蔦者雖子則爾雅小異義實同也

按：「子則」，十行本、元十行本、李本（元）、劉本（嘉靖）、十行抄本同；單疏本作「字與」，閩本、明監本、毛本同，《要義》所引亦同。阮記無說，盧記補云：「案：『子』當作『字』，『則』字不誤，毛本竝改『則』為『與』，非是。」揆諸文義，作「子則」顯誤，當從單疏本等，謝記謂作「與」語順，是也，盧記誤也。

20. **頁七右** 周禮有太宰卿小宰卿大夫宰夫下大夫

按：「卿」，十行本、元十行本、李本（元）、劉本（元）、閩本、明監本、毛本、殿本同；單疏本作「中」，庫本同，《要義》所引亦同。阮記云：「案：山井鼎云：『卿』恐『中』誤，是也。」盧記同。檢《周禮·天官·冢宰》，「治官之屬，太宰卿一人，小宰、中大夫二人，宰夫、下大夫四人」，據此，「小宰卿」顯誤，或因見前有「太宰卿」，遂望文生義，以為必有「小宰卿」，而改「中大夫」之「中」為「卿」，誤甚也，故當從單疏本，庫記云「刊本『中』訛『卿』，今改」，遂改殿本之「卿」字，是也，《正字》云「『中』，誤『卿』」，亦是也。

21. **頁七右** 冢宰之單稱宰

按：「之」，單疏本、十行本、元十行本、李本（元）、劉本（元）、閩本、明監本、毛本、十行抄本皆同，《要義》所引亦同。阮記云：「案：『之』當作『乃』。」盧記同。單疏本、注疏本及《要義》所引皆作「之」，阮記謂之當作「乃」，此乃臆說，不可信從。

22. **頁七左** 皇父則為此六子之端首兼擅曰宰職故但以卿士云

按：「曰宰」，十行本、元十行本、李本（元）、劉本（元）、閩本、明監本、毛本同；單疏本作「羣」。阮記云：「山井鼎云『曰宰恐羣字誤』，非也，此唯『宰』為『羣』字誤耳，其『曰』字當作『目』，乃下句錯入此者也。」盧記同。《正字》云：「『羣』，誤『曰宰』二字。」本詩經文首句即云「皇父卿士，番維司徒」，箋云「皇父則為之端首，兼擅羣職，故但目以卿士云」，則《疏》文乃引箋語也，《疏》文之「兼擅羣職」正本箋文之「兼擅羣職」，則作「羣」是也，作「曰宰」者，或誤認「君羊」而譌也，當從單疏本也，浦說是也，阮記非也。十行抄本此字有塗抹，細辨之，當為「群」字，而後被塗黑，

又於頁腳補寫「曰宰」二字，顯係據通行本校改之也。

「但」，單疏本、元十行本、李本（元）、劉本（元）、閩本、明監本、毛本、十行抄本皆同。阮記云：「案：『但』下，浦鏜云『脫目字』，是也，錯在上句，又誤作『曰』。」盧記同。浦說、阮說皆非也，上文可證。

### 23. 頁九右　朝臣皆有車馬無所可擇民之富有者以往

按：「民」，十行本、元十行本、李本（正德）、劉本（正德）、閩本、明監本、毛本同；單疏本作「故擇民」，十行抄本同。阮記云：「案：浦鏜云『擇下當脫故知擇三字』，是也，此『擇』字複出而致誤。」盧記同。此句《疏》文釋箋，箋云「又擇民之富有車馬者，以往居于向也」，《疏》釋此其故，乃因朝臣皆有車馬可供遠行，無需擇之，而平民則需擇其富者，非此，不能供具車馬之用也，其「故擇」二字正本箋文之「又擇」二字，豈可闕之，當從單疏本，《正字》所疑是，而所正非也。

### 24. 頁九左　競相讒匿

按：「讒匿」，十行本、元十行本、十行抄本同；李本（正德）作「譖匿」，劉本（正德）、閩本、明監本、毛本同；單疏本作「讒慝」。阮記云：「案：浦鏜云『匿疑慝字誤』，是也。」盧記同。「讒慝」為辭，作「匿」則義不可解，故當從單疏本，浦說是也，李本等作「譖匿」，或因與「讒慝」形近而並譌也。

### 25. 頁九左　里居也

按：「居」，十行本、元十行本、李本（正德）、劉本（正德）、閩本、明監本、毛本、岳本同；巾箱本作「病」，監圖本、纂圖本、五山本、日抄本同。阮記云：「小字本『居』作『病』，案：小字本是也。《釋文》『我里』下云：如字，毛，病也，鄭，居也……《正義》云『為此而病亦甚困病矣』，上『病』說『里』，下『病』說『瘥』也，《考文》古本作里瘥皆病也，采《正義》、《釋文》而為之。」盧記同。此《傳》文，下箋文亦云「里，居也」，若《傳》文作「里居也」，則此箋無奈重複乎，故阮記是也，當從經注本系統作「里病也」。

### 26. 頁十右　十月八章

按：十行本、元十行本、李本（元）、劉本（元）、閩本、明監本、毛本、唐石經、十行抄本同；巾箱本作「十月之交八章」，監圖本、纂圖本、岳本、五山本、日抄本、白文本同。阮記云：「小字本、相臺本『十月』下有『之交』

二字，案：有者是也，《序》有可證。」盧記同。本詩題名《十月之交》，則經末當云「十月之交八章」，然唐石經亦作「十月八章」，或為別本之異也。

27. 頁十一右　通名為蔬三十四年穀梁傳曰一穀不升謂之嗛

按：「三十四」，十行本、元十行本、李本（元）、劉本（元）、閩本、明監本、毛本同；單疏本作「襄二十四」，十行抄本同。阮記云：「案：浦鏜云『二誤三，上脫襄字』，是也。」盧記同。檢《穀梁傳》，此句正在襄公二十四年，當從單疏本等，浦說是也。

28. 頁十二右　晋時郡分而縣移故安漢時不同

按：「安」，十行本、元十行本、李本（元）、劉本（嘉靖）、閩本、明監本、毛本同；單疏本作「與」，《要義》所引同，十行抄本作「与」。阮記云：「『安』當作『校』，形近之譌。」盧記同。揆諸文義，作「與」是也，當從單疏本等，殿本改之，是也，阮記誤也。

29. 頁十二右　傳勤勞　正義曰詁文

按：「詁文」，十行本、元十行本、李本（元）、劉本（嘉靖）同；單疏本作「釋詁文」，閩本、明監本、毛本、十行抄本同。阮記云：「明監本、毛本『詁』上有『釋』字，閩本剜入，案：所補是也。」盧記同。詁文，不知何義，檢《爾雅·釋詁》云「倫、勩、邛、敕、勤、愉、庸、癉，勞也」，則作「釋詁文」是也，當從單疏本，阮記以為閩本等所補，單疏本原文如此，閩本或別有所承也。

30. 頁十二右　地官云二卿則公一人鄭亦云外與六卿之事

按：兩「卿」，十行本、元十行本、李本（元）、劉本（嘉靖）、閩本、明監本、毛本同；單疏本皆作「鄉」，《要義》所引同。阮記云：「案：浦鏜云『鄉誤卿』，是也，下『外與六鄉之事』同。」盧記同。檢《周禮·地官·鄉老》，「二鄉則公一人」，鄭注云「外與六鄉之教」，則浦說是也。「鄉」、「卿」字畫極近，故易混淆也。

31. 頁十二右　王見以三事為三公大夫謂其屬

按：「見」，十行本、元十行本、李本（元）、劉本（嘉靖）、閩本、明監本、毛本同：單疏本作「肅」，《要義》所引同。阮記云：「『見』，當作『肅』。」

盧記同。王見，不知何人，似誤，當從單疏本等，阮記是也。

32. 頁十二左　曾我𧜣御

按：「𧜣」，十行本、元十行本、李本（元）、劉本（嘉靖）、閩本、明監本、毛本、監圖本、纂圖本、岳本、五山本、日抄本同；巾箱本作「𧜣」，唐石經、白文本同。阮記云：「唐石經『𧜣』作『𧜣』，案：唐石經是也，此字從『埶』聲……」盧記同。《釋文》作「𧜣」，「𧜣」、「𧜣」二字分別極微，盧記引文即錯刻為「曾我𧜣御」，則此二字豈必有是非之分乎？

33. 頁十二左　莫肯用訊

按：「訊」，十行本、元十行本、李本（元）、劉本（嘉靖）、閩本、明監本、毛本、巾箱本、監圖本、纂圖本、岳本、白文本同；唐石經作「訜」，五山本、日抄本同。阮記云：「案：《毛鄭詩考正》云『訊』乃『誶』字轉寫之譌，誶、告、訊、問，聲義不相通借，是也。」盧記同。檢《釋文》作「訜」，《讀詩記》卷二十《雨無正》作「訜」，「卆」即「卒」，敦煌殘卷敦研〇〇四《優婆塞戒經》書「獄卒」為「獄卆」，「卆」又似為「卆」之缺筆，則「訜」即「誶」也，戴震所云是也。

34. 頁十二左　無肯用此相告語

按：「語」，十行本、元十行本、李本（元）、劉本（嘉靖）、閩本、明監本、毛本、監圖本、纂圖本同；巾箱本作「語者」，岳本、五山本、日抄本同。阮記云：「小字本、相臺本『語』下有『者』字，《考文》古本同，案：有者是也。」盧記同。此為別本之異，阮記不可信從。

35. 頁十三右　言兵寇已成而不能禦而退之天下之眾飢困已成而不能禦而退之天下之眾飢困已成而不能恤而安之

按：十行本、元十行本、李本（元）、劉本（嘉靖）同：單疏本作「言兵寇已成而不能禦而退之天下之眾飢困已成而不能恤而安之」，閩本、明監本、毛本同。阮記云：「『禦而退之天下之眾飢困已成而不能』十四字，案：此十行本複衍。」阮記謂有衍文，是也，然計之為十四字，誤也，盧記摘錄此條，改作「十五字」，是也，道光九年原刊《清經解》本阮記仍作「十四字」，咸豐十年補刊《清經解》本阮記則改作「十五字」，一字之變，可見學術演進之曲折。十行本文字重複且語意不通，顯然有誤，「禦而退之天下之眾飢困已成而不能」

十五字當為衍文，當從單疏本也。

**36. 頁十三左　㖧可矣**

按：「矣」，十行本、元十行本、李本（元）、劉本（嘉靖）、閩本、明監本、毛本同；巾箱本作「也」，監圖本、纂圖本、岳本、五山本、日抄本同。阮記云：「小字本、相臺本『矣』作『也』，《考文》古本同，案：『矣』字誤也。」盧記同。此為別本之異，非是非之別，阮記不可信從。

**37. 頁十三左　故不悖逆**

按：「逆」，十行本、元十行本、李本（元）、劉本（嘉靖）、閩本、明監本、毛本、巾箱本、監圖本、纂圖本、五山本、日抄本同；岳本作「遟」。阮記云：「相臺本『逆』作『遟』，案：《釋文》云『遟，五故反，本亦作逆』……當以《釋文》本為長。」盧記同。檢《釋文》作「遟」，其明云「本亦作逆」，則此為別本之異，阮記不可信從。

**38. 頁十四右　小人惡直將其害之**

按：「其」，十行本、元十行本、李本（元）、劉本（元）、閩本、明監本、毛本同；單疏本作「共」，十行抄本同，《要義》所引亦同。阮記云：「案：浦鏜云『其當共字誤』，是也。」盧記同。上章鄭箋云「有可聽用之言，則共以辭距而違之」，此處之「共」，正承箋語之而來，作「共」是也，當從單疏本等，浦說是也。

**39. 頁十四右　維曰予仕**

按：「予」，十行本、元十行本、李本（元）、劉本（元）、閩本、明監本、毛本同；巾箱本作「于」，監圖本、纂圖本、岳本、五山本、日抄本、唐石經、白文本同，《要義》所引亦同。阮記云：「小字本、相臺本『予』作『于』，《考文》古本同，案：『予』字誤也。」盧記同。此經文，下接「孔棘且殆」，考毛《傳》云「于，往也」，鄭箋：「棘，急也」，則《傳》文此「于」可證經文作「于」也，又《要義》所引作「于」，檢《讀詩記》卷二十《雨無正》，作「維曰于仕」，亦可為證，故當從經注本系統，阮記是也。

**40. 頁十四左　箋解賢人之意正使者君有不正我從之**

按：十行本、元十行本、李本（元）、劉本（嘉靖）同；單疏本作「箋解

賢人之意不可使者君有不正我不從之」，閩本、明監本、毛本、十行抄本同。
阮記云：「閩本、明監本、毛本，上『正』作『不可』二字，『我』下有『不』
字，案：所改是也。」盧記同。此句《疏》文釋箋，箋云「不可使者，不正，
不從也」，故《疏》文引而述之，則阮本文字多誤，明矣，當從單疏本也，阮
記以為閩本等改之，單疏本原文如此，閩本或別有所承也。

### 41. 頁十六左　不思稱於上
　　　　　　不思稱上者

按：「不思」，單疏本、十行本、元十行本、李本（元）、劉本（元）、閩
本、明監本、毛本、十行抄本皆同。阮記、盧記皆無說，不知為何於此加圈。

### 42. 頁十六左　故云謀之其有不善者則君臣俱於是共背違之謀之
　　　　　　其有不善者則君臣俱於是共就依之

按：「不善」，十行本、元十行本、李本（元）、劉本（元）、十行抄本同；
單疏本無「不」字，閩本、明監本、毛本同。阮記云：「閩本、明監本、毛本，
無『不』字，案：所刪是也。」盧記同。《疏》言「謀之其有不善者」、「謀之
其有不善者」，前後相對而言，豈可前後皆言「謀之其有善者」？又此句《疏》
文述箋，箋云「謀之善者俱背違之，其不善者依就之」，單疏本　《疏》文云
「謀之其有善者則君臣俱於是共背違之」，正述箋語「謀之善者俱背違之」也，
故作「其有善者」是也，當從單疏本，阮記以為閩本等刪之，單疏本原文如
此，閩本或別有所承也。

### 43. 頁十七右　故至筮龜靈也

按：「至」，十行本、元十行本、李本（元）、劉本（元）、閩本、明監本、
毛本同；單疏本作「云卜」，十行抄本同。阮記云：「案：浦鏜云『至筮疑云瀆
誤』，是也。」盧記同。故至筮龜靈，不知何義，考箋文云「卜筮數而瀆龜，
龜靈厭之」，此《疏》釋箋，「卜筮」、「龜靈」正引箋語，故有「故云」之謂，
作「至」顯誤，似因將上下兩字「云卜」視為一字而譌，當從單疏本等，浦說
非也。

### 44. 頁十七左　小人取不若人

按：「取」，十行本、元十行本、李本（元）、劉本（元）、閩本、明監本、
毛本同；單疏本作「取」，殿本同。阮記云：「案：浦鏜云『取當恥字誤』，是

也。」盧記同。取不若人，不知何義，下《疏》云「故謀則發言盈庭」，正因「恥不若人」也，故當從單疏本，殿本改之，是也，浦說是也。

45. 頁十七左　爾雅亦云一舉足謂之跬

按：「爾」，單疏本、十行本、元十行本、李本（元）、劉本（元）、閩本、明監本、毛本、十行抄本皆同。阮記云：「案：『爾』當作『小』。」盧記同。《正字》云「《爾雅》作『小』，見《廣度篇》」，乃阮記所本。度浦鏜之意，蓋謂《爾雅》當作《小爾雅》也，然通檢孔《疏》未見一處引及《小爾雅》，則浦說存疑可也。阮本直謂「爾」當作「小」，大謬不然也。

46. 頁十七左　爭言之異者

按：「爭」十行本、元十行本、李本（元）、劉本（元）、閩本、明監本、毛本同；巾箱本作「爭近」，監圖本、纂圖本、岳本、五山本、日抄本同。阮記云：「小字本、相臺本『爭』下有『近』字，《考文》古本同，案：有者是也。」盧記同。考箋云「而徒聽順近言之同者」，下若接「爭言之異者」，似語氣有滯，故作「爭近言之異者」，似為長，然亦不可必以有者為是。

47. 頁十九右　故於聖上哲上言亦明其通謂民也

按：「聖上」，單疏本、十行本、元十行本、李本（元）、劉本（元）、閩本、明監本、毛本、十行抄本皆同。阮記云：「案：『聖上』二字當衍。」盧記同。考《傳》云「人有通聖者，有不能者，亦有明哲者，有聰謀者」，所謂「言亦」之「亦」，正謂《傳》文之「亦」，此「亦」正處「聖下」「哲上」也，則「聖上」之「上」，疑為「下」字之譌，而阮記謂「聖上」二字為衍文，非也。

48. 頁十九右　定本及集本聖上無人字

按：「聖」，單疏本、十行本、元十行本、李本（元）、劉本（元）、閩本、明監本、毛本、十行抄本皆同，《要義》所引亦同。阮記云：「案：『聖』字上，當脫『有通』二字者，因上衍而下脫也，此《正義》譌舛今正之。」盧記同。阮記上條謂「聖上」二字為衍文，此條謂「有通」為脫文，又謂因上衍而致下脫，則不知為何衍文為「聖上」，則脫文為「有通」，如此校勘邏輯，令人實在無法理解。又考本詩《傳》文云「人有通聖者」，《疏》云「聖上無人字」，此云「聖」上乃泛指「聖」字之前，非定指此「聖」字前一字，阮記膠柱鼓瑟，所言非也。

49. 頁十九右　鄭訓膴音摸為法王肅讀為膴喜吳反膴大也

按：「膴」，十行本、元十行本、李本（元）、劉本（元）同；單疏本皆作「幠」，閩本、明監本、毛本、十行抄本同，《要義》所引亦同。阮記云：「閩本、明監本、毛本『膴』作『幠』。案：所改是也。『喜吳反』三字，當旁行細字。」盧記同。經文作「民雖靡膴」，《疏》文引王肅釋「膴」之語，既稱「讀為」，則必非本字，故作「幠」是也，當從單疏本等，阮記以為閩本等改之，單疏本原文如此，閩本或別有所承也。

50. 頁十九右　以相鼠云人而無止孝經曰容止可視是止為禮也

按：「視」，元十行本、李本（元）同；單疏本作「觀」，十行本、劉本（元）、閩本、明監本、毛本、十行抄本同。阮記無說，盧記補云：「毛本『視』作『觀』，案：《孝經》本是『觀』字，『視』字誤也。」《孝經・聖治》云「容止可觀，進退可度」，又《相鼠》經文云「相鼠有齒，人而無止」，箋云「止，容止，《孝經》曰『容止可觀』」，據此，則作「觀」是也，當從單疏本等，盧記是也。

51. 頁十九右　於國言聖賢於民言哲謀肅乂以聖賢此四事為優故屬之諸侯耳

按：「此」，十行本、元十行本、李本（元）、劉本（元）、閩本、明監本、毛本同；單疏本作「比」，十行抄本同。阮記云：「案：『此』當作『比』。」盧記同。本詩經文云「國雖靡止，或聖或否」，此《疏》文所謂「於國言聖賢」，經文又云「民雖靡膴，或哲或謀，或肅或乂」，此《疏》文所謂「於民言哲、謀、肅、乂」，聖賢與哲謀肅乂相比為優，故於國言之，國即諸侯，此所謂「屬之諸侯耳」，故作「比」是也，當從單疏本，阮記是也。

52. 頁十九右　君視明則臣昭哲也

按：「哲」，單疏本、十行本、元十行本、李本（元）、劉本（元）、閩本、明監本、毛本、十行抄本皆同，《要義》所引亦同。阮記云：「案：『哲』當作『晢』，形近之譌。」盧記同。此孔《疏》所引《尚書》鄭注，檢單疏本《尚書正義》及宋刊八行本《尚書正義》，孔《疏》所引鄭注作「君視明則臣照晢」，「昭哲」、「照晢」，孰是孰非，豈可遽斷，阮記之說，不可信從也。

53. 頁十九左　徒博曰暴虎

按：「博」，十行本、元十行本、李本（元）、劉本（元）、閩本、明監本、

毛本同；巾箱本作「搏」，監圖本、纂圖本、岳本、五山本、日抄本同，《要義》所引亦同。阮記云：「小字本、相臺本『博』作『搏』，《考文》古本同，案：『博』字誤也。」盧記同。「博」字顯誤，當從巾箱本等作「搏」，阮記是也。

### 54. 頁十九左　小人惡直國正故不敬則危

按：「國」，十行本、元十行本、李本（元）、劉本（元）、閩本、明監本、毛本同；單疏本作「醜」，十行抄本同。阮記云：「案：浦鏜云『醜誤國』，是也。」盧記同。惡直國正，不辭，考前篇《雨無正》，經云「聽言則答，譖言則退」，箋云「羣臣並為不忠，惡直醜正」，《疏》云「『惡直醜正』，昭二十八年《左傳》文」，據此，「惡直醜正」乃成語，當從單疏本也，浦說是也。

## 卷十二之三

### 1. 頁一右　大夫刺宣王也

按：「宣」，十行本、元十行本、李本（元）、劉本（元）、閩本、明監本、毛本同；巾箱本作「幽」，監圖本、纂圖本、岳本、五山本、日抄本、唐石經、白文本同。阮記云：「唐石經、小字本、相臺本『宣』作『幽』，《考文》古本同。案：『宣』字誤也，《正義》中同。」盧記同。《正字》云「『幽』，誤『宣』，《疏》內同」，乃阮記所本。此《小宛》詩《序》，單疏本《疏》文云「毛以作《小宛》詩者，大夫刺幽王也，政教為小，故曰小宛，宛是小貌，刺幽王政教狹小宛然」，此釋《序》也，「大夫刺幽王也」正引《序》文，檢敦煌殘卷伯二九七八《小宛·序》，正作「幽」，《讀詩記》卷二十一《小宛·序》亦作「幽」，皆可為證，浦說是也。

### 2. 頁一右　刺宣王政教狹小

按：「宣」，十行本、元十行本、李本（元）、劉本（元）、閩本、明監本、毛本同；單疏本作「幽」，十行抄本同。阮記、盧記皆無說，或即上條阮記「《正義》中同」所指也，作「宣」顯誤，當從單疏本作「幽」也。

### 3. 頁三右　欲使言與羣臣行之

按：「言」，十行本、元十行本、李本（元）、劉本（元）、閩本、明監本、毛本同；單疏本作「君」，十行抄本同。阮記云：「案：浦鏜云『言疑王字誤』，

是也。」盧記同。此句《疏》文釋箋，箋云「先王制此禮，使君與羣臣議政事」，《疏》文之「君與羣臣」正本箋文之「君與羣臣」，作「言」顯誤，當從單疏本，浦鏜所疑非是。

### 4. 頁四右　世必無從得活故可哀也

按：「世」，十行本、元十行本、李本（元）、劉本（嘉靖）、閩本、明監本、毛本同；單疏本作「此」，十行抄本同。阮記云：「案：『世』當作『此』。」盧記同。《正字》云：「『世』，疑『勢』字誤。」世必，不知何義，作「此」是也，當從單疏本等，阮記是也，浦說非也。

### 5. 頁四右　故變文以云義也

按：「云」，元十行本、李本（元）、劉本（嘉靖）、閩本、明監本、毛本同；單疏本作「示」，十行本、十行抄本同，《要義》所引亦同。阮記云：「案：山井鼎云：宋板云作示，示字是也，但其實不然，當是剗也。」盧記同。《正字》云：「『是』，誤『云』。」變文示義，文義曉然，當從單疏本作「示」，山井鼎之說是也，阮記謂之不然，誤也，浦說誤也。

### 6. 頁四左　我大子獨不然曰以憂也

按：「然曰」，十行本、元十行本、李本（元）、劉本（嘉靖）、閩本、明監本、毛本、巾箱本、監圖本、纂圖本、岳本、五山本、日抄本皆同，《要義》所引亦同。阮記云：「案：『然』字衍也，上箋云『今大子獨不』，《正義》云『集注定本皆無然字，俗本不下有然衍字』，此當與彼同。」盧記同。此說不可信，今傳世諸本皆有「然」字，《要義》所引亦有，無「然」字者或為一別本也。阮記又云「小字本『日』作『曰』，閩本、明監本、毛本同，案：曰字是也。」盧記同。「日」、「曰」二字極易混淆，檢諸刊本，難分彼此，則阮記亦難以據信也。

### 7. 頁四左　太子言曰我憂之也太子言曰我憂之也太子既放棄而憂

按：十行本、元十行本、李本（元）、劉本（嘉靖）同；單疏本作「太子言曰我憂之也太子既放棄而憂」，閩本、明監本、毛本、十行抄本同。阮記云：「閩本、明監本、毛本，不重『大子言曰我憂之也』，案：所刪是也，此八字複衍。」盧記同。「太子言曰我憂之也」顯因重複上文而衍，應刪，當從單疏本，阮記以為閩本等刪之，單疏本原文如此，閩本或別有所承也。

8. **頁五右** 本集本並無飛字

按：「本」，十行本、元十行本、李本（元）、劉本（嘉靖）、閩本、明監本同；單疏本作「定本」，毛本、十行抄本同。阮記云：「閩本、明監本同，毛本『本』上剜添『定』字，案：所補是也。」盧記同。本集本，不知何義，既言「並」，則當有二本，正指定本、集本也，當從單疏本，《正字》云『『集本』，當作『集註』；監本脫『定』字，下《疏》云「集本、定本皆無『然』字」，則此處非作「集註」也，浦說前非後是也。

9. **頁五右** 訴於旻天乎

按：單疏本、十行本、元十行本、李本（元）、劉本（嘉靖）、閩本、明監本、毛本、十行抄本皆同。阮記云：「案：浦鏜云『乎當作于』，是也。」盧記同。浦說純屬猜測，作「乎」不誤，「乎」字屬上不屬下，當從單疏本。

10. **頁六右** 不罹于裏

按：「罹」，十行本、元十行本、李本（元）、劉本（嘉靖）、閩本、明監本、毛本、監圖本、白文本同；巾箱本作「離」，纂圖本、五山本、日抄本、唐石經同，《要義》所引亦同。阮記云：「案：《正義》云『不離歷於母乎』，又云『離者謂所離歷』，考《小明》、《漸漸之石》，皆經言『離』，則《正義》言『離歷』，即《魚麗·正義》所云『麗歷』，《傳》云『麗歷也』，是也，『麗』、『離』古字同，用聲類至近也，『罹』字即非此義，各本皆誤，當依唐石經正之。」盧記同。阮記析義證字，頗有理據，檢敦煌殘卷伯二九七八《小弁》作「離」，日藏寫本《群書治要·毛詩·小弁》作「離」，《讀詩記》卷二十一《小弁》亦作「離」，則作「離」是也。

11. **頁八右** 析薪杝矣

按：「杝」，十行本、元十行本、李本（元）、劉本（嘉靖）、閩本、明監本、毛本、監圖本、岳本、白文本同；巾箱本作「柂」，纂圖本、五山本、日抄本、唐石經同，《要義》所引亦同。阮記云：「案：惠棟云：《玉篇》在木部是也，《五經文字》木部云柂又音褫，見《詩·小雅》，即謂此字也。《釋文》『柂』與唐石經同，或誤『杝』，今正。詳後考證，十行本《正義》中字不誤。」盧記同。檢敦煌殘卷伯二九七八《小弁》作「柂」，《讀詩記》卷二十一《小弁》亦作「柂」，《釋文》出字「杝矣」，則「杝」、「柂」乃別本之異，非是非

之別，阮記不可信從。下《疏》「扡明隨其理柂者施」，「扡」、「柂」錯出，而阮記謂《正義》不誤，不知何義。

12. **頁八右**　不欲妄挫析之

按：「析」，元十行本、李本（元）、毛本、監圖本、纂圖本、五山本同；十行本作「柝」；劉本（嘉靖）作「折」，閩本、明監本、巾箱本、岳本、日抄本同，《要義》所引亦同。阮記云：「案：折字是也，《釋文》以挫折作音，可證。」盧記同。此箋文，《疏》文釋之云「不欲妄損析薪木」，薪木析而用之，則作「析」也，十行本之「柝」，「斥」旁乃「斤」之譌也，阮記不可信從。

13. **頁九右**　有越人於此關弓而射之我則談笑而道之

按：「之」，十行本、元十行本、李本（元）、劉本（元）、閩本、明監本、毛本同；巾箱本作「我」，監圖本、纂圖本、岳本、五山本、日抄本同，《要義》所引亦同。阮記云：「小字本、相臺本『之』作『我』，案：『我』字是也……」盧記同。此箋引孟子曰，揆諸文義，作「我」是也，阮記是也。

14. **頁九左**　人猶有然而存於心

按：「然」，十行本、元十行本、李本（元）、劉本（元）同；單疏本作「默」，閩本、明監本、毛本同。阮記無說，盧記補云：「案：下『猶有默心存念知王之情』，此『然』字，當『默』字之譌。」此句《疏》本箋釋經，本詩經文云「莫高匪山，莫浚匪泉」，箋云「以言人無所不至，雖逃避之，猶有默存者焉」，《疏》文之「默存」正本箋文之「默存」，作「然」顯誤，當從單疏本等，盧記是也。

15. **頁九左**　先有其志念固而不暇耳

按：「念固」，單疏本、十行本、元十行本、李本（元）、劉本（元）、閩本、明監本、毛本、十行抄本皆同。阮記云：「案：浦鏜云『念固』疑『今因』之誤，是也。」盧記同。《正字》云：「『念固而』三字，疑『而今固之』之誤。」考《疏》文云：「言無暇憂恤，是先有其志念，固有不暇耳」，「志念」為句，原文不誤，浦鏜所疑非也，阮記誤引浦說，甚謬。

16. **頁十右**　孔子曰以舜年五十

按：「曰」，單疏本、十行本、元十行本、李本（正德，板心有塗抹）、劉

本（正德六年）、閩本、明監本、毛本皆同。阮記云：「案：浦鏜云『曰字衍』，是也。」盧記同。揆諸辭義，「曰」字似為衍文，然無版本依據，存疑可也。

17. **頁十右　如高子譏小弁為不達詩之意也**

按：「如」，十行本、元十行本、李本（正德，板心有塗抹）、劉本（正德六年）、閩本、明監本、毛本同；單疏本作「知」，《要義》所引同。阮記云：「案：『如』當作『知』。」盧記同。《正字》云：「（如）下當脫『此』字。」前《疏》云「傷其不達詩意之甚也」，正可與此處前後呼應，作「如」顯誤，當從單疏本等，阮記是也，浦說誤也。

18. **頁十左　乃昊天乎王甚傲慢**

按：「乃」，十行本、元十行本、李本（正德，板心有塗抹）、劉本（正德六年）、閩本、明監本、毛本同；單疏本作「及」，十行抄本同。阮記云：「案：『乃』當作『及』，形近之譌。」盧記同。考本詩箋文云「為亂如此甚敖慢無法度也」、「昊天乎王甚可畏王甚敖慢」，故《疏》文引之云：「鄭唯言王『為亂如此甚傲慢無法度』及『昊天乎王甚敖慢』為異耳」，則作「乃」顯誤，作「及」是也，當從單疏本，阮記是也。

19. **頁十左　箋憮敖至法度　　正義曰憮傲釋言文傳者以下言已威**
**為甚可畏而泰憮言甚大非類故為傲慢下既為傲此亦**
**為傲也**

按：「傳」，十行本、元十行本、李本（正德，板心有塗抹）、劉本（正德六年）、閩本、明監本、毛本同；單疏本作「易傳」，十行抄本同。阮記云：「案：『傳』上當脫『易』字。」盧記同。《正字》云：「『傳者』二字當『箋』字之誤。」本詩經文云「無罪無辜，亂如此憮」，《傳》：「憮，大也」，箋云「憮，敖也」，《傳》釋憮為大，箋釋為敖，二者不同，《疏》乃釋箋解「憮」義易《傳》之因，孔《疏》以為下句經文云：「昊天已威，予慎無罪。昊天大憮，子慎無辜。」《傳》云：「威，畏。慎，誠也。」箋云：「已、泰，皆言甚也。昊天乎王甚可畏，王甚敖慢。」據此，昊天既言「已威」，威為畏義，則甚可威也，若憮為大義，則昊天又言「太大」，即甚大之義，明顯前後不可相配，故憮當為傲解，則昊天甚傲也，因可畏而為傲，義正允洽，憮既為傲意，上文亦然，據後以定前，故箋據《爾雅·釋文》改釋憮為傲也。若無「易」字，則全段《疏》文不知何義，有者是也，當從單疏本等，阮記是也，浦說誤也。

20. 頁十左　僭始既涵

按:「僭」，十行本、元十行本、李本（正德，板心有塗抹）、劉本（正德六年）、閩本、明監本、毛本、巾箱本、監圖本、纂圖本、岳本、五山本、日抄本、唐石經、白文本皆同。阮記云:「小字本、相臺本同，案:《詩經小學》云:《傳》僭，數也，蓋以為譖字，是也。」盧記同。諸本皆同，檢敦煌殘卷伯二九七八《何人斯》亦作「僭」，則此字不誤，阮記所引段說純屬猜測，不可信從。

21. 頁十二左　傳讒兔至狡兔

按:十行本、元十行本、李本（元）、劉本（元）、閩本、明監本、毛本同；單疏本作「傳毚兔狡兔」，十行抄本同。阮記云:「『讒』當作『毚』，『至』當衍字。」盧記同。此標起止，《傳》文云「毚兔狡兔也」，則「讒」字顯誤，「至」為衍文，當從單疏本等，阮記是也。

22. 頁十四右　以絕之

按:十行本、元十行本、李本（元）、劉本（元）、閩本、明監本、毛本、巾箱本、監圖本、纂圖本、岳本、白文本同；唐石經作「而絕之」，五山本、日抄本同。阮記云:「唐石經作『而絕之也』，考《正義》云『故《序》專云刺暴公而絕之也』，唐石經是也。」盧記同。阮記謂唐石經作「而絕之也」，今檢唐石經拓本無「也」字，孔《疏》所云乃其所見本，檢敦煌殘卷伯二九七八《何人斯》，作「而絕之也」，皆為別本之異，豈可必以其一為是。

23. 頁十四左　唯首章下二句云伊誰云從誰暴之云
　　頁十五右　伊誰云從誰暴之云

按:上「誰」，十行本、元十行本、李本（元）、劉本（元）、閩本、明監本、毛本同；單疏本作「維」。阮記、盧記皆無說。

下「誰」，十行本、元十行本、李本（元）、劉本（元）、閩本、明監本、毛本、巾箱本同，纂圖本原作「誰」，被描改為「維」；監圖本作「維」，岳本、五山本、日抄本、唐石經、白文本同。阮記云:「案:『誰』字誤也，《序》下《正義》同。」盧記同。《正字》云「『維』，誤『誰』」，乃阮記所本。檢敦煌殘卷伯二九七八《何人斯》作「維暴之云」，《讀詩記》卷二十一《何人斯》引經文亦作「維暴之云」。考首章箋文云「是言從誰生乎？乃暴公之所言也」，

「乃」即解「維」字也,《疏》云「維乃暴公之所云耳」,本箋增字以釋經也,則經文作「維」也,此處《疏》文引經亦應作「維」也,浦說是也。阮記所謂《序》下《正義》,正指上條也。

### 24. 頁十四左　箋暴也至名

按:「至」,十行本,元十行本、李本(元)、劉本(元)、閩本、明監本、毛本同;單疏本作「至國」,十行抄本同。阮記、盧記皆無說。此標起止,例取經注原文首尾數字,以前二後二為主,未有前二後一之例,考箋文云「暴也、蘇也,皆畿內國名」,則「國」字不可闕,當從單疏本等。

### 25. 頁十六左　於女亦何病乎

按:「亦」,十行本、元十行本、李本(正德,板心有塗抹)、劉本(正德十二年)、閩本、明監本、毛本、巾箱本、監圖本、纂圖本、岳本、五山本、日抄本皆同,《要義》所引亦同。阮記云:「小字本,無『亦』字,案:無者是也,有者用《正義》自為文添耳。」盧記同。阮記純屬猜測,今傳世本皆作「亦」,謝記云「亦」字當有,是也。

### 26. 頁十六左　毛以此云何其旴與下俾我祇也互文皆言云何而使我有罪病也*

按:「互」,單疏本、十行抄本同;十行本作「玄」,元十行本、李本(正德,板心有塗抹)、劉本(正德十二年)、閩本、明監本、毛本同。阮記引文作「與下俾我祇也元文」(因避諱而在校勘記中改寫作「元」,《正字》所謂「元」亦然),云:「閩本、明監本、毛本同,案:浦鏜云『互誤元』,是也。」盧記同。《正字》云:「『互』,誤『元』。」玄文,不辭,顯誤,作「互」是也,當從單疏本,浦說是也。阮記所見之底本當作「玄」,至其後重刊《毛詩注疏》時方改之作「互」,阮本既改作「互」,後附盧記引文當與之同,然仍阮記作「元」,確為疏漏也。

### 27. 頁十七右　易說祇病也

按:「說」,十行本、元十行本、李本(正德)、劉本(正德)、閩本、明監本、毛本、巾箱本、監圖本、纂圖本、日抄本皆同。阮記云:「案:《釋文》以『說也』作音,是其本『說』下有『也』字,《考文》古本有。」盧記同。阮記純屬猜測,今傳世本皆無「也」字,《釋文》所見別本也,豈可據之以為必然。

28. **頁十七右　譖我與否復難知也**

按：「否」，十行本、元十行本、李本（正德）、劉本（正德）、閩本、明監本、毛本、巾箱本、監圖本、纂圖本、岳本、五山本、日抄本皆同。阮記云：「案：段玉裁云此『否』字，當作『不』，與經文『否』字無干，是也。」盧記同。阮記所引段說純屬猜測，今傳世本皆作「否」，所引段說又未詳述原委，不可信從！作「否」不誤。

29. **頁十七左　釋樂云大塤謂之㙈音叫**

按：「㙈音叫」，閩本、北監本、毛本同；十行本作「㙈音吜」，元十行本、李本（正德）、劉本（正德）同；單疏本作「㙈音叫」。阮記云：「案：『音叫』二字當旁行細書，《正義》自為音者，例如此也。」盧記同。「吜」、「叫」為異體字，可通，而「音叫」實為《疏》文釋音小字自注，故當從單疏本，阮記是也。

30. **頁十七左　銳上平氐**

按：「氐」，單疏本、十行本、十行抄本同；元十行本作「底」，劉本（正德）、閩本、北監本、毛本同；李本（正德）作「氏」。阮記云：「閩本、明監本、毛本『氐』作『底』，案：所改是也。」盧記同。「氐」、「底」相通，作「氐」不誤，阮記非也。

31. **頁十七左　釋樂文云大篪謂之沂**

按：「文」，十行本、元十行本、李本（正德）、劉本（正德）、閩本、毛本同；單疏本作「又」，明監本、十行抄本同。阮記云：「案：浦鏜云『又誤文』，是也。」盧記同。前《疏》已云「《釋樂》云：大塤謂之㙈」，此處之「又」字正因此而發也，故作「又」是也，當從單疏本等，浦說是也。

32. **頁十八右　司盟曰盟萬民之犯命者明其不信者**

按：「明」，十行本、元十行本、李本（元）、劉本（元）、閩本、明監本、毛本同；單疏本作「詛」，十行抄本同。阮記云：「案：浦鏜云『詛誤明』，是也。」盧記同。明其不信者，不知何義，檢《周禮・秋官・司盟》，正作「詛其不信者」，則作「詛」是也，當從單疏本等，浦說是也。

33. **頁十九右　王道正直則知側是不正直也**

按：「則知側」，單疏本、十行本、元十行本、李本（元）、劉本（元）、

閩本、明監本、毛本、十行抄本皆同。阮記云：「案：『側』上，浦鏜云『脫反字』，是也。」盧記同。正、側相對而言，此處原文不誤，浦說、阮記皆誤也。

34. **頁十九右　巷伯奄官寺人內小臣也奄官上士四人**

按：「巷伯奄官」，十行本、元十行本、李本（元）、劉本（元）、閩本、明監本、毛本、巾箱本、監圖本、纂圖本、岳本、五山本、日抄本皆同，《要義》所引亦同。阮記據《釋文》、孔《疏》以為「巷伯奄官」為《序》文，此說非也，《疏》文明云「定本無『巷伯奄官』四字，於理是也，以俗本多有，故解之」，則俗本《序》文有「巷伯奄官」，定本無，檢唐石經無「巷伯奄官」四字，敦煌殘卷伯二九七八《巷伯·序》亦無，考《序》云：「刺幽王也，寺人傷於讒，故作是詩也」，於此語意已足，無容再補云「巷伯，奄官」，顯違文義，《疏》文謂之「於理是也」正云此也，俗本非是，傳世諸本無有與之同者，亦可為證，阮記誤也。

「寺人」、「奄官」，十行本、李本（元）、劉本（元）、閩本、明監本、毛本、巾箱本、監圖本、纂圖本、岳本、五山本、日抄本皆同，《要義》所引亦同。阮記云：「考《車鄰·正義》云『《巷伯》箋云巷伯內小臣奄官上士四人』，是《正義》本作巷伯內小臣也，作寺人者非……段玉裁云『官』字衍。」盧記同。傳世諸本及《要義》所引皆無異文，阮記所云不可信從也。

35. **頁二十右　釋魚說貝文狀云餘蚳黃白文餘泉文**

按：「文」，十行本、元十行本、李本（元）、劉本（元）、閩本、明監本、毛本同；單疏本作「白黃文」，十行抄本同，《要義》所引亦同。阮記云：「案：『泉下』，浦鏜云『脫白黃二字』，是也。」盧記同。《正字》云：「脫『黃文』二字。」今檢《爾雅·釋魚》，正作「餘泉白黃文」，故「白黃」二字不可闕，當從單疏本等，阮記所見之《正字》與今本似有異也。

36. **頁二十右　又有柴貝其白質如玉紫點為文**

按：「又有柴貝」，十行本、元十行本、李本（元）、劉本（元）、明監本同；閩本作「文有柴貝」；毛本作「文有紫貝」；單疏本作「又有紫貝」。阮記云：「案：『紫』字是也。」盧記同。此《疏》引陸機《疏》，檢《爾雅疏》引陸機《疏》，正作「又有紫貝」，下文有「紫點為文」，可知「柴貝」顯誤，「又」、

「文」字形相近，遂有譌誤，故當從單疏本也，阮記是也，《正字》云「『又』，誤『文』」，是也。

### 37. 頁二十左　皆可列相當其貝大者當有至至一尺六七寸者

按：「可列」，十行本、元十行本、李本（元）、劉本（元）、閩本、明監本同；單疏本作「行列」，毛本同。阮記云：「毛本『可』作『行』，案：『行』字是也。」盧記同。可列，不知何義，檢《爾雅疏》引陸機《疏》，正作「行列」，故當從單疏本也，阮記是也。

「有至至」，十行本、元十行本、李本（元）、劉本（元）、閩本、明監本同；毛本作「有徑至」；單疏本作「有至」。阮記云：「毛本『當』作『當上』，『至』字作『徑』，案：所改是也。」盧記同。「有至至」，顯誤，十行本「有至」為行末二字，轉行另起時，寫書上板者或忘記「至」字上行已書而復書之，故至衍文，毛氏見「有至至」不通，遂改為「有徑至」，意是字非，當從單疏本也，阮記誤也。

### 38. 頁二十左　縮屋而繼之

按：「縮」，十行本、元十行本、李本（元）、劉本（元）、閩本、明監本、毛本、巾箱本、監圖本、纂圖本、日抄本同；岳本作「揭」；五山本作「榴」。阮記云：「相臺本『縮』作『揭』，案：《正義》云『揭謂抽也』，《釋文》云『縮又作榴同』，榴是揭之譌字，揭字見於《說文》、《廣雅》皆從手訓引也……」盧記「釋文」譌作「正義」，餘同。孔《疏》所見本作「揭」，與傳世本多作「縮」者不同，乃別本之異也，阮本於此加圈，不知何義。

### 39. 頁二十左　男子不六十不間居

按：「子」，十行本、元十行本、李本（元）、劉本（元）、閩本、明監本、毛本、巾箱本、監圖本、纂圖本、日抄本、岳本同；五山本作「女」。阮記云：「案：《正義》云『吾聞男女不六十不閒居者』，是其本『子』作『女』，《考文》古本作『女』，采《正義》。」盧記同。《正字》云：「『男女』，誤『男子』。」考《周南·桃夭》《疏》引云：「《巷伯》《傳》曰：吾聞男女不六十不間居。」則孔《疏》所見本確作「女」，揆諸文義，亦應作「女」，五山本作「女」，正可為證，阮記是也。

40. 頁二十一右　記言讒人集成已罪又言罪有所因

按：「記」，十行本、元十行本、李本（元）、劉本（元）、閩本、明監本、毛本同；單疏本作「既」。阮記云：「案：浦鏜云『記當既字誤』，是也。」盧記同。「既言」、「又言」，前後搭配，「記言」顯誤，當從單疏也，浦說是也。

41. 頁二十一右　箕四星二為踵二為舌若使踵本太狹言雖小寬不
　　　　　　　足以為箕由踵之二星已哆然而大舌又益大故所
　　　　　　　以成為箕也

按：「言雖」，十行本、元十行本、李本（元）、劉本（元）、閩本、明監本、毛本同；單疏本作「舌雖」，十行抄本同，《要義》所引亦同。阮記云：「案：浦鏜云『言當舌字誤』，是也。」盧記同。言雖小寬，不知何義，考上下《疏》文皆「踵」、「舌」對言，又揆諸文義，顯當作「舌」，故當從單疏本等，浦說是也。

42. 頁二十一右　星因物益大而名之為哆也

按：「星」，單疏本、十行本、元十行本、李本（元）、劉本（元）、閩本、明監本、毛本、十行抄本皆同。阮記云：「案：浦鏜云『星當是字誤』，是也。」盧記同。考前《疏》云「哆者，因物而大之名」，若如浦說作「是因物益大而名之為哆」，豈非前後重複？且單疏本亦作「星」，作「星」不誤，浦說非也。

43. 頁二十一右　暗作詩之人自謂避嫌之不審

按：「暗」，十行本、元十行本、李本（元）、劉本（元）、閩本、明監本、毛本同；單疏本作「斯」，十行抄本同。阮記云：「案：『暗』當作『斯』，此說《傳》『斯人』也。」盧記同。《正字》云：「『暗』，疑『興』字誤。」暗作詩之人，不知何義，考本詩經文云「哆兮侈兮，成是南箕」，《傳》：「哆，大貌，南箕，箕星也，侈之言是，必有因也，斯人自謂辟嫌之不審也」，則《疏》文即釋《傳》，所謂「斯作詩之人」之「斯」正本《傳》文「斯人」之「斯」，作「斯」是也，當從單疏本等，阮記是也，浦說誤也。

44. 頁二十一左　素已彰者固當如是

按：「者」，十行本、元十行本、李本（元）、劉本（元）、閩本、明監本、毛本同；單疏本作「著」，十行抄本同。阮記云：「案：浦鏜云『者當著字誤』，是也。」盧記同。彰者著也，作「者」顯非，當從單疏本，浦說是也。

45. 頁二十一左　　說文作聑云𣎆語也

按:「𣎆」,閩本、明監本、毛本、巾箱本同;十行本作「鬲」,元十行本、李本(元)、劉本(元)、監圖本、纂圖本同。阮記、盧記皆無說。《正字》云「『聑』,誤『𣎆』」,檢傳世本《說文》「聑」云:「聑語也,從口從耳,《詩》曰聑聑幡幡」,然《釋文》所引作「鬲」,此唐人所見《說文》,不必與傳世本合,浦說不可信。「𣎆」誤,當作「鬲」,据《左傳》襄公四年云「靡奔有鬲氏」,杜預注「有鬲,國名,今平原鬲縣」,《釋文》:「(鬲)音革」,宋本《漢志》平原郡「鬲」縣條顏師古注曰「讀與隔同」,則鬲音革,又《說文》云「(𣎆)郎激切」,則𣎆音麗,二者判然有別,豈可混淆,阮本誤也,當從十行本等作「鬲」。

46. 頁二十二右　　以遷去為理否女故易之

按:「否女」,十行本、元十行本、李本(元)、劉本(元)、閩本、明監本同;單疏本作「不安」,十行抄本同;毛本作「否安」。阮記云:「毛本『女』作『安』,案:『否女』當作『不安』。」盧記同。《正字》云「『於理否』,當『於理不』之誤」,乃阮記所本。否女,不知何義,「於理不安」,成語也,「不安」二字列為上下,意刊者誤將「安」上之「宀」與上「不」合為一字「否」,「安」下之「女」又獨為一字,故有「否女」之文,當從單疏本作「不安」,浦說是也。

47. 頁二十二右　　彼戎則驕逸也得罪則憂勞

按:十行本、元十行本、李本(元)同;單疏本作「彼成則驕逸也得罪則憂勞」,十行抄本同;劉本(元)作「彼則驕逸也我得罪則憂勞」;閩本作「彼則驕逸也我得罪則憂勞」,明監本、毛本同。阮記云:「閩本、明監本、毛本『戎』作『誠』,『也』下有『我』字,案:『戎』即『我』字之誤,又錯在上句耳。」盧記同。「彼成」者,讒人為王所信用也,故其驕逸,「得罪」者,我勞人也,故而憂勞,當從單疏本,阮記不可信從。

48. 頁二十二左　　作為此詩

按:十行本、元十行本、李本(元)、劉本(元)、閩本、明監本、毛本、巾箱本、監圖本、纂圖本、岳本、五山本、日抄本、唐石經、白文本皆同,《要義》所引亦同。阮記云:「案:此《釋文》本也……此二本之異,在第三字,

《正義》是『作』，《釋文》是『此』不同耳……」盧記同。考箋云「作，起也，孟子起而為此詩」，此正釋經文「作為此詩」也，孔《疏》明云定本作「作為此詩」，《讀詩記》卷二十一《巷伯》作「作為此詩」，亦可為證，檢敦煌殘卷伯二九七八《巷伯》，作「作是詩」，此別本也，阮記羅列所謂《釋文》、《正義》二本之異，未加判斷，不知為何於此加圈也，謝記謂阮記所云《正義》本作某實不可信，是也。

49. 頁二十三右　當云作賦詩

按：「賦」，單疏本、十行本、李本（元）、劉本（嘉靖）、閩本、明監本、毛本皆同。阮記云：「案：『賦』字當衍。」盧記同。《正字》云：「『賦』下，當脫『此』字。」浦說、阮記皆為猜測之說，今單疏本及傳世諸注疏本皆同，則存疑可以。

50. 頁二十三右　傳寺人至此

按：「此」，十行本、元十行本、李本（元）、劉本（嘉靖）、閩本、明監本、毛本同；單疏本作「此詩」，十行抄本同。阮記無說，盧記補云：「毛本同，案：『此』下當有『詩』字。」此標起止，《傳》云「寺人而曰孟子者……作此詩也」，《疏》文標起止例取前後數字，而以前二後二為主，此處顯當作「傳寺人至此詩」，當從單疏本，盧記是也。

# 卷十三

## 卷十三之一

**1. 頁一左　能及於膏潤澤陰雨以行其潤澤**

按:「膏潤澤」,十行本、元十行本、李本(元)、劉本(元)、閩本、明監本、毛本同;單疏本作「膏澤之」。阮記云:「案:『澤』當作『之』。」盧記同。膏潤澤,不知何義,揆諸文氣,膏澤之陰雨,是也,當從單疏本,阮記誤也。

**2. 頁二左　由風雨相感故潤澤德行**

按:「德」,十行本、元十行本、李本(元)同;單疏本作「得」,劉本(元)、閩本、明監本、毛本同。阮記無說,盧記補云:「案:『得』字是也」。此《疏》釋箋,箋云「風而有雨,則潤澤行」,潤澤得行,正本箋文「潤澤行」,作「德」顯非,作「得」是也,當從單疏本等,盧記是也。

**3. 頁二左　正義曰釋天云焚輪謂頹扶搖謂之猋**

按:「猋」,十行本、元十行本、李本(元)、劉本(元)、閩本、明監本、毛本同,《要義》所引同;單疏本作「猋」。阮記云:「案:浦鏜云『猋誤猋,下同』,是也。」盧記同。檢《爾雅·釋天》,正作「扶搖謂之猋」,則作「猋」是也,當從單疏本,浦說是也。

**4. 頁三左　箋云莪已蓼蓼長大貌視之以為非莪故謂之蒿**

按:「貌」,十行本、元十行本、李本(元)、劉本(元)、閩本、明監本、毛本、巾箱本、監圖本、纂圖本、日抄本同;岳本作「我」,五山本同。阮記

云：「相臺本『貌』作『我』，《考文》古本『我』字亦同，案：『我』字是也，《正義》云『故云我視之是作者自我也』，可證。」盧記同。

「故」，十行本、元十行本、李本（元）、劉本（元）、閩本、明監本、毛本、巾箱本、監圖本、纂圖本、日抄本同；岳本作「反」，五山本同。阮記云：「相臺本『故』作『反』，案：『反』字是也，《正義》云『反謂之為蒿』，又云『反謂之是彼物也』，是其證。」盧記同。此皆《正義》本也，與傳世本有異，乃別本所致，阮記是此非彼，未見其必也。

5. **頁五右** 雹大如餅也

按：單疏本、十行本、元十行本、李本（元）、劉本（嘉靖）、閩本、明監本、毛本皆同。阮記云：「案：浦鏜云『如當於字誤』，是也。」盧記同。此處「如」為介詞，作「於」解，《呂氏春秋‧愛士》云「人之困窮，甚如饑寒」，可證其義，則作「如」不誤，浦說非也，阮記是之，亦誤。

6. **頁五右** 欲欲報父母是德

按：「欲欲」，十行本、元十行本、李本（元）、劉本（嘉靖）同；閩本作「我欲」，明監本、毛本、巾箱本、監圖本、纂圖本、岳本、五山本、日抄本同。阮記、盧記皆無說。此箋文，考本詩經文云「欲報之德，昊天罔極」，《疏》文釋經云「我今欲報父母是勞苦之德」，正本箋意也，則箋文當云「我欲報父母是德」，作「我欲」是也，當從巾箱本等。

7. **頁五左** 愴其至役之勞苦

按：「至」，十行本、元十行本、李本（元）、劉本（嘉靖）、閩本、明監本、毛本同；單疏本作「作」，十行抄本同。阮記云：「案：『至』當作『在』，形近之譌。」盧記同。《正字》云：「『至』，疑『見』字誤。」「在役」、「至役」，皆不如「作役」之確也，當從單疏本等，浦說、阮記皆誤。

8. **頁六左** 經則主怨財盡故唯言賦重斂則兼言民勞故云困役由送衰財以致役故先言之

按：「斂」，十行本、李本（元）、劉本（嘉靖）、閩本、明監本、毛本同，元十行本作「歛」；單疏本作「敘」，《要義》所引同。阮記云：「案：浦鏜云『斂當敘字誤』，是也。」盧記同。「經則」、「敘則」前後相對而言，作「斂」顯誤，當為形近之譌，當從單疏本等，浦說是也。

「送衰」，十行本、元十行本、李本（元）、劉本（嘉靖）、閩本、明監本、毛本同；單疏本無「衰」字，十行抄本同。阮記云：「案：『送衰』當作『哀送』。」盧記同。「由送衰財」、「由哀送財」皆無從理解，考上《疏》云「但王數徵賦，須轉餫，餫輸之勞即是役也，四章云『職勞不來』，下箋云『東人勞苦而不見謂勤』，言送轉輸而不蒙勞來，是困於役之事也」，「送」即轉運，「財」即所徵之賦，因轉運徵賦而有勞苦之役，即「由送財以至役」，「衰」為衍文，當從單疏本，阮記非也。

### 9. 頁六左　引此者證其在京師之事也

按：「事」，十行本、元十行本、李本（元）、劉本（嘉靖）、閩本、明監本、毛本同；單疏本作「東」。阮記云：「案：『事』當作『東』。」盧記同。京師之事，不知何義，此句《疏》文釋箋，考箋云「譚國在東，故其大夫尤苦征役之事也，魯莊公十年，齊師滅譚」，上《疏》云「解譚大夫而序言『東國』之意也，『莊十年齊師滅譚』，是《春秋》經也，《傳》曰：齊侯之出也，過譚，譚不禮焉，及其入也，諸侯皆賀，譚又不至，是以齊師滅之」，「引此」指箋引《春秋》莊公十年經「齊師滅譚」，以證譚與齊同為東國諸侯也，故當從單疏本作「東」，《讀詩記》卷二十一《大東》引孔氏曰「在京師之東」，亦可為證，作「事」或因形近而譌，阮記是也。

### 10. 頁七右　君子皆法效而履行之

按：「效」，十行本、元十行本、李本（元）、劉本（元）、閩本、明監本、毛本、巾箱本、監圖本、岳本、日抄本同；纂圖本作「傚」，五山本、《要義》所引同。阮記云：「小字本『效』作『傚』，案：《正義》云『皆共法傚』，又云『而法傚之』，是其本作『傚』字。」盧記同。阮記所辨，乃謂孔《疏》所據本作「傚」，而纂圖本、《要義》所引亦作「傚」，與孔《疏》所見本合，則作「傚」是也。

### 11. 頁七左　雜記法亦言匕所以載牲體*

按：「法」，元十行本、李本（元）、劉本（元）、閩本、明監本、毛本同；單疏本作「注」，十行本，《要義》所引亦同。阮記引文作「雜記注」，云：「閩本、明監本、毛本『注』誤『法』。」盧記引文作「雜記法」，補云：「閩本、明監本、毛本同，案：『法』當作『注』，形近之譌」。雜記法，不辭，檢《禮

記・雜記上》云「枇以桑，長三尺，或曰五尺」，鄭注「枇，所以載牲體者，此謂喪祭也」，則「法」字顯為「注」字之譌，當從單疏、《要義》。阮記此處引文作「雜記注」，與阮本作「雜記法」不同，而李本、劉本皆作「雜記法」，意阮記之底本與阮本之底本皆作「雜記法」，顧廣圻撰校勘記時，見浦鏜《正字》引文「雜記注亦言匕所以載牲體」，云「注誤法」，遂襲之而改引文，故反與其底本不合也。

### 12. 頁七左　言凡殽飪以其爵等為之

按：「飪」，十行本、元十行本、李本（元）、劉本（元）、閩本、明監本、毛本同；單疏本作「饗飪」，十行抄本同。阮記云：「案：『殽』下當有『饗』字。」盧記同。上《疏》云「《司儀》注云：小禮曰殽，大禮曰饗飪，是也」，則殽與饗飪相對成文，故此處「饗」字不可闕也，當從單疏本等，阮記是也。

### 13. 頁七左　凡大行人宰使眾臣從賓者也

按：「大」，單疏本、十行本、元十行本、李本（元）、劉本（元）、閩本、明監本、毛本皆同。

「使」，十行本、元十行本、李本（元）、劉本（元）同；單疏本作「史」，閩本、明監本、毛本、十行抄本同。阮記云：「閩本、明監本、毛本『使』作『史』，案：所改是也。浦鏜云『介誤大』。」盧記同。此引《周禮・司儀》鄭注文，原文作「凡介行人宰史」，鄭注云「行人主禮，宰主具，史主書」，下《疏》引之，則作「史」是也，當從單疏本，閩本之「史」，字體狹小，不類其他文字，偏於一邊，似為挖改所補，則其底本亦作「使」也。《司儀》原文作「介」，此處《疏》文所引等皆作「大」，浦鏜據傳世本以正之，似是而非也，檢《周禮・秋官・大行人》「中大夫二人」，鄭注云「行夫主國使之禮」，與此處「行人主禮」合，則孔《疏》所見鄭注作「凡大行人宰史」，無礙經義，豈可遽斷為非。

### 14. 頁九右　箋曾無反幣復礼之惠是使我心傷悲焉

按：十行本、元十行本、李本（元）、劉本（嘉靖）、閩本同；單疏本作「箋曾無至之惠」；明監本作「箋曾無反幣復礼之惠是使我心傷病也」，毛本同。阮記云：「閩本同，明監本、毛本『悲』作『病』，『焉』作『也』，案：所改『病』字是，『也』字非……」盧記同。此標起止也，《疏》文標起止例取前

後數字，無有若此長篇抄錄箋文者，又考此條《疏》文所言，無有涉及「使我心悲傷」者，皆解「曾無反幣復禮之惠」，則當從單疏本，眾本皆誤，阮記亦非也。

### 15. 頁九右　正義曰聘礼云無行則重o畧

按：元十行本、李本（元）、劉本（嘉靖）同；單疏本無「o」，十行本、閩本、明監本、毛本同。阮記無說，盧記補云：「案『o』衍也。」此「o」為衍，自不待辨，細察十行本此句「重」為本行最下一字，後有一空格，另行起首作「畧」，意元時翻刻者，見此空格，以為當補『o』，遂致衍文也。

### 16. 頁九左　有冽氿泉

按：「冽」，十行本、元十行本、李本（元）、劉本（嘉靖）、閩本、巾箱本、纂圖本、岳本、五山本、日抄本、唐石經同；明監本作「洌」，毛本、監圖本、白文本同。阮記云：「明監本、毛本『冽』作『洌』，案：《釋文》：冽音列，寒意也，《正義》云『故字從冰』，明監本、毛本依之改也。」盧記同。字從冰者，孔《疏》所見本也，今檢敦煌殘卷伯二九七八《大車》（車為東字譌），作「有冽汎泉」，《讀詩記》卷二十一《大東》，亦作「冽」，則「冽」、「洌」乃別本之異也。

### 17. 頁九左　今譚大夫契憂苦而窹嘆

按：「契」，十行本、元十行本、李本（元）、劉本（嘉靖）、閩本、明監本、毛本同；巾箱本作「契契」，監圖本、纂圖本、岳本、五山本、日抄本同。阮記云：「小字本、相臺本，重『契』字，《考文》古本同，案：重者是也。」盧記同。「契憂苦」，不辭，此鄭箋，本詩經文云「契契窹嘆」，《傳》云「契契，憂苦也」，箋文據《傳》釋經也，《疏》云「今譚大夫契契憂苦而窹寐之中嗟哀」，亦據《傳》解經也，則「契」字當疊，阮記是也。

### 18. 頁九左　有冽至可息

按：「冽」，十行本、李本（元）、劉本（嘉靖）同；單疏本作「洌」，元十行本、閩本、明監本、毛本同。阮記云：「閩本、明監本、毛本『冽』作『洌』，下同，案：所改是也。」盧記同。下《疏》明云：「故字從冰」，則本詩《疏》文所涉「冽」皆應從冰也，故當從單疏本。

19. **頁十右** 蓋木之細者以荊楚之類故曰言刈其楚是小者刈之也

按：「以」，單疏本、十行本、元十行本、李本（元）、劉本（元）、閩本、明監本、毛本同。阮記云：「案：『以』當作『似』。」盧記同。《正字》云：「『以』，疑『如』字誤。」此處「以」字不誤，《周易·明夷》「以蒙大難，文王以之」，《釋文》云「鄭、荀、向，作『似之』」，則「以」當與「似」通，浦說、阮記皆非也。

20. **頁十右** 穫落釋木文

按：「穫」，十行本、元十行本、李本（元）、劉本（元）、閩本、明監本、毛本同；單疏本作「檴」。阮記云：「案：『穫』當作『檴』，《正義》引《爾雅》本是『檴』字，不云字異義同者，省耳。」盧記同。檢《爾雅·釋木》，正作「檴落」，既在「釋木」一類，如何從「禾」，《疏》云「在『釋木』，故為木名」，則作「穫」顯誤，當從單疏本。

21. **頁十右** 郭璞曰穫音穫可為杯器素也

按：「穫」，十行本、元十行本、李本（元）、劉本（元）、閩本、明監本、毛本同；單疏本作「檴」。阮記云：「案：上『穫』當作『檴』，下『音穫』二字當旁行細字，《正義》自為音，例如此。○案：舊挍非也，此郭璞自為音耳。」盧記同。檢《爾雅·釋木》，「檴落」，注云：「可以為杯器素」，無「穫音穫」三字，但若如顧廣圻之說，孔《疏》此處「音穫」二字應為雙行小字，然單疏本此二字原大，非如他處自為音者，故亦有可能孔《疏》所見本《爾雅》郭注有「檴音穫」三字也，此處存疑可也。

22. **頁十左** 舟人舟楫之人

按：「楫」，十行本、元十行本、李本（元）、劉本（元）、閩本、明監本、毛本、巾箱本、監圖本、纂圖本、岳本、五山本、日抄本皆同，《要義》所引亦同。阮記云：「小字本、相臺本同，閩本、明監本、毛本亦同。案：《釋文》云檝字又作楫，《正義》本未有明文，《正義》云『致舟檝之人之子』者，當亦是以『楫』、『檝』為古今字而易之，未必與《釋文》本同也。」盧記同。諸本皆同，阮記含糊，不知所指，此處作「楫」不誤，阮記不當於此加圈。

23. **頁十左** 使搏熊羆

按：「搏」，十行本、元十行本、李本（元）、劉本（元）、閩本、明監本、

毛本、巾箱本、監圖本、纂圖本、岳本、五山本、日抄本皆同，《要義》所引亦同。阮記云：「小字本、相臺本同，案：此《釋文》本也……《正義》本未有明文，《正義》云『明遣賤人求捕熊羆』，是其本『搏』作『捕』。」盧記同。《疏》文釋箋，非全引箋文，如何據之而斷其所見箋文必作「捕」字？阮記牽強附會，舛誤甚矣，諸本皆同，作「搏」不誤，阮記非矣。

24. 頁十一右　正義曰東人言王勞苦則西人逸豫

按：「王」，十行本、元十行本、李本（元）、劉本（元）、閩本、明監本、毛本同；單疏本作「主」。阮記云：「案：浦鏜云『主誤王』，是也。」盧記同。此為孔《疏》釋箋之文，考本詩經文云「東人之子，職勞不來」，箋云「職，主也」，孔《疏》據箋釋經云「東國譚人之子主為勞苦」，以彼證此，可知當作「主」，單疏本此「主」上「丶」有破損，易誤認作「王」，然細辨之，作「主」無疑，則浦說是也。

25. 頁十一左　從旦莫七辰一移

按：十行本、元十行本、李本（元）、劉本（元）、閩本、明監本、毛本同；巾箱本作「從旦至莫七辰辰一移」，監圖本、纂圖本、五山本、日抄本同；岳本作「從旦至暮七辰辰一移」。阮記云：「小字本、相臺本『旦』下有『至』字，重『辰』字，《考文》古本同，案：有『至』字、『辰』字者是也。」盧記同。從旦莫七辰一移，義不可解，作「從旦至莫，七辰，辰一移」，則句義曉然，檢《讀詩記》卷二十一《大東》，引鄭氏曰「從旦至莫七辰辰一移」可證，則阮記是也。

26. 頁十一左　跂說文作岐

按：「岐」，十行本、元十行本、李本（元）、劉本（元）、閩本、明監本、毛本、監圖本、纂圖本同；巾箱本作「歧」。阮記云：「通志堂本同，盧本『岐』改『跂』，云『跂』舊誤『跂』，今改正，案：『跂』是也。」盧記同。《釋文》作「岐」，此陸德明所見本也，豈可據傳世本《說文》以正之，阮記不可從也。

27. 頁十一左　更音東

按：「東」，十行本、元十行本、李本（元）同；劉本（元）作「庚」，閩本、明監本、毛本、巾箱本、監圖本、纂圖本同。阮記無說，盧記補云：「案：『東』當作『庚』，形近之譌，《小明》《釋文》『更音庚』，可證。」《釋文》作

「庚」，作「庚」是也。

### 28. 頁十二右　刺素餐

按：「餐」，十行本、元十行本、李本（元）、劉本（元）、閩本同，《要義》所引亦同；明監本作「飧」，毛本同。阮記云：「小字本『餐』作『飧』，明監本、毛本同，案：《正義》云『《釋訓》云皋皋鞫鞫，刺素餐也，某氏曰：鞫鞫無德而佩，故刺素飧也』，考《爾雅》是『食』字，『食』字與上下文為韻，鄭據彼文，及《正義》所引亦當作『食』，今作『餐』者，轉寫之誤耳……」盧記同。《正字》云「『餐』，《爾雅》作『食』」，乃阮記所本。「餐」即「飧」，鄭、孔所見若此，豈可據傳世本《爾雅》以正之，謝記謂不必定改作「食」，是也，則阮記之說，實不可信從。

### 29. 頁十二右　天漢此知不以無水用為義者

按：「天漢此知」，單疏本、十行本、元十行本、李本（元）、劉本（元）、閩本、明監本、毛本、十行抄本皆同。阮記云：「案：浦鏜云『天漢此知當此知天漢誤』，是也。」盧記同。此處不誤，《疏》文遣辭，義富文簡，「天漢此知」者，天漢本有水義，而此處可知不以無水用為義，浦鏜不味經義，遽斷為非，謬矣！

### 30. 頁十二左　睆彼牽牛

按：十行本、元十行本、李本（元）、劉本（元）、閩本、明監本、毛本、巾箱本、監圖本、纂圖本、岳本、五山本、日抄本皆同，《要義》所引亦同。阮記云：「小字本『睆』作『睆』，案：《釋文》云：睆，華板反，考《杕杜》《釋文》云：字從白，或目邊，是小字本『睆』當『睆』之誤也，《廣韻》『睆明星』，即此字。」盧記惟「睆作睆」作「睆作睆」，餘同。今傳世本皆作「睆」，《釋文》本亦作「睆」，無有作「睆」、「睆」者，又檢敦煌殘卷伯二九七八《大車》，作「睍」，則「睆」、「睍」乃別本之異。

### 31. 頁十三右　傳何鼓至之箱

按：「何」，單疏本、十行本、元十行本、李本（元）、劉本（元）、閩本、明監本、毛本皆同。阮記、盧記皆無說。此標起止，檢阮本《傳》云「河鼓謂之牽牛」，十行本、李本、劉本、監圖本、纂圖本、岳本、日抄本同，《要義》所引亦同；閩本作「何鼓謂之牽牛」，明監本、毛本、巾箱本、五山本同。阮

記云：「案：《釋文》云『何，胡可反，又音何』，是《釋文》本作『何』也，《正義》引《爾雅》及李巡、孫炎注，字盡作『河』，是《正義》本作『河』也……」，盧記同。今檢單疏本等皆作「何」，則「何」、「河」乃別本之異也。

32. 頁十三左　孫炎曰明星太白也出東方高三舍今曰明星昏出西方高三舍今曰太白

按：兩「今」，單疏本、十行本、元十行本、李本（元）、劉本（元）、閩本、明監本、毛本皆同，《要義》所引亦同。阮記云：「案：《史記·天官書》《索隱》『今』作『命』，下『今曰太白』同，『命』字是也。」盧記同。單疏本、傳世諸本及《要義》所引皆作「今」，又《爾雅疏·釋天》引孫炎，正作「今」，皆可為證，阮說誤也。

33. 頁十三左　彼注云畢狀如又

按：「又」，十行本、元十行本、李本（元）、劉本（元）、閩本、明監本、毛本同；單疏本作「叉」，《要義》所引亦同。阮記云：「案：浦鏜云『叉誤又』，是也。」盧記同。所謂彼注，乃指《儀禮·特牲饋食禮》鄭注也，檢之，正作「叉」，則當從單疏本等，阮記所引浦說是也。今本《正字》引文作「畢狀如叉」，云：「『叉』，誤『又』」，與阮記所引不同，不知何因也。

34. 頁十三左　翕如也

按：「如」，十行本、元十行本、李本（元）、劉本（元）、閩本、明監本、毛本同；巾箱本作「合」，監圖本、纂圖本、岳本、五山本、日抄本同。阮記云：「相臺本『如』作『合』，《考文》古本同，案：如字誤也。」盧記同。《正字》云「『合』，誤『如』」，乃阮記所本。注疏本系統作「如」，經注本系統作「合」，《疏》文標起止云「傳翕合」，《釋文》出字「載翕」，云：「毛合也」，則孔《疏》、《釋文》所見本皆作「合」。本詩經文云「維南有箕，載翕其舌」，翕字作「如」、作「合」解，皆能講通，乃別本之異也。

35. 頁十四左　民莫不穀是怨亂也

按：「亂」，十行本、元十行本、李本（元）、劉本（元）、閩本、明監本、毛本同；單疏本作「辭」。阮記云：「案：浦鏜云『亂當辭字譌』，是也。」盧記同。揆諸文義，顯當作「辭」，當從單疏本，浦說是也。

36. **頁十五右**　何故幽王頓此二時

按：「此」，十行本、元十行本、李本（元）、劉本（元）、閩本、明監本、毛本同；單疏本作「比」。阮記云：「案：浦鏜云『此當比字誤』，是也。」盧記同。考下《疏》云「幽王既比於冬，不得更同秋日」，則所謂「比二時」，乃謂孫毓以幽王比秋、冬二時也，作「比」是也，當從單疏本，浦說是也，作「比」或因形近而譌。

37. **頁十五右**　計秋日之寒未知冬時

按：「知」，十行本、元十行本、李本（元）、劉本（元）、閩本、明監本、毛本同；單疏本作「如」。阮記云：「案：浦鏜云『知當如字誤』，是也。」盧記同。揆諸文義，顯當作「如」，當從單疏本，浦說是也。

38. **頁十五左**　何為曾使我當此難世乎

按：「難」，十行本、元十行本、李本（元）、劉本（元）、閩本、明監本、毛本、纂圖本、監圖本、日抄本同；巾箱本作「亂」，岳本、五山本同。阮記云：「相臺本『難』作『亂』，《考文》古本同，案：『亂』字是也，《正義》云『當此亂世乎』。」盧記同。《疏》文所云非直引鄭箋，乃釋經義，不足為據，阮記必以作「難」為非，顯為謬說矣。

39. **頁十五左**　四惡如此

按：「四」，十行本、元十行本、李本（元）、劉本（元）、閩本同；明監本作「曰」，毛本同；單疏本作「王」，十行抄本同，《要義》所引亦同。阮記云：「明監本、毛本『四』作『曰』，案：山井鼎云『曰恐王誤』，非也……」盧記同。《正字》云：「『曰』，閩本作『四』，疑『肆』字誤。」下《疏》即云「故大夫仰而訴之，我先祖非人乎」，又云「以王惡之甚，故訴其先祖也」，則此處作「王」，明矣，當從單疏本等，浦說、阮記皆誤也。

40. **頁十五左**　何曾施恩於我

按：「恩」，十行本、元十行本、李本（元）、劉本（元）、閩本、明監本、毛本同；單疏本作「忍」，十行抄本同，《要義》所引亦同。阮記云：「案：山井鼎云『《左傳》《疏》恩作忍，見於文公十三年《傳》』，是也，此即經之『忍』字。」盧記同。經云「胡寧忍予」，故當從單疏、《要義》作「忍」，阮記是也。

### 41. 頁十六右　必自之歸為亂

按：「為」，十行本、元十行本、李本（元）、劉本（元）、閩本、明監本、毛本、巾箱本、監圖本、纂圖本、岳本、五山本、日抄本皆同，《要義》所引亦同。阮記云：「案：《正義》云『必之歸於國家滅亂也』，又云『是之歸於亂也』，是『為』當作『於』。」盧記同。《正字》云「『於』，誤『為』」，乃阮記所本。今傳世諸本，無論注疏本系統，或是經注本系統，以及《要義》所引皆作「為」，又《疏》文標起止云「箋今政至為亂」，則孔《疏》所見本亦作「為」，此確鑿無疑也，而阮記所引《疏》文皆釋經注，非引鄭箋，而據此為說，正所謂疑所不當疑者也，謬甚。

### 42. 頁十六右　其何所歸之乎

按：「歸之」，十行本、元十行本、李本（元）、劉本（元）、閩本、明監本、毛本同；單疏本作「之歸」。阮記云：「案：『歸之』當作『之歸』，下『必歸之於國家滅亂也』同。」盧記同。考本詩經文云「爰其適歸」，毛《傳》云「適，之也」，箋云「曰此禍其所之歸乎……必自之歸為亂」，皆以「之歸」為辭，故當從單疏本，阮記是也。

### 43. 頁十六左　必歸之於國家滅亂也

按：十行本、元十行本、李本（元）、劉本（元）、閩本、明監本、毛本同；單疏本作「必自之歸於國家滅亂也」。上則阮記云：「案：『歸之』當作『之歸』，下『必歸之於國家滅亂也』同。」盧記同。此處據箋釋經，箋云「必自之歸為亂」，則「自」字不可闕，當從單疏本，阮說誤也。

### 44. 頁十七右　上多富斂富人財盡

按：「富」，十行本、元十行本、李本（元）、劉本（嘉靖）、閩本同；單疏本作「賦」，明監本、毛本同。阮記無說，盧記補云：「毛本『富』作『賦』，案：『賦』字是也。」此處乃引箋釋經，箋云「喻上多賦斂，富人財盡」，《疏》文本之，則作「賦」是也，當從單疏本等。

### 45. 頁十七右　定本廢訓為太與鄭不同

按：「太」，單疏本、十行本、元十行本、李本（元）、劉本（嘉靖）、閩本、明監本、毛本皆同，《要義》所引亦同。阮記云：「案：『太』當作『大』。」

盧記同。《正字》云「『大』，誤『太』」，乃阮記所本。諸本皆作「太」，作「太」不誤，浦說非也。

### 46. 頁十七右　伐視彼泉水之流

按：「伐」，十行本、元十行本、李本（元）同；劉本（嘉靖）作「我」，閩本、明監本、毛本、巾箱本、監圖本、纂圖本、岳本、五山本、日抄本同。阮記無說，盧記補云：「案：『伐』當『我』字之譌，毛本正作『我』。」伐視，不辭，孔《疏》云「我視彼泉水之流」，可證當作「我」，盧記是也。

### 47. 頁十八左　說文云鶉鵰也

按：「鶉」，單疏本、十行本、元十行本、李本（元）、劉本（嘉靖）、閩本、明監本、毛本皆同，《要義》所引亦同。阮記云：「案：浦鏜云『《說文》作鵪』，是也，《正義》下文可證。」盧記同。《正字》云：「《說文》作『鷻』『雕』字。」諸本皆作「鶉」，此孔《疏》所見本，作「鶉」不誤，浦說非也。

### 48. 頁十八左　說文又云鳶鷙鳥也

按：「鳶」，單疏本、十行本、元十行本、李本（元）、劉本（嘉靖）、閩本、明監本、毛本皆同，《要義》所引亦同。阮記云：「案：浦鏜云『鳶，《說文》作鳶』，是也。」盧記同。諸本皆作「鳶」，此孔《疏》所見本，作「鳶」不誤，浦說非也。

### 49. 頁十八左　鶉鳥皆殺害小鳥

按：「鳥」，十行本、元十行本、李本（元）、劉本（嘉靖）、閩本、明監本、毛本同；單疏本作「鳶」，《要義》所引亦同。阮記云：「案：上『鳥』字，浦鏜云『鳶誤』，是也。」盧記同。上《疏》歷數鶉、鳶，且言「皆」，則不當單列「鶉」字，故當從單疏本等，浦說是也。

### 50. 頁十八左　此言草木尚各得其所

按：「尚」，十行本、元十行本、李本（元）、劉本（嘉靖）、閩本、明監本、毛本、監圖本、纂圖本、日抄本同；巾箱本作「生」，岳本、五山本同。阮記云：「小字本、相臺本『尚』作『生』，案：『生』字是也。」盧記同。「尚」、「生」乃別本之異，阮記非也。

51. 頁十九右　　郭璞曰赤楝樹葉細而岐說也

按：「說」，十行本、元十行本、李本（元）同；單疏本作「銳」，劉本（元）、閩本、明監本、毛本同。阮記引文「葉細而岐銳也」，云：「毛本脫『也』字，閩本、明監本有」。盧記引文「葉細而岐說也」，補云：「案：『說』當『銳』字之譌，《爾雅》注正作『銳』，毛本『銳』字不誤。」岐說不辭，作「銳」是也，當從單疏本等，盧記是也。阮記引文與阮本異，令人費解。

52. 頁十九右　　中為車輞*

按：「輞」，單疏本、十行本、元十行本、閩本、明監本、毛本同；李本（元）作「網」，劉本（元）同。阮記無說，盧記引文「中為車網」，補云：「案『網』當作『輞』，《爾雅》注作『輞』，毛本不誤。」赤楝樹可做輞，不可做網，作「輞」是也，當從單疏本等。阮本作「輞」不作「網」，盧記引文作「網」，而元刊十行本之李本、劉本皆作「網」，則阮本之底本或亦同作「網」，故盧記本此而出校，然阮本重刊時改「網」為「輞」，遂致阮本正文與盧記引文前後不一，或阮本原文作「網」，而後有改動，其間詳情已難以坐實也。

53. 頁二十右　　傳溥大也濱涯

按：單疏本、十行本、元十行本、十行抄本、李本（元）、劉本（元）、閩本、明監本、毛本皆同，《要義》所引亦同。阮記、盧記皆無說，不知為何於此加圈。此標起止，《傳》云「溥，大；率，循；濱，涯也」，《疏》文標起止，例取前後數字中間聯以「至」字，則意阮本刊刻時，整理者或以為此處之「也」當為「至」誤，故於此加圈，而忘後附校語也。

54. 頁二十右　　其有瀛海環之

按：「其」，十行本、元十行本、李本（元）、劉本（元）、閩本、明監本、毛本同；單疏本作「其外」，十行抄本同，《要義》所引亦同。阮記云：「案：『其』下，浦鏜云『脫外字』，是也。」盧記同。考單疏本《疏》文云「鄒子曰：中國名赤縣，赤縣內自有九州，禹之序九州是也，其外有瀛海環之」，「其外」之「其」者正謂「赤縣」也，赤縣內有九州，外環瀛海，「內」、「外」相對，豈可闕也，當從單疏本等，浦說是也。

55. 頁二十一右　　賢者與之從事反見譖害自悔與小人並

按：十行本、元十行本、李本（元）、劉本（元）、閩本、明監本、毛本、

巾箱本、監圖本、纂圖本、岳本、五山本、日抄本皆同，《要義》所引亦同。阮記云：「案：此十六字，非鄭注也。考下箋云『不任其職，懲負及己』，絕無反見譖害之事……」盧記同。今諸本皆有此鄭注十六字，阮記毫無實據，不可信從。

56. 頁二十一左　祇自痕兮

按：「痕」，十行本、元十行本、李本（元）、劉本（元）、閩本、明監本、毛本、監圖本、纂圖本、岳本、五山本、日抄本同；巾箱本作「疧」，唐石經、白文本同。阮記云：「案：《釋文》：疧兮，都禮反，《白華》《釋文》云疧，徐都禮反……考『痕』字見於《爾雅》《說文》《玉篇》《廣韻》《五經文字》皆從『氏』，不從『氏』，則徐讀非也。段玉裁《六書音韻表》云一作『痕』，無此字……」盧記同惟三「痕」譌作「痕」，餘同。檢敦煌殘卷伯二九七八《無將大車》，作「祇自底兮」。「痕」、「疧」、「底」皆別本之譌，非是非之別，阮記、段說皆不可信。

57. 頁二十一左　以大車須人傍而將之

按：「將」，單疏本、十行本、元十行本、李本（元）、劉本（元）、閩本、明監本、毛本、十行抄本皆同，《要義》所引亦同。阮記、盧記皆無說，不知為何於此加圈。

58. 頁二十一左　進比小人也

按：「比」，十行本、元十行本、李本（元）、劉本（元）、閩本、明監本、毛本同；單疏本作「此」，十行抄本同，《要義》所引亦同。阮記無說，盧記補云：「毛本同，案：『比』當作『此』。」《正字》云：「『此』，誤『比』。」揆諸文義，顯應作「此」，當從單疏本等，或因形近而譌作「比」，浦說、盧記是也。

59. 頁二十二右　令而悔仕者

按：「令」，十行本、元十行本、李本（元）、劉本（元）、閩本、明監本、毛本同；單疏本作「今」。阮記云：「案：浦鏜云『令當今字誤』，是也。」盧記同。揆諸文義，作「今」是也，當從單疏本，浦說是也。

60. 頁二十二左　喻王者當理察天下之事也

按：「也」，十行本、元十行本、李本（元）、劉本（元）、閩本、明監本、

毛本同；巾箱本無，監圖本、纂圖本、岳本、五山本、日抄本同。阮記引文無
「也」字，云：「閩本、明監本、毛本『事』下衍『也』字，小字本、相臺本
無，十行本初刻無，後剜添。」盧記同。宋刊十行本有「也」字，不知阮記所
謂十行初刻本何指，且阮記所引與阮本異，而盧記所引又與阮記引文同，而
與阮本異，其間詳情，難以確知。

61. 頁二十二左　　以喻上者處尊之極

按：「上」，十行本、元十行本、李本（元）、劉本（元）、閩本、明監本、
毛本同；單疏本作「王」，十行抄本同。阮記無說，盧記補云：「案：『上』當
作『王』。」《正字》云「『王』，誤『上』」，乃盧記所本。上者，不知所指，處
尊之極者，自為王者也，《序》箋云「小明者，言幽王日小其明」，則此處之王
者，正指幽王也，作「王」是也，當從單疏本等，浦說是也。

62. 頁二十四左　　又下章云四月方奧

按：「四」，單疏本、十行本、元十行本、李本（元）、劉本（嘉靖）、閩
本、明監本、毛本、十行抄本皆同。阮記云：「案：浦鏜云『日誤四』，是也。」
盧記同。四月方奧，不辭，「四」字確當作「日」，下章云「日月方奧」也，則
諸本皆誤，浦說是也。

63. 頁二十四左　　譴棄戰反怒乃路反

按：十行本、元十行本、李本（元）、劉本（嘉靖）、閩本、明監本、毛本
皆同。阮記無說，盧記補云：「毛本同，案：此八字，當附上節經文下。」《正
字》云「八字，當在二章『豈不』節下」，乃盧記所本。今檢監圖本「豈不懷
歸畏此譴怒昔我往矣日月方奧」皆為大字，下《傳》云「奧，煖也」，後接《釋
文》：「譴，棄戰反；怒，乃路反；奧，於六反；煖，音暄，又奴緩反」，纂圖
本同，則本屬上章「豈不懷歸畏此譴怒」之《釋文》，因經文與「昔我往矣日
月方奧」聯為一段，故合刻時移置「日月方奧」之下，此經注、《釋文》合刻
時之疏忽也，巾箱本則不誤，此「譴棄戰反怒乃路反」八字在「畏此譴怒」之
下，而注、疏合刻之際，因將孔《疏》依照其標起止所示，插入附釋文經注本
如監圖本者之經文「豈不懷歸畏此譴怒」之下，其後再接經文「昔我往矣日
月方奧」，遂致「譴棄戰反怒乃路反」八字隔在下章，而致此誤也，於此例一
可見經注、《釋文》合刻痕跡，再可見經注、《疏》文合刻痕跡也。

64. 頁二十五右　是使聽天乎命不汲汲求仕之辭

按：「乎」，元十行本、李本（元）、劉本（元）、閩本、明監本、毛本同；十行本作「任」，巾箱本、監圖本、纂圖本、岳本、五山本、日抄本同。阮記云：「小字本、相臺本『乎』作『任』，《考文》古本同，案：『任』字是也。」盧記同。《正字》云「『任』，誤『乎』」，乃阮記所本。此箋文，考《疏》釋箋云「此詩是令其友聽天之處分，任命之窮達，不汲汲求仕之辭也」，「聽天」、「任命」當皆本箋文也，十行本及諸經注本皆不誤，作「任」是也，誤自元刊十行本始，而為閩本等所承，浦說是也。

65. 頁二十五左　猶臣之擇君遷也故須安此之安擇君遷也

按：單疏本、十行本、元十行本、李本（元）、劉本（元）、閩本、明監本、毛本皆同。阮記云：「案：上『遷也』二字當衍，『擇君』下當有『而能』二字。」盧記同。《正字》云「『遷也』二字當衍文」，乃阮記所本。《疏》云「『孔子曰鳥則擇木』，猶臣之擇君遷也，故須安此之安，擇君遷也」，此正釋箋文「當安安而能遷」，能遷者，擇君而遷也，此處無誤，浦說、阮記皆非也。

## 卷十三之二

1. 頁一右　於淮上作樂以云諸侯

按：「云」，十行本、元十行本、李本（元）、劉本（元）同；單疏本作「示」，閩本、明監本、毛本、十行抄本同。阮記無說，盧記補云：「毛本『云』作『示』，案：『示』字是也。」此處《疏》文據《傳》釋經，《傳》云「會諸侯于淮上，鼓其淫樂，以示諸侯」，則「云」字顯誤，當從單疏本，盧記是也。

2. 頁一左　與彼文到者以證樂事故先言樂也

按：「到」，十行本、元十行本、李本（元）、劉本（元）同；單疏本作「倒」，閩本、明監本、毛本、十行抄本同。阮記無說，盧記補云：「案：『到』當作『倒』。」所謂「彼文」，乃指《左傳》定公十年引孔子辭，「犧象不出門，嘉樂不野合」，本詩鄭箋引作「嘉樂不野合，犧象不出門」，與彼相倒，因此處先證樂事也，故先言樂，則作「倒」是也，當從單疏本，盧記是也。

3. 頁二右　傳罄大淮上地

按：十行本、元十行本、李本（元）、劉本（元）、閩本、明監本、毛本

同；單疏本作「傳罄大鼓三洲淮上地」，《要義》所引同。阮記云：「案：十行本『大』至『地』，剜添者一字，『淮』當作『至』。」盧記同。此標起止，《傳》云「罄，大鼓；三洲，淮上地」，則當從單疏本等，阮記非也。

4. **頁二左　如是音罄舒合**

按：十行本、元十行本、李本（元）同；單疏本作「如是音罄和合」，《要義》所引同；劉本（元）作「如是音聲舒合」，閩本、明監本、毛本同。阮記無說，盧記補云：「案：『罄』當作『聲』，形近之譌，毛本正作『聲』。」上文云「琴瑟，堂上也，笙罄，堂下也」，則「罄」字前文有本，此處不誤，「舒」乃「和」字之譌，盧記非也，當從單疏、《要義》也。

5. **頁三右　此經言云鍾琴笙罄**

按：單疏本、十行本、元十行本、李本（元）、劉本（元）、閩本、明監本、毛本皆同。阮記云：「案：『云』字當衍，『琴』上當有『瑟』字。」盧記同。下《疏》云「是金、石、絲、匏四者矣」，又前《疏》引《周禮・春官・太師》鄭注，「金，鍾也；石，罄……絲，琴瑟也……匏，笙也……」，則四者一一對應，「云」非衍文，琴即琴瑟，原文不誤，阮記非也。

6. **頁三左　四夷之樂雖為舞**

按：「雖」，單疏本、十行本、元十行本、李本（元）、劉本（元）、閩本、明監本、毛本同，《要義》所引亦同，十行抄本作「虽」。阮記云：「案：『雖』當作『唯』。」盧記同。若如阮記之說作「唯」，下《疏》云「是夷樂唯舞也」，前後言「唯」，無乃重複乎，則作「唯」非是，當從單疏本等，阮記不可信從。

7. **頁四左　民盡皆流散流散而逃亡**

按：十行本、元十行本、李本（元）、劉本（元）、閩本、明監本、毛本同；單疏本作「民盡皆流散而逃亡」，十行抄本同。阮記云：「案：上『流散』二字當作『棄業』。」盧記同。《正字》云：「『流散而』三字，疑衍文。」「流散」二字顯為重複，當從單疏本，此其誤一，浦鏜所疑亦非，「而」字非衍文。又阮本於下「流散」加圈，而阮記云上「流散」當作「棄業」，此其誤二。

8. **頁四左　田疇懇闢**

按：「懇」，十行本、元十行本、李本（元）、劉本（元）同；單疏本作「墾」，

閩本、明監本、毛本、十行抄本同。阮記云:「閩本、明監本、毛本『墾』作『墾』,案:所改是也。」盧記同。作「墾」顯誤,當從單疏本也。

9. 頁五右　君婦有清濁之德

按:「濁」,十行本、元十行本、李本(元)同;單疏本作「淨」,閩本、明監本、毛本同,《要義》所引亦同;劉本(嘉靖)作「靜」。阮記云:「閩本、明監本、毛本『濁』作『淨』,案:所改是也。」盧記同。「濁」與「德」不可配,又下《疏》云「君婦之后,又復莫莫然清淨而敬慎」,則作「淨」是也,當從單疏本等。

10. 頁五左　我將得黍稷焉

按:「得」,十行本、元十行本、李本(元)、劉本(嘉靖)、閩本、明監本、毛本同,《要義》所引亦同;巾箱本作「樹」,監圖本、纂圖本、岳本、五山本、日抄本同。阮記云:「小字本、相臺本『得』作『樹』,案:『樹』字是也。」盧記同。本詩經文云「我蓺黍稷」,《疏》文釋云:「言我蓺黍與稷也」,此處鄭箋釋經,自當作「我將樹黍稷」,「樹」即「蓺」,作「得」則文義不通,顯誤,阮記是也。

11. 頁六左　依九音草術

按:十行本、元十行本、李本(元)、劉本(嘉靖)同;單疏本作「九章筭術」,閩本、明監本、毛本同,《要義》所引亦同。阮記無說,盧記補云:「案:『音草』當作『章筭』,形近之譌。」「九音草術」顯誤,當從單疏本等,盧記是也。

12. 頁六左　以黍稷為國之主

按:「國」,十行本、元十行本、李本(元)、劉本(元)、閩本、明監本、毛本同;單疏本作「穀」。阮記云:「案:浦鏜云『國當穀字誤』,是也。」盧記同。考下疏云「故舉黍稷以揔眾穀」,則可證上文當作「以黍稷為穀之主」,作「國」顯誤,當從單疏本,浦說是也。

13. 頁七右　則當用積田

按:「積」,十行本、元十行本、李本(元)、劉本(元)同;單疏本作「藉」,閩本同,《要義》所引亦同;明監本作「籍」,毛本同。阮記無說,盧記補云:

「案：『積』當作『藉』，形近之譌，毛本作『籍』。」「積田」顯誤，當從單疏本等，盧記是也。

14. 頁七右　親耕示其孝敬之心以勸民耳必祭祀所用皆所親為

按：「必」，十行本、元十行本、李本（元）、劉本（元）同；單疏本作「未必」，《要義》所引同。阮記云：「『必』上，浦鏜云『疑脫非』，是也。」盧記同。揆諸文義，前後意在轉折，則作「必」顯誤，當從單疏本等，浦說非也。

15. 頁七左　或陳于牙或齊于肉

按：「牙」，十行本、元十行本、李本（元）、劉本（元）、閩本、明監本、毛本、巾箱本、監圖本、纂圖本、岳本、五山本、日抄本皆同，《要義》所引亦同。阮記云：「案：『牙』當作『㸚』，『㸚』即互之別體，碑刻中每見之，《周禮》《釋文》云：互，徐音『㸚』，《正義》中字同。」盧記同。諸本皆作「牙」，阮記為猜測之說，不可信從也。

「于」，十行本、元十行本、李本（元）、劉本（元）、閩本、明監本、毛本、監圖本、纂圖本、日抄本同；巾箱本作「其」，岳本、五山本同，《要義》所引亦同。阮記云：「相臺本『于』作『其』，案：『其』字是也，《正義》標起止云『至其肉』，又云『齊其肉者王肅云分齊其肉所當用』，可證。」盧記同。「其」、「于」乃別本之異，非是非之分，阮記必謂當作「其」，誤也。

16. 頁七左　有解剝其皮者

按：「皮」，十行本、元十行本、李本（元）、劉本（元）、閩本、明監本、毛本、巾箱本、監圖本、纂圖本、岳本、五山本、日抄本皆同，《要義》所引亦同。阮記云：「案：《正義》云『豚解腥之是解剝其肉也，定本、集注皆云：解剝其皮』，是《正義》本作『肉』字。」盧記同。「皮」、「肉」乃別本之異，非是非之分也，謝記謂此經與定本合，亦不得竟改作「肉」，今本經注與《正義》不合者頗多，所言是也。

17. 頁七左　又安而享其祭祀

按：「享」，十行本、元十行本、李本（元）、劉本（元）、閩本、明監本、毛本同；巾箱本作「饗」，監圖本、纂圖本、岳本、五山本、日抄本同。阮記云：「小字本、相臺本『享』作『饗』，《考文》古本同，案：『饗』字是也。」盧記同。此箋釋經，經文云「神保是饗」，則作「饗」似勝，阮記是也。

18. **頁八右　司徒奉司牛馬奉羊**

按:「司牛」,十行本、元十行本、李本(元)同;單疏本作「牛司」,劉本(元)、閩本、明監本、毛本同,《要義》所引亦同。阮記無說,盧記補云:「案:『司牛』二字當倒。」「司徒奉牛,司馬奉羊」,此《禮記‧文王世子》鄭注語,其云:「以官官各有所事也,若司徒奉牛,司馬奉羊,司空奉豕」,又《讀詩記》卷二十二《楚茨》,引孔氏曰「司徒奉牛,司馬奉羊」,亦可為證,則當從單疏本等,盧記是也。

19. **頁八右　報之以大夫之福使孝子得萬年之壽**

按:「夫」,元十行本、李本(元)同;單疏本作「大」,十行本、劉本(元)、閩本、明監本、毛本同。阮記無說,盧記補云:「案:『夫』當作『大』,形近之譌,毛本正作『大』。」前《疏》云「故以得大大之福」,則作「大」是也,當從單疏本,盧記是也。

20. **頁八左　或由名有所司故也**

按:「名」,十行本、元十行本、李本(元)、劉本(元)、閩本、明監本、毛本同;單疏本作「各」,十行抄本同。阮記云:「案:浦鏜云『名當各字誤』,是也。」盧記同。揆諸文義,作「各」是也,當從單疏本,浦說是也。

21. **頁八左　禮運又曰然後退而合亨體其犬豕生羊**

按:「生」,十行本、元十行本、李本(元)同;單疏本作「牛」,劉本(元)、閩本、明監本、毛本、十行抄本同,《要義》所引亦同。阮記無說,盧記補云:「案:『生』當作『牛』,毛本不誤。」生羊,不辭,此處「生」字顯誤,當從單疏本等,盧記是也。

22. **頁八左　外饔掌外祭祀之割亨供其脯脩刑膴**

按:「膴」,十行本、元十行本、李本(元)、劉本(元)、閩本、明監本、毛本同;單疏本作「膴」,十行抄本同,《要義》所引亦同。阮記云:「案:浦鏜云『膴誤撫』,考《周禮》是也。」盧記同。檢《周禮‧天官》,云「共其脩刑脯膴」,則作「膴」是也,當從單疏本等,浦說是也。

23. **頁十一右　故云傅火加之留其實亦炙非炮燒之也**

按:「之」,十行本、元十行本、李本(元)、劉本(嘉靖)、閩本、明監

本、毛本同；單疏本作「火」。阮記云：「案：『之』當作『火』。」盧記同。《正字》云「當『故云傅火加火曰燔』之誤」，乃阮記所本。考上《疏》云「《生民》《傳》曰：傅火曰燔，《瓠葉》《傳》曰：加火曰燔」，則此處所引當作「傅火」、「加火」，故作「火」是也，當從單疏本，浦說是也。

「留」，十行本、元十行本、李本（元）、劉本（嘉靖）同；閩本作「燔」，明監本、毛本同；單疏本作「耳」。阮記云：「閩本、明監本、毛本『留』作『燔』，案：此當作『其實燔亦炙』。」盧記同。揆諸文義，作「耳」是也，當從單疏本，浦說、阮記皆誤也。

### 24. 頁十一右　故量人注云燔從於獻酒之肉特牲云燔炙肉

按：「肉」，單疏本、十行本、元十行本、李本（元）、劉本（嘉靖）、閩本、明監本、毛本皆同。阮記云：「案：『肉』下，浦鏜云『脫炙字』，考《周禮》注是也。」盧記同。單疏本如此，存疑可也。

「云」，單疏本、十行本、元十行本、李本（元）、劉本（嘉靖）、閩本、明監本、毛本皆同。阮記云：「案：『云』上，浦鏜云『脫注字』，是也。」盧記同。單疏本如此，存疑可也。

### 25. 頁十一右　數多少長短

按：「長」，十行本、元十行本、李本（元）、劉本（嘉靖）、閩本、明監本、毛本同；單疏本作「量長」。阮記云：「案：『長』上，浦鏜云『脫量字』，考《周禮》注是也。」盧記同。數多少，量長短，「量」字不可闕也，當從單疏本，浦說是也。

### 26. 頁十一左　孫炎曰庶豐多也云胺

按：「多也」，單疏本、十行本、元十行本、李本（元）、劉本（嘉靖）、閩本、明監本、毛本、十行抄本皆同。阮記云：「案：『多也』二字當倒。」盧記同。《正字》云「『云胺』上，當有脫字」。此處不誤，浦說、阮記皆誤也。

### 27. 頁十一左　於周禮加籩則內宗薦之

按：「籩」，單疏本、十行本、元十行本、李本（元）、劉本（嘉靖）、閩本、明監本、毛本、十行抄本皆同，《要義》所引亦同。阮記云：「案：『籩』上，浦鏜云『脫豆字』，以《周禮》考之，是也。」盧記同。浦說文獻無徵，存疑可也。

28. 頁十二右　造主人使受嘏

按：「造」，元十行本、李本（元）、劉本（嘉靖）、閩本、明監本、毛本同；十行本作「告」，巾箱本、監圖本、纂圖本、岳本、五山本、日抄本同。阮記云：「小字本、相臺本『造』作『告』，《考文》古本同，案：『告』字是也。」盧記同。《正字》云「『告』，誤『造』」，乃阮記所本。此箋釋經，經云「工祝致告」，「告主人」之「告」正本經文，故《疏》云「故知『工祝致告』，是致神意告主人使受嘏也」，故當作「告」，浦說是也。十行本不誤，似元時翻刻始譌作「造」。

29. 頁十二左　攟而專反又音芮

按：「芮」，十行本、元十行本、李本（元）、劉本（嘉靖）、閩本、明監本、毛本、巾箱本、監圖本、纂圖本皆同。阮記云：「通志堂本同，盧本『芮』作『芮』，案：『芮』字是也，小字本所附是『芮』字。」盧記同。檢《釋文》，正作「芮」，阮記非也。

30. 頁十二左　以攟于醢以受尸矣

按：「受」，十行本、元十行本、李本（元）、劉本（嘉靖）、閩本、明監本、毛本同；單疏本作「授」，十行抄本同。阮記云：「案：『受』當作『授』。」盧記同。此《疏》據箋釋經也，箋云「攟于醢以授尸」，則作「授」是也，當從單疏本，阮記是也。

31. 頁十三右　汝以孝敬祭祀曰孝子能盡其誠信

按：「曰」，十行本、元十行本、李本（元）、劉本（元）、閩本、明監本、毛本同；單疏本作「由」。阮記云：「案：浦鏜云『曰當由字誤』，是也。」盧記同。揆諸文義，作「曰」顯誤，當從單疏本，浦說是也。

32. 頁十三右　尸執以命祝率命祝

按：「率」，十行本、元十行本、李本（元）、劉本（元）、閩本、明監本、毛本同；單疏本作「卒」，十行抄本同。阮記云：「案：山井鼎云『率恐卒誤』，是也。」盧記同。《正字》云：「『卒』，誤『率』。」此《疏》引《儀禮・少牢饋食禮》，檢之，正作「卒」，當從單疏本，浦說是也。

33. 頁十三左　特于季指卒角拜

按：「特」，十行本、元十行本、李本（元）、劉本（元）同；單疏本作「挂」，閩本、明監本、毛本、十行抄本同。阮記無說，盧記補云：「『特』當作『挂』，形近之譌。」此《疏》引《儀禮·特牲饋食禮》，檢之，正作「挂」，當從單疏本，盧記是也。

34. 頁十三左　故孝子前就凡受之

按：「凡」，十行本、元十行本、李本（元）、劉本（元）、閩本、明監本、毛本同；單疏本作「尸」，十行抄本同。阮記云：「案：浦鏜云『尸誤凡』，是也。」盧記同。揆諸文義，作「凡」顯誤，又前《疏》云「孝子既就尸而受之矣」，亦可為證，則作「尸」是也，當從單疏本，浦說是也。

35. 頁十三左　定本注天子宰又受之

按：十行本、元十行本、李本（元）、劉本（元）、閩本、明監本、毛本同；單疏本作「定本云天子宰又受之」，十行抄本同。阮記云：「案：浦鏜云『定本下當脫集字，又字當衍文』，是也。」盧記同。揆諸文義，當從單疏本等，浦說純屬猜測，不可信從。

36. 頁十三左　眉壽百年*

按：「百」，元十行本、李本（元）、劉本（元）、閩本、明監本、毛本同；單疏本作「萬」，十行本作「万」，十行抄本同。阮記引文作「眉壽万年」，云：「閩本、明監本、毛本『万』誤『百』。」盧記引文作「眉壽百年」，補云：「閩本、明監本、毛本同，案：『百』當作『万』，形近之譌，《儀禮·少牢》嘏辭，『眉壽萬年』，『萬』、『万』，古今字耳。」《正字》云「『萬』，誤『百』」，乃阮記所本。此《疏》引《儀禮·少牢饋食禮》，檢之，正作「萬」，當從單疏本，浦說是也。

37. 頁十四右　勿替以之

按：「以」，十行本、元十行本、李本（元）、劉本（元）同；單疏本作「引」，閩本、明監本、毛本、十行抄本同。阮記云：「閩本、明監本、毛本『以』作『引』，案：山井鼎云『以恐非』，是也。」盧記同。檢《考文》云：「『眉壽百年勿替引之』，『百』作『万』，『引』作『以』，謹按：『引』作『以』恐非」，

山井鼎云作「以」恐非，即謂作「以」誤之義，阮記省去「作」字，令人滋生誤解，以為山井鼎云「以」字恐作「非」字，誤甚。此《疏》引《儀禮·少牢饋食禮》，檢之，正作「引」，當從單疏本，阮記誤也。

38. 頁十四右　是一大夫之嘏辭也

按：「一」，十行本、李本（元）、劉本（元）同；元十行本作「亦」，閩本、明監本、毛本同；單疏本無「一」字，十行抄本同。阮記無說，盧記補云：「毛本『一』作『亦』，案：所改是也。」揆諸文義，「一」為衍文，非「亦」之譌，當從單疏本等，盧記誤也。

39. 頁十四右　鼓鍾送尸

按：「鼓鍾」，十行本、元十行本、李本（元）、劉本（元）、閩本、巾箱本、監圖本、纂圖本、岳本、五山本、日抄本、唐石經、白文本同；明監本作「鼓鐘」，毛本同。阮記云：「案：《宋書·樂志》兩引此，作『鍾鼓送尸』……當以作『鼓鍾』者為是……○按：舊挍非，《宋書》自可據也。」盧記同。檢敦煌殘卷伯二九七八《楚茨》，正作「鼓鍾送尸」，則段玉裁之說，不攻自破也，謝記謂《宋書》不足據，是也。

40. 頁十四右　祭祀畢歸賓客豆俎

按：「豆」，十行本、元十行本、李本（元）、劉本（元）、閩本、明監本、毛本同；巾箱本作「之」，監圖本、纂圖本、岳本、五山本、日抄本同。阮記云：「小字本、相臺本『豆』作『之』，案：『豆』字誤也。《正義》云『於是之時，賓客歸之俎』，又云『是祭祀畢，賓客歸之俎也』，又云『歸之俎所以尊賓客』，是《正義》當作『賓客歸之俎』，《考文》古本『客』下有『之』字，仍衍『豆』字。」盧記同。《正字》云「『之』，誤『豆』」，乃阮記所本。據《正義》所釋，則作「之」是也。

41. 頁十六左　釋詁云子子孫孫引無極也

按：「詁」，十行本、元十行本、李本（元）、劉本（元）同；單疏本作「訓」，閩本、明監本、毛本同。阮記云：「閩本、明監本、毛本『詁』作『訓』，案：所改是也。」盧記同。此處所引乃《爾雅·釋訓》文，作「訓」是也，當從單疏本等。

42. 頁十七右　　成王之所佃

按：「佃」，十行本、元十行本、李本（元）、劉本（元）、閩本、明監本、毛本、巾箱本、監圖本、纂圖本、岳本、五山本、日抄本皆同。阮記云：「案：《釋文》云，佃本亦作田，《正義》云『由曾孫成王所田之』……是其本作『田』，與亦作本同，『佃』非其義，乃俗本耳。」盧記同。傳世諸本皆作「佃」，《釋文》、《正義》所見乃別本也，豈可必以作「田」為是，阮記不可從也。

43. 頁十七左　　故序言疆理天下下注言上天同雲

按：「注」，十行本、元十行本、李本（元）、劉本（元）、閩本、明監本、毛本同；單疏本作「經」，十行抄本同。阮記云：「案：『注』當作『經』。」盧記同。本詩下經云「上天同雲」，則作「經」字實無可置疑，當從單疏本等，阮記是也。

44. 頁十八右　　郊特牲云丘乘其粢盛

按：「其」，十行本、元十行本、李本（元）、劉本（元）、閩本、明監本、毛本同；單疏本作「共」，《要義》所引同。阮記云：「案：浦鏜云『共誤其』，是也。」盧記同。此《疏》引《禮記・郊特牲》文，檢之，正作「共」，則當從單疏本等，浦說是也。

45. 頁十八右　　出口口口長轂一乘

按：十行本、元十行本、李本（元）、劉本（元）同；單疏本無此空格，閩本、明監本、毛本同，《要義》所引亦同。阮記引文「出口口口長轂一乘」，云：「閩本、明監本、毛本『出』下不空，案：此所空當是『馬四匹』三字也，《郊特牲》注本無此三字，《正義》以義增之耳，依彼注刪，非也。」盧記引文「出馬四匹長轂一乘」，云：「閩本、明監本、毛本『出』下不空，案：此所空當是『馬四匹』三字也，《郊特牲》注本無此三字，《正義》以義增之耳，依彼注刪，非也。」阮記之說，純屬猜測，單疏、《要義》皆無空格，則其所補三字，乃想當然也，盧記引文或據之而補，與阮本正文顯然前後失照也。

46. 頁十八左　　與匠人井間有洫同也

按：「井」，單疏本、十行本、元十行本、李本（元）、劉本（元）、閩本、明監本、毛本、十行抄本皆同，《要義》所引亦同。阮記云：「案：浦鏜云『成

誤井』，是也。」盧記同。諸本皆同，則唐人所見《周禮·匠人》或即如此，存疑可也。

47. 頁二十右　周禮所諧前期十日是也

按：「諧」，十行本、元十行本、李本（元）、劉本（元）、閩本、明監本、毛本同；單疏本作「謂」，十行抄本同。阮記云：「案：浦鏜云『謂誤諧』，是也。」盧記同。檢《周禮·太宰》云「前期十日帥執事而卜日遂戒」，揆諸文義，作「謂」是也，當從單疏本等，浦說是也。

48. 頁二十左　箋云毛以告純也

按：「箋云」，十行本、元十行本、李本（元）、劉本（元）、閩本、明監本、毛本、巾箱本、監圖本、纂圖本、岳本、五山本、日抄本皆同。阮記云：「小字本、相臺本同，案：此《正義》本也，《正義》標起止云『箋毛以至馨香』，又云『定本及集注皆以此注為毛《傳》，無箋云兩字』，是自此至『合馨香也』二十八字，皆在《傳》是也。」盧記同。檢《讀詩記》卷二十二《信南山》，引毛氏曰「毛以告純也」云云，則其所見本與孔《疏》所云定本及集注本合，阮記於此加圈，而不加判斷，鮮與體例有違。

49. 頁二十一右　白牡騂公牲

按：十行本、元十行本、李本（元）、劉本（嘉靖）同；閩本作「白牡騂剛牲」；明監本作「白牲騂剛牲」，毛本同；單疏本作「白牡周公牲」。阮記云：「明監本、毛本『牡』誤『牲』，『公』誤『剛』，閩本『牡』字不誤。案：『騂』當作『周』，《魯頌》《傳》云『白牡周公牲』，《正義》引彼文也，不知者轉輾改之，而不可通矣。」盧記同。阮說與單疏本合，是也。

50. 頁二十一右　彝尊彝四時之祭

按：「彝」，十行本、元十行本、李本（元）、劉本（嘉靖）、閩本、明監本、毛本同；單疏本作「司」。阮記云：「案：上『彝』字當作『司』。」盧記同。「司尊彝」，《周禮·春官》之職也，作「司」是也，當從單疏本等，阮說是也。

51. 頁二十二右　郊特又曰

按：十行本、元十行本、李本（元）、劉本（嘉靖）、閩本、明監本、毛本

同；單疏本作「郊特牲又曰」，《要義》所引同。阮記云：「案：『特』下，浦鏜云『脫牲字』，是也。」盧記同。「特」字不可闕，當從單疏本等，浦說是也。

### 52. 頁二十二右　亨于祖考

按：十行本、元十行本、李本（元）、閩本、明監本、毛本同，《要義》所引亦同；單疏本作「享」，劉本（嘉靖）同。阮記云：「案：浦鏜云『享誤亨』，是也。」盧記同。此《疏》引箋文，箋云「享于祖考」，又前《疏》亦引之云「享于祖考」，則作「享」是也，當從單疏本，浦說是也。

### 53. 頁二十二左　報以大夫之福

按：「夫」，十行本、元十行本、李本（元）同；單疏本作「大」，劉本（嘉靖）、閩本、明監本、毛本、十行抄本同。阮記無說，盧記補云：「案：『夫』當作『大』，毛本不誤。」前《疏》云「故以得大大之福」，則作「大」是也，當從單疏本，盧記是也。

# 卷十四

## 卷十四之一

1. 頁一左　使民鋤作耘籽

按：「鋤」，十行本、元十行本、李本（元）、劉本（嘉靖）、閩本、明監本、毛本、巾箱本、監圖本、五山本、日抄本同；纂圖本作「耡」，岳本同。阮記云：「案：《釋文》云：『鋤』本或作『助』，同仕魚反，《正義》本是『鋤』字。○按：《周禮》『耡』訓助，牀倨切，作『鋤』仕魚切，非也。」盧記同。「鋤」、「助」、「耡」皆別本之異，段玉裁謂作「鋤」為非，誤也。

2. 頁三左　自三百五十碩

按：十行本、元十行本、李本（元）、劉本（嘉靖）、閩本、明監本、毛本同；單疏本作「自三四百五十碩」，《要義》所引同。阮記云：「案：『三』下，浦鏜云『脫四字』，是也。」盧記同。考《疏》云「張晏曰：平歲百畝收百五十碩，今大熟，四倍收六百碩，自三，四百五十碩，自倍，三百碩」，「自三」者，三倍於一百五十碩也，正為四百五十碩，故「四」字不可闕，當從單疏本等，浦說是也。

3. 頁三左　孟子曰言三代稅法

按：單疏本、十行本、元十行本、李本（元）、劉本（嘉靖）、閩本、明監本、毛本皆同，《要義》所引亦同。阮記云：「案：浦鏜云『曰當衍字』，是也。」盧記同。單疏本、傳世諸本及《要義》所引皆有「曰」字，「曰」絕

非衍文，「孟子曰」者，孟子云也，「言」者，若述及之義，前後並不重複，浦說誤也。

4. 頁三左　孟子又云方里而井九百畝

按：「井」，單疏本、十行本、元十行本、李本（元）、劉本（嘉靖）同；閩本作「井井」，明監本、毛本同，《要義》所引亦同。阮記云：「閩本、明監本、毛本，重『井』字，案：所補是也。」盧記同。揆諸文義，若不重「井」字，則「九百畝」無著落，檢《孟子・滕文公上》，作「方里而井井九百畝」，則「井」當重也，單疏本似誤，當從《要義》也。

5. 頁五右　其數正允其若合符

按：「其」，十行本、元十行本、李本（元）、劉本（嘉靖）、閩本、明監本、毛本同；單疏本作「有」，《要義》所引同。阮記云：「案：『其』當作『共』。」盧記同。《正字》云：「『其』字疑衍。」揆諸辭氣，「有若合符」，是也，當從單疏本等，浦說、阮記皆非也。

6. 頁五右　言農夫食陳

按：「夫」，單疏本、十行本、元十行本、李本（元）、劉本（嘉靖）同；閩本作「人」，明監本、毛本同。阮記云：「閩本、明監本、毛本『夫』作『人』，案：所改是也。」盧記同。揆諸文義，作「夫」不誤，閩本等誤改，阮記是之，亦誤。

7. 頁五左　地官旅師云凡用粟春頒而秋斂之注云因時施之饒時收
　　　　　之此即義取其陳也

按：「因」，十行本、元十行本、李本（元）、劉本（嘉靖）、閩本、毛本同；單疏本作「困」，明監本、十行抄本同。阮記云：「案：浦鏜云『困誤因』，是也。」盧記同。揆諸文義，「困」、「饒」相對成文，檢《周禮・地官・旅師》，正作「困時施之」，則當從單疏本等，浦說是也。細辨明監本之「困」字，似有描改之跡，則其原文當作「因」，檢監本重修本，正作「因」，可證也。

「義」，十行本、元十行本、李本（元）、閩本、明監本、毛本同；單疏本作「我」，劉本（嘉靖）、十行抄本同。阮記云：「案：浦鏜云『我誤義』，是也。」盧記同。此《疏》引經文也，經文云「我取其陳」，故《疏》云「此即『我取其陳』」，以釋經也，當從單疏本等，浦說是也。劉本此葉為補板所印，

李本則為元板所引，劉本作「我」不作「義」，可見明代補板時有校改，閩本等與李本同，而與劉本異，由此可知，閩本所據之十行本乃明代嘉靖補板前之元代刊本也。

### 8. 頁六左　以之其能成五穀之功也

按：「之」，十行本、元十行本、李本（元）、劉本（嘉靖）、閩本同；單疏本作「報」，明監本、毛本、十行抄本同。阮記云：「閩本、明監本、毛本，上『之』字作『報』，案：所改是也。」盧記同。此《疏》據箋釋經也，經文云「以社以方」，箋云「為五穀成熟，報其功也」，則作「報」是也，當從單疏本也。又閩本作「之」，不作「報」，阮記謂之作「報」，不知其所據何本。

### 9. 頁六左　共工氏有子曰句龍為后土又曰后土則社

按：十行本、元十行本、李本（元）、劉本（嘉靖）、閩本、明監本、毛本同；單疏本作「共工氏有子曰句龍為后土又曰后土為社」，十行抄本同。阮記云：「案：十行本『共』至下『后』字剜添者四字，當是衍『又曰后土』四字也，『則』者，今之『即』字，下引趙商問后土則社，社則后土，可證。」盧記同。《正字》云：「『為』，誤『則』。」單疏本有「又曰后土」四字，則非衍文，又單疏本「則」作「為」，此《疏》引昭公二十九年《左傳》，檢之，正作「共工氏有子曰句龍為后土后土為社」，可證作「為」是也，當從單疏本等，浦說是也，阮記大誤。

### 10. 頁六左　后土為社謂輔作社神

按：「謂輔」，十行本、元十行本、李本（元）、劉本（嘉靖）、閩本、明監本、毛本同；單疏本作「謂轉」。阮記云：「案：十行本『社』至『社』字剜添者一字，當時衍『謂』字也。『輔』當作『轉』，下云『後轉為社』，又云『後轉以配社』，又云『后土轉為社』，引趙商問后土則社，皆其證也。」盧記同。單疏本有「謂」字，非衍文，阮記誤也。又揆諸文義，作「輔」顯誤，當從單疏本也。

### 11. 頁七右　社祭也神

按：「也」，十行本、元十行本、李本（元）、閩本、明監本、毛本同；單疏本作「地」，劉本（嘉靖）同。阮記云：「案：山井鼎云『也』當作『地』，是也。」盧記同。《正字》云「『地』，誤『也』」。祭也神，不辭，此《疏》引

趙商問，趙商問此句引《禮記・中庸》鄭注，今傳世本《中庸》鄭注，正作「社祭地神」，則當從單疏本，浦說是也。

12. **頁七右**　社而祭之故曰句龍為后土後轉為社

按：單疏本、十行本、元十行本、李本（元）、劉本（嘉靖）、閩本、明監本、毛本皆同。阮記云：「案：『曰』下，浦鏜云『脫后土社三字，從《周禮・大宗伯》《疏》挍』，是也。」盧記同。單疏本及傳世諸本皆同，浦說存疑可也。

13. **頁七右**　檀弓曰以國亡大縣邑

按：單疏本、十行本、元十行本、李本（元）、劉本（嘉靖）、閩本、明監本、毛本皆同。阮記云：「案：『以』字當衍。」盧記同。單疏本及傳世諸本皆同，阮記不可信從。

14. **頁八左**　禁民飲食民無故不飲酒

按：「食」，十行本、元十行本、李本（元）、劉本（嘉靖）、閩本、明監本、毛本同；單疏本作「是」。阮記云：「案：浦鏜云『酒誤食』，是也。」盧記同。作「食」顯誤，揆諸文義，作「是」似勝，當從單疏本也。

15. **頁九右**　設其社稷之壝而樹之

按：「壝」，單疏本、十行本、元十行本、李本（元）、劉本（元）、閩本、明監本、毛本皆同，《要義》所引亦同。阮記云：「案：浦鏜云『壝誤壝』，是也。」盧記同。單疏本、傳世諸本及《要義》所引皆同，浦說不可信從也。

16. **頁十左**　田畯田家

按：「家」，十行本、元十行本、李本（元）、劉本（元）、閩本、明監本、毛本同；單疏本作「官」，《要義》所引同。阮記云：「案：『家』當作『官』，是也。」盧記同。揆諸文義，作「家」顯誤，當從單疏本等，阮記是也。

17. **頁十左**　此經曾孫之下而公以其

按：「公」，十行本、元十行本、李本（元）、劉本（元）、閩本、明監本、毛本同；單疏本作「云」。阮記云：「案：浦鏜云『公當云字誤』，是也。」盧記同。經文云「曾孫來止，以其婦子」，則「曾孫」之下云「以其」也，作「云」是也，諸本作「公」，或因形近而譌，當從單疏本，浦說是也。

18. 頁十二右　其唯高大如渚坻*

按：「唯」，單疏本、十行本、元十行本、李本（元）、劉本（嘉靖）同；閩本作「惟」；明監本作「堆」，毛本同。阮記、盧記皆無說，揆諸文義，作「堆」顯誤，當從單疏本也。

19. 頁十二左　秸又云穎也

按：「云」，十行本、元十行本、李本（元）、劉本（嘉靖）、閩本、明監本、毛本同；單疏本作「去」，《要義》所引同。阮記：「案：浦鏜云『去誤云』，是也。」盧記同。秸非穎，作「云」顯誤，去穎為秸，當從單疏本等，浦說是也。

20. 頁十三右　定本疆境字作竟

按：「境」、「竟」，單疏本、十行本、元十行本、李本（元）、劉本（嘉靖）、閩本、明監本、毛本、十行抄本皆同。阮記：「案：『境』、『竟』二字當互易。」盧記同。揆諸文義，此處乃《疏》文述其所見本，原文不誤，阮記之說，純屬猜測，不可信從。

21. 頁十四左　漢書藝文志農書有七家不知出誰書也

按：「七」，單疏本、十行本、元十行本、李本（元）、劉本（嘉靖）、閩本、明監本、毛本、十行抄本皆同。阮記：「案：浦鏜云『九誤七』，以《漢志》考之，是也。」盧記同。檢《漢書・藝文志》「諸子略」列有農家凡九，不知孔《疏》所謂農書，是否即指農家也，浦說存疑可也。

22. 頁十五右　粮童梁也

按：「梁」，十行本、元十行本、李本（元）、劉本（元）、閩本、巾箱本、監圖本、纂圖本、岳本、日抄本同；明監本作「粱」，毛本、五山本同。阮記：「明監本、毛本『梁』作『粱』，案：『粱』字是也，見《下泉》。」盧記同。《下泉》《傳》文「粮童梁」，十行本、李本、劉本、巾箱本、監圖本、纂圖本皆同，則阮說不確也。又，《釋文》出字「不粮」，小注云：「又音梁，童梁，草也」，則作「梁」是也，阮說誤也。

23. 頁十五左　持于炎火*

按：「于」，十行本、元十行本、李本（元）、劉本（嘉靖）、閩本、明監

本、毛本同；單疏本作「予」。阮記、盧記皆無說，此《疏》據箋釋經，經云「秉畀炎火」，箋云「持之付與炎火」，畀者予也，即付與之義，則作「予」是也，當從單疏本也。

### 24. 頁十六右　蟊與蝨古今字耳

按：「蝨」，單疏本、十行本、元十行本、李本（元）、劉本（元）、閩本、明監本、毛本皆同。阮記云：「案：『蝨』當作『蟲』，《集韻》所載如此，可證也，依次，上所引李巡《爾雅》注是蟲字，今作『蝨』者誤。○按：『蝨』，今《說文》蟲部，徐鉉曰上象其形，非從矛，書者多誤，徐所云多誤者，謂俗多上從矛耳。」盧記同。單疏本及傳世本皆作「蝨」，阮記猜測之說，不可信從。

### 25. 頁十六左　一穗蟲也

按：「穗」，十行本、元十行本、李本（元）、劉本（元）、閩本、明監本同；單疏本作「種」，毛本同，《要義》所引亦同。阮記：「閩本、明監本同，毛本『穗』作『種』，案：所改是也。」盧記同。《正字》云：「『種』，監本誤『穗』。」揆諸文義，作「穗」顯誤，當從單疏本等，作「穗」或因形近而譌，浦說是也。

### 26. 頁十六左　故持之付于炎火

按：「于」，十行本、元十行本、李本（元）、劉本（元）、閩本、明監本、毛本同；單疏本作「予」。阮記：「案：『于』當作『與』，因寫者以『予』為『與』之別體字，而又譌為『于』也，『付與』是箋所以說經『畀』字者也，《正義》上文云『持于炎火』誤同。」盧記同。《正字》云「『于』，誤『與』」，乃阮記所本。單疏本作「予」，是也，浦鏜、阮記皆為猜測之說，不可信從。

### 27. 頁十六左　有渰萋萋

按：十行本、元十行本、李本（元）、劉本（元）、閩本、明監本、毛本、巾箱本、監圖本、纂圖本、岳本、五山本、日抄本、唐石經、白文本皆同。阮記：「案：《釋文》云：萋萋，七西反，《正義》云：萋萋然行者，段玉裁云：當從《說文》《玉篇》《廣韻》作『淒淒』……」盧記同。傳世諸本皆作「萋萋」，《釋文》及《正義》本皆同，又檢敦煌殘卷伯二九七八《大田》，正作「有渰萋＝」，則段氏之說不攻自破也。

28. 頁十六左　　興雨祈祈

按：「祈祈」，十行本、元十行本、李本（元）、劉本（元）、閩本、明監本、毛本、監圖本、纂圖本同；巾箱本作「祁祁」，岳本、五山本、日抄本、唐石經、白文本同。阮記：「案：祈祈誤也……」盧記同。檢敦煌殘卷伯二九七八《大田》，作「祁＝」，《讀詩記》卷二十二《大田》引作「祈祈」，則「祈祈」、「祁祁」乃別本之異也，阮記非也。

29. 頁十八右　　傳駰牛黑羊豕

按：單疏本、十行本、元十行本、李本（元）、劉本（元）、閩本、明監本、毛本皆同，《要義》所引亦同；十行抄本作「傳駰赤牛黑羊豕」。阮記、盧記此句皆無說。阮記引文「駰牛也」，云：「《正義》云『故云駰赤牛也』，定本集註駰下無赤字，是也』，是其本有赤字，標起止無，當時後改。」盧記同。據《疏》文所述，其所見毛《傳》確應作「駰赤牛」，故標起止應作「傳駰赤牛黑羊豕」，十行抄本可證，阮記是也。

30. 頁十八右　　目上章言犧羊

按：十行本、元十行本、李本（元）同；單疏本作「且上章言犧羊」，劉本（元）、閩本、明監本、毛本、十行抄本同。阮記云：「閩本、明監本、毛本『目』誤『且』，案：『章』當作『篇』。」盧記同。揆諸文義，作「目」顯誤，當從單疏本，又此處之「上章」或非指本詩之上章也，則阮記誤也，謝記云作「且」未必誤，「章」應作「篇」，後說亦誤。

# 卷十四之二

1. 頁一右　　故宜云古明王不指斥之

按：「宜」，十行本、元十行本、李本（元）、劉本（元）、閩本、明監本、毛本同；單疏本作「直」。阮記云：「案：浦鏜云『宜當直字誤』，是也。」盧記同。揆諸文義，作「直」是也，「直」有但義，本詩小《序》但云「古明王」，而非實指其人也，當從單疏本，浦說是也。

2. 頁一左　　一曰靺韐所以代韠也

按：十行本、元十行本、李本（元）、劉本（元）、閩本、明監本、毛本、巾箱本、監圖本、纂圖本、岳本、五山本、日抄本皆同，《要義》所引亦同。

阮記云：「案：『一』下當有『入』字也，見下《正義》云『定本云一入曰靺韐』，此讀當以『靺』字斷句，『韐』字逗，《正義》讀『靺韐』二字連文者非。」盧記同。此毛《傳》，考《疏》文云「一曰靺韐所以代韠者」，正引《傳》文，則孔穎達所見本亦無「入」字，今傳世諸本及《要義》所引皆無「入」字，阮記之說，豈可信從也。

3. 頁一左　夏官職方氏河西曰雍州

按：「河」，單疏本、十行本、元十行本、李本（元）、劉本（元）、閩本、明監本、毛本、十行抄本皆同，《要義》所引亦同。阮記云：「案：浦鏜云『正誤河』，是也。」盧記同。單疏本、傳世諸本及《要義》所引皆作「河西」，則其所見本如此，或為孔氏敘述之語，浦鏜遽斷其非，誤也。

4. 頁二右　此又言靺韐

按：「又」，單疏本、十行本、元十行本、李本（元）、劉本（元）、閩本、明監本、毛本皆同，《要義》所引亦同。阮記云：「案：『又』當作『文』。」盧記同。單疏本、傳世諸本及《要義》所引皆作「又」，揆諸文義，未見語滯，阮記純屬猜測，不可信從。

5. 頁三右　琫上飾珌下飾珌下飾也

按：十行本、元十行本、李本（元）、劉本（嘉靖）、閩本同；明監本作「琫上飾珌下飾珌下飾者」，毛本同；巾箱本作「琫上飾珌下飾也」，監圖本、纂圖本、日抄本同。阮記云：「小字本、相臺本，不重『珌下飾』三字，《考文》古本同，案：有者複衍也……」盧記同。《正字》謂監本、毛本，「脫『也』字，下衍『珌下飾者』四字」。當從巾箱本，浦說是也，阮記亦是也。

6. 頁四右　說文云公珛蠭而不及於蠤

按：「公珛蠭」，單疏本、十行本、元十行本、李本（元）、劉本（元）、閩本、明監本、毛本皆同。阮記云：「案：十行本『珛』至末『蠤』，剜添者三字，『公珛蠭』，山井鼎云『作珛蠭屬，為似是』，是也。」盧記同。諸本皆同，山井鼎所疑非也。

7. 頁五右　言常處此聲譽之美兮*

按：單疏本、十行本、元十行本、李本（元）、閩本、明監本、毛本皆同。

阮記、盧記皆無說，不知為何於此加圈。

8. 頁五左　此華赤以黃為盛

按：「赤」，單疏本、十行本、元十行本、李本（元）、閩本、明監本、毛本同。阮記云：「案：『赤』當作『亦』，形近之譌。」盧記同。阮記之說，存疑可也。

9. 頁六右　今見讒諂並進而見絕也

按：「而見絕也」，十行本、元十行本、李本（元）、劉本（元）、閩本、明監本、毛本同；巾箱本作「而見棄絕」，監圖本、纂圖本、岳本、五山本、日抄本同。阮記云：「小字本、相臺本『見』下有『棄』字，無『也』字，《考文》古本『棄』字亦同，案：有者是也。」盧記同。此注疏本、經注本系統異文之別也，阮記謂有「棄」者是也，未見其必也。

10. 頁七右　箋胥皆至福祿

按：「皆」，十行本、元十行本、李本（元）、劉本（元）、閩本、明監本、毛本同；單疏本作「有」。阮記云：「案：山井鼎云『皆作有為是』，是也。」盧記同。此標起止，箋云「胥，有才知之名也……天子之以福祿」，標起止作「箋胥有至福祿」是也，當從單疏本，山井鼎說是也。

11. 頁七右　屈原之妹名女須

按：「妹」，單疏本、十行本、元十行本、李本（元）、劉本（元）、閩本、明監本、毛本皆同。阮記云：「案：『姊』誤『妹』，下同，是也。」盧記同。《正字》云：「『姊』，誤『妹』，下同。」阮記豈可自稱己說為「是也」？既云「是也」，則「姊誤妹下同」顯為引說，當本《正字》，而脫去「浦鐸云」三字。單疏本及傳世本皆作「妹」，浦鐸之說，存疑可也，汪記謂非字誤，蓋鄭所聞自如此，或是。

12. 頁七左　君子樂胥萬邦之屏毛以為

按：「毛」，十行本、元十行本、李本（元）、劉本（元）同；閩本作「o毛」、明監本、毛本同。阮記、盧記皆無說。「君子樂胥萬邦之屏」，乃引經文，下「毛以為」為《疏》文，理當以「o」隔開，單疏本「屏」、「毛」之間即有空格以示意，則此處之「o」實不可闕也，阮本於此加圈，或其意在於此。

**13. 頁八右　言不憮敎**

按:「憮」,十行本、元十行本、李本(元)、劉本(元)、閩本、明監本、毛本、巾箱本、監圖本、纂圖本、五山本、日抄本同;岳本作「幠」。阮記云:「相臺本『憮』作『幠』,案:『幠』字是也。」盧記同。傳世本皆作「憮」,《釋文》作「幠」,乃別本之異,阮記必謂作「幠」者為是,不知其所據也。

**14. 頁九右　以興於萬物皆耳**

按:「耳」,單疏本、十行本、元十行本、李本(元)、劉本(元)、閩本、明監本、毛本皆同。阮記云:「案:浦鏜云『耳字當作爾』,是也。」盧記同。作「耳」不誤,浦說純屬猜測,不可信從。

**15. 頁九右　易得尚以明萬物皆然**

按:「以」,十行本、元十行本、李本(元)、劉本(元)、閩本、明監本、毛本同;單疏本作「以時取」,十行抄本同。阮記云:「案:浦鏜云『(尚以)下當脫時取二字』,是也。」盧記同。此《疏》釋《傳》,《傳》云「交於萬物有道,取之以時」,單疏本作「尚以時取」,「時取」二字正本《傳》文,當從單疏本等,浦說是也。

**16. 頁九左　摧莝也**

按:「莝」,十行本、元十行本、李本(元)、劉本(元)、閩本、明監本、毛本、巾箱本、監圖本、纂圖本、岳本、五山本、日抄本皆同,《要義》所引亦同。阮記云:「案:此《正義》本也……今《釋文》摧下云『莝也』,又『莝也楚俱反』,是其本『莝』作『莝』,與《正義》本不同也,考此《傳》當本云『摧莝也』,與下《傳》『秣粟也』相對,故箋云『摧今莝字』,所以申摧得訓為莝之意,非《傳》先已轉古為今,而箋又辨之,如《正義》所云也,當以《釋文》本為長。○按:《詩經小學》言之詳矣,《傳》本作『摧挫也』,箋本作『挫今莝字也』,毛用古字,鄭恐人不解,故申之,後人撰寫譌誤耳……」盧記同。今傳世諸本皆作「莝」,《要義》所引作「莝」,《讀詩記》卷二十三《鴛鴦》引毛氏曰「摧莝也」,又孔《疏》釋箋云「《傳》『摧,莝』,轉古為今,而其言不明,故辯之云『此摧乃今之莝字也』」,明白如此,而顧廣圻、段玉裁競相臆說,疑於未可致疑之處,誤甚也。

17. **頁十右**　箋鴛鴦至恐懼

按：十行本、元十行本、李本（元）、劉本（元）、閩本、明監本、毛本皆同。阮記云：「案：浦鏜云『至「故與此異也」，百五字當在二章下』，是也，此合併時分屬之如此耳。」盧記同。二章經云「鴛鴦在梁，戢其左翼」，箋云「鴛鴦休息於梁……自若無恐懼」，則孔《疏》釋箋自然當在二章，今錯在三章，乃注疏合併之際，主事者取《疏》插入經注本，因有疏忽，未辨章節，故有此誤，殿本移此段《疏》文至二章後，得之也。

18. **頁十右**　故與此異也

按：單疏本、十行本、元十行本、李本（元）、劉本（元）、閩本、明監本、毛本皆同。阮記云：「案：浦鏜云『此當彼誤』，是也。」盧記同。原文不誤，單疏本正如此，浦說不可信從。

19. **頁十右**　序言自奉養非王身

按：單疏本、十行本、元十行本、李本（元）、劉本（元）、閩本、明監本、毛本皆同。阮記云：「案：『非』當作『謂』。」盧記同。《正字》云：「『非』，疑『為』字誤。」此《疏》釋箋，箋云「以興於其身亦猶然」，《疏》云「《序》言『自奉養』，非王身，上章為興，知此亦興，故言『以興於其身亦猶然也』」，《序》云「自奉養有節」，「自」即指所謂古明王也，相對於《序》，經文非言王身，僅云「乘馬在廄，摧之秣之」，而箋卻云「於其身亦猶然」，《疏》解釋其因，謂此為比興，如上章，雖言馬不言王身，而實謂明王也，則此處之「非王身」乃較《序》言王身而來，作「非」不誤，當從單疏本，浦說、阮記皆為謬說也。

20. **頁十右**　亦猶然也齋而後三舉設盛饌三舉節是設盛饌也恒日則減焉唯一舉也*

按：「節」，十行本、元十行本、李本（元）、劉本（元）、閩本、明監本、毛本同；單疏本作「即」。阮記云：「閩本、明監本、毛本同，案：十行本『首也』至『末也』剜添者七字，浦鏜云『節當即字誤也』。」盧記惟「節當即字是也」異，餘同。《正字》云：「『節』，當『即』字誤」，則盧記改「誤」為「是」，非也。前言「三舉設盛饌」，故繼云「三舉即是設盛饌也」，顯當作「即」，當從單疏本，浦說是也。

21. 頁十右　玉藻曰少牢與周禮日一舉不同者

按：「曰」，十行本、元十行本、李本（元）、劉本（元）、閩本、明監本、毛本同；單疏本作「日」，《要義》所引同。阮記云：「閩本、明監本、毛本同，案：浦鏜云『日譌曰』，是也。」盧記同。考前《疏》云「《玉藻》云：天子之食，日少牢，朔月太牢」，則此處「日少牢」乃引《玉藻》文，以與《周禮》「日一舉」相較而有異也，故當從單疏本等，浦說是也。

22. 頁十左　不能宴樂同姓

按：「宴」，十行本、元十行本、李本（元）、劉本（元）、閩本、明監本、毛本、巾箱本、監圖本、纂圖本、岳本、五山本、日抄本、唐石經、白文本皆同。阮記云：「案：《釋文》云：燕又作宴，以《鹿鳴》等訂之，《序》字當用『燕』，又作『宴』者，依經『君子維宴』字改也，《考文》古本作『燕』，采《釋文》。」盧記同。阮記純屬推測，今傳世各本皆作「宴」，《讀詩記》卷二十三《頍弁》引《序》亦作「不能宴樂同姓」，則作「宴」不誤，阮記不可信從。

23. 頁十左　今不親睦

按：「今」，十行本、元十行本、李本（元）、劉本（元）、閩本、明監本、毛本同；單疏本作「令」。阮記云：「案：浦鏜云『今疑令字誤』，是也。」盧記同。考單疏本《疏》文云「親睦由於燕樂，以經責王不燕樂，令不親睦，故分而言之耳」，揆諸文義，作「令」是也，因王不燕樂，故令不親睦也，當從單疏本，浦說是也。

24. 頁十一左　有頍至說懌*

按：單疏本、十行本、元十行本、李本（元）、劉本（元）、閩本、明監本、毛本同。阮記、盧記皆無說，不知阮本為何於此加圈，十行本、李本、劉本及阮本「懌」字之後另行直接「毛以為」云云，而閩本、明監本、毛本「懌」字之後，有「○」，以隔斷前後，再接「毛以為」，單疏本「懌」後亦有空格，「有頍至說懌」乃標起止之文，「毛以為」云云乃《疏》文，以通例言之，則「懌」後當有「○」也。

25. 頁十二右　羣臣用玄冠親同姓用皮弁也

按：「親」，單疏本、十行本、元十行本、李本（元）、劉本（元）、閩本、

明監本、毛本皆同，《要義》所引亦同。阮記云：「案：浦鏜云『親疑燕字誤』，是也。」盧記同。此處「親」字不誤，「親」為動詞，乃「親近同姓故用皮弁」之義，浦說誤也，孫記以為「親」義可通，不必改，是也。

26. 頁十二左　言當開解而懌悅也

按：「懌悅」，單疏本、十行本、元十行本、李本（元）、劉本（元）、十行抄本同；閩本作「悅懌」，明監本、毛本同。阮記云：「閩本、明監本、毛本『懌悅』倒，案：所改是也。」盧記同。揆諸文義，原文不誤，閩本等誤改，阮記是之，亦誤。

27. 頁十二左　箋云具猶來也

按：「來」，十行本、元十行本、李本（元）、劉本（元）、閩本、明監本、毛本同；巾箱本作「皆」，監圖本、纂圖本、岳本、五山本、日抄本同。阮記云：「小字本、相臺本『來』作『皆』，《考文》古本同，案：『來』字誤也。」盧記同。注疏本系統作「來」，經注本系統作「皆」，難以遽斷是非，阮記之說，不可信從也。

28. 頁十三右　盛陽氣之在雨水則溫暖

按：「氣之」，單疏本、十行本、元十行本、李本（元）、劉本（元）、閩本、明監本、毛本同；十行抄本作「之氣」，《要義》所引同。阮記云：「案：山井鼎云：以下文類之，『氣之』當作『之氣』，是也。」盧記同。《正字》云：「『之氣』二字，誤倒。」考下《疏》云「盛陰之氣在雨水」，以後況前，則作「之氣」是也，當從十行抄本、《要義》也，浦說是也。

29. 頁十三左　正義曰作車舝詩者

按：單疏本、十行本、元十行本、李本（元）、劉本（元）、閩本、明監本、毛本、十行抄本皆同。阮記云：「案：浦鏜云『作字當衍文』，是也。」盧記同。原文不誤，浦說非也。

30. 頁十四右　配幽王

按：「配」，十行本、元十行本、李本（元）、劉本（元）、閩本、明監本、毛本同；巾箱本作「以配」，監圖本、纂圖本、岳本、五山本、日抄本同。阮記云：「小字本、相臺本『配』上有『以』字，《考文》古本同，案：有者是

也。」盧記同。注疏本系統作「配」，經注本系統作「以配」，難以遽斷是非，阮記之說，不可信從也。

31. 頁十五右　故林麓山下人語曰

按：「麓」，單疏本、十行本、元十行本、李本（元）、劉本（元）、閩本、明監本、毛本皆同，《要義》所引亦同。阮記云：「案：浦鏜云『慮誤麓』，是也。」盧記同。浦鏜云當作「慮」，不知何據，此《疏》引《陸機疏》，檢《爾雅疏》引《陸機疏》作「木」，則孰是孰非，難以遽斷，浦說顯為猜測，不可信從。

32. 頁十五右　猶用之此燕飲*

按：「此」，十行本、元十行本、李本（元）、劉本（元）、閩本、明監本、毛本同；巾箱本無，監圖本、纂圖本、岳本、五山本、日抄本同。阮記引文「猶用之燕飲」，云：「閩本、明監本、毛本『之』下衍『此』字，小字本、相臺本無，《考文》古本無，十行本初刻無，後剜添。」盧記引文與阮記同，而與阮本異，此處顯然前後矛盾。注疏本系統有「此」字，經注本系統無「此」字，難以遽斷是非，阮記之說，不可信從也。

33. 頁十五右　必皆庶幾於王之變改

按：「必」，十行本、元十行本、李本（元）、劉本（元）、閩本、明監本、毛本同；巾箱本作「人」，監圖本、纂圖本、岳本、日抄本同；五山本作「心」。阮記云：「小字本、相臺本『必』作『人』，案：『人』字是也。」盧記同。《考文》古本作「必」，則經注本系統亦有作「必」者，阮記之說，豈可信從也，謝記以為此「必」或為衍文，亦猜測之說也。

# 卷十四之三

1. 頁二左　卒章無君臣淫泆之事者

按：「泆」，十行本、元十行本、李本（元）、劉本（元）、日抄本同；單疏本作「液」，閩本、明監本、毛本同。阮記云：「閩本、明監本、毛本『泆』作『液』，案：所改是也，以下皆當作『液』。」盧記同。考《序》云：「君臣上下沉湎淫液」，此《疏》文所本，故當從單疏本，作「液」是也。

2. 頁三右　箋云和旨酒調美也

按：「酒」，十行本、元十行本、李本（元）、劉本（元）、閩本、明監本、毛本同；巾箱本作「猶」，監圖本、纂圖本、岳本、五山本、日抄本同。阮記云：「小字本同，閩本、明監本、毛本同，相臺本『酒』作『猶』，《考文》古本同，案：『猶』字是也。」盧記同。本詩經文云「酒既和旨」，若從阮本，「箋云和旨酒調美也」，則經文云「酒既酒調美」，顯不可通，考《疏》文云「其王之酒既又和調旨美」，則正本箋釋經也，故箋云「和旨猶調美也」，《讀詩記》卷十四《賓之初筵》引鄭氏曰「和旨猶調美也」，亦可為證，阮記是也。十行本「酒」字右旁畫有小圈，頁腳寫有「猶」字，明監本「酒」字被描改為「猶」字，則讀此書者皆以為當作「猶」也。

3. 頁三左　箋云鐘鼓於是言既設者將射故縣也*

按：「故」，元十行本、李本（元）、劉本（元）、監圖本、纂圖本同；閩本作「改」、明監本、毛本、岳本、五山本、日抄本同。阮記、盧記皆無說。十行本描改不知何字，考單疏本標起止「箋云『鐘鼓』至『改縣』」，則所見本作「改」，《釋文》出音引文為「改縣」，又《讀詩記》卷十四《賓之初筵》引鄭氏曰「將射改縣也」，亦可為證，則當作「改」也。

4. 頁三左　發如字餘音廢*

按：「餘」，十行本、元十行本、李本（元）、劉本（元）同；閩本作「徐」、明監本、毛本、巾箱本、監圖本、監圖本同。阮記、盧記皆無說。《釋文》作「徐音廢」，「徐」者徐邈也，作「餘」顯誤。

5. 頁三左　我以此求爵女爵射爵也

按：十行本、元十行本、李本（元）、劉本（元）、閩本、明監本、毛本、巾箱本、監圖本、監圖本、岳本同；五山本作「我以此求女爵女爵射爵也」；日抄本作「我以此求女爵射爵也」。阮記云：「案：《正義》云『故云發矢之時，各心兢云：我以此求汝爵』，是其本作『女爵』，《考文》古本有女字，采《正義》，但又以句末『女』字別屬下『爵』讀，非也。」盧記同。本詩經文云「以祈爾爵」，箋云「女爵射爵也」，即解「爾爵」之義，與上文「我以此求爵」，前後義別，阮記之說絕不可信，又《考文》云「我以此求爵，求下有女字」，則非「又以句末『女』字別屬下『爵』讀」，阮記於此再誤。

6. **頁四右** 此射者發矢射彼有射*

按：「射」，十行本、元十行本、李本（元）、劉本（元）同；單疏本作「的」，閩本、明監本、毛本同。阮記、盧記皆無說。此句《疏》文釋經，經云「發彼有的」，故《疏》文釋之曰「發矢射彼有的」，《疏》文之「的」正本經文之「的」，則當從單疏本，作「的」是也。

7. **頁四右** 公外席賓列自西階

按：閩本、明監本、毛本同；十行本作「公外席賓列自西堦」，元十行本、李本（元）、劉本（元）同；單疏本作「公升席賓升自西階」。阮記云：「案：『外』字、『列』字皆『升』字之誤，山井鼎引《儀禮》元文『公升』下有『即』字，乃《正義》引不備耳。」盧記同。《正字》云：「『升即』二字誤『外』，下『升』字誤『列』。」阮記是也，單疏本可證。又，單疏本「升」字寫作「外」，與「外」、「列」字形極為相近，故有此訛誤。

8. **頁四左** 是將祭再為射禮澤宮言習射則未是正射射於射宮乃行

按：「正射射於」，單疏本、十行本、元十行本、李本（元）、劉本（元）、閩本、明監本、毛本皆同。阮記云：「案：十行本上『射』至下『宮』剜添者二字，此當云『正射於射宮乃行』，句首仍脫一『正』字。」盧記同。單疏本如此，諸本亦皆如此，何來脫文之有？阮記誤也。

9. **頁五右** 傳言加籩豆

按：「豆」，十行本、元十行本、劉本（嘉靖）、閩本、明監本、毛本同；單疏本無「豆」字，《要義》所引同；李本此頁闕。阮記云：「案：『豆』字當衍。」盧記同。考經文云「殽核維旅」，《傳》云「核，加籩也」，此處《疏》文引《傳》，作「加籩」是也，「豆」字顯為衍文，當從單疏本等，阮記是也。

10. **頁五右** 天官籩人加籩之實菱茨栗脯

按：「茨」，十行本、元十行本、閩本、明監本、毛本同；單疏本作「芡」，劉本（嘉靖）、十行抄本同，《要義》所引亦同；李本此頁闕。阮記云：「案：浦鐘云『芡誤茨』是也。」盧記同。檢《周禮·天官·籩人》，正作「菱芡栗脯」，則作「芡」是也，當從單疏本等，浦說是也。

11. **頁五右**　皆實之於豆實謂菹醢

按：單疏本、十行本、劉本（嘉靖）、閩本、明監本、毛本同；元十行本作「皆实之於豆实謂菹醢」；李本此頁闕。阮記云：「案：『實』上浦鐘云當脫『故云豆』三字，是也。」盧記同。單疏本如此，諸本亦皆如此，何來脫文之有？浦說誤也。

12. **頁七左**　眾耦正謂王之六耦之外眾耦也

按：「六耦之外」，單疏本、十行本、元十行本、李本（元）、劉本（元）、閩本、明監本、毛本、十行抄本皆同。阮記云：「案：浦鐘云『六耦』下當脫『非謂六耦』四字，是也。」盧記同。單疏本如此，諸本亦皆如此，何來脫文之有？浦說誤也。

13. **頁七左**　又引爾雅云射張皮謂之侯

按：「爾雅」，單疏本、十行本、元十行本、李本（元）、劉本（元）、閩本、明監本、毛本、十行抄本皆同。阮記云：「案：『爾』當作『小』，此在《孔叢·小雅·廣物》。」盧記同。《正字》云「『爾雅』，當『小雅』誤，案：《廣物篇》云：射有張布謂之侯，今作皮，亦誤也」，此阮記所本。檢宋刊本《孔叢子》（北京圖書館出版社二〇〇四年影印上海圖書館藏宋刻本），《小爾雅》第十二《廣器》第七，「射有張布謂之侯」，此乃《疏》文引王肅語，或王肅所云原文如此，乃約《小爾雅》為《爾雅》也，下「《爾雅》說之明」同。又，此文本屬《廣器》篇，浦鐘誤作《廣物》，阮記承襲，而不言所本，謬甚。

14. **頁八左**　大射禮曰司射命設封

按：「封」，十行本、元十行本、李本（元）、劉本（元）、閩本、明監本、毛本同；單疏本作「豐」，十行抄本同，《要義》所引亦同。阮記云：「案：山井鼎云大射禮『封』作『豐』，浦鐘云『豐』誤『封』，是也，《正義》下文皆作『豐』。」盧記同。檢《儀禮·大射儀》，正作「司射命設豐」，則作「豐」是也，當從單疏本等，浦說是也。

15. **頁十右**　正義曰殷人先求諸陽郊特牲文以人死也

按：單疏本、十行本、元十行本、李本（元）、劉本（嘉靖）、閩本、明監

本、毛本、十行抄本皆同，《要義》所引亦同。阮記云：「案：『也』字當在『文』字下。」盧記同。單疏本、諸本及《要義》所引皆如此，阮記此說，純屬想當然也。

16. 頁十左　其相去亦幾也

按：「亦幾」，單疏本、十行本、李本（元）、劉本（嘉靖）、閩本、明監本、毛本皆同，《要義》所引亦同。阮記云：「案：『亦』當作『無』。」盧記同。《正字》云「『亦』下，疑脫『無』字」，此阮記所本。單疏本、諸本及《要義》所引皆如此，此處「幾」字作「微」解，原文不誤，浦說、阮記皆非也，孫記以為「亦」不當改「無」，是也。

17. 頁十一右　箋任至心

按：十行本、元十行本、李本（元）、劉本（嘉靖）、閩本、明監本、毛本同；單疏本作「箋任謂至歡心」；十行抄本作「箋壬任至歡心」。阮記云：「此當云『箋壬任至歡心』，仍脫二字。」盧記同。此標起止，箋云「壬，任也，謂卿大夫也……得萬國之歡心」，則以通例言之，《疏》文率取前後數字，則當作「箋壬任至歡心」，十行抄本是也，單疏本疑誤。

18. 頁十一右　九州諸侯採其美物

按：「採」，單疏本、十行本、元十行本、李本（元）、劉本（嘉靖）、閩本、明監本、十行抄本同，《要義》所引亦同；毛本作「采」。阮記云：「毛本『採』作『采』，案：『采』字是也。」盧記同。《正字》云「『採』，毛本作『采』，本字」，此阮記所本。單疏本、諸本及《要義》皆作「採」，毛本誤改，阮記亦誤。

19. 頁十一左　故知陳天下諸侯獻之禮

按：單疏本、十行本、元十行本、李本（元）、劉本（嘉靖）、閩本、明監本、毛本皆同，《要義》所引亦同。阮記云：「案：浦鏜云『侯下脫所字』是也，『知』下『陳』字衍。」盧記同。單疏本、諸本及《要義》皆如此，浦說、阮記皆猜測之說，不可信從。

20. 頁十二右　又曰舉奠洗爵入

按：「爵」，十行本、元十行本、李本（元）、劉本（嘉靖）、閩本、明監

本、毛本同；單疏本作「酌」，《要義》所引同。阮記云：「案：浦鏜云『酌誤爵』，以《特牲》考之，浦校是也。」盧記同。考《疏》前文云「有嗣子舉奠因酌尸」，遂引《儀禮‧特牲》以釋之，故當從單疏本等，浦說是也。

21. 頁十二右　少牢無嗣子舉奠之事特牲注云大夫之嗣子無舉首奠

按：「無舉首奠」，十行本、元十行本、李本（元）、劉本（嘉靖）、閩本、明監本、毛本同；單疏本作「無舉奠」，《要義》所引同。阮記云：「案：十行本上『嗣』至下『子』，剜添者二字，山井鼎云：《特牲》注『無』作『不』，無『首』字，浦鏜云『首衍字』，是也。」盧記同。無舉首奠，不辭，「首」字確為衍文，當從單疏本等，浦說是也。

22. 頁十二右　故云其登引餕獻受爵

按：「登引」，十行本、元十行本、李本（元）、劉本（嘉靖）、閩本、明監本、毛本同；單疏本作「登」，《要義》所引同。阮記云：「案：山井鼎云『引』字應刪，是也。」盧記同。《正字》云：「『引』，衍字。」此引箋文，箋云「《文王世子》曰：其登餕獻受爵」，無「引」字，則當從單疏本等，浦說是也。

23. 頁十二右　以特牲少牢饋食禮言之

按：單疏本、十行本、元十行本、李本（元）、劉本（嘉靖）、閩本、明監本、毛本皆同。阮記云：「案：浦鏜云『少牢二字衍』，是也。」盧記同。單疏本及諸本皆同，浦說存疑可也。

24. 頁十二左　故曰仇讀曰斠饋食禮言之*

按：「斠」，十行本、閩本、明監本、毛本同；單疏本作「鄭」；元十行本作「剩」，李本（元）、劉本（嘉靖）同。阮記。盧記皆無說。未知孰是。

25. 頁十二左　注云大夫三獻而禮成

按：單疏本、十行本、元十行本、劉本（嘉靖）、閩本、明監本、毛本同；李本（元）漫漶。阮記云：「案：『夫』下浦鏜云『脫士字』，是也。」盧記同。單疏本及諸本皆同，浦說存疑可也。

26. 頁十三右　箋康至次*

按：十行本、元十行本、李本（元）、劉本（嘉靖）、閩本、明監本、毛本、十行抄本同；單疏本作「箋康虛至無次」。阮記、盧記皆無說。此標起止，

箋云「康，虛也……又無次也」，《疏》文率取前後數字，而以二字居多，此處單疏本各取前後二字，當從之。

27. 頁十三左　遷徙屢數也

　　按：「也」，十行本、元十行本、李本（元）、劉本（嘉靖）、閩本、明監本、毛本、巾箱本、監圖本、纂圖本、五山本、日抄本同；岳本無。阮記云：「相臺本無『也』字，案：無者誤也。」盧記同。諸本多有「也」字，阮記是也。

# 卷十五

## 卷十五之一

### 1. 頁三右　采其葉以為藿

按：「藿」，十行本、元十行本、李本（元）、劉本（嘉靖）、閩本、明監本、毛本、巾箱本、監圖本、纂圖本、岳本同；五山本作「霍」，日抄本同。阮記云：「小字本、相臺本同。案：《正義》云：故云采其葉以為藿，《釋文》『以為藿』作音，段玉裁云：藿當是芼。」盧記同。諸本多作「藿」，「霍」顯闕上「艹」，段說不可信從。

### 2. 頁三右　王饗賓客有生俎

按：「生」，元十行本、李本（元）、劉本（嘉靖）、閩本、明監本、毛本、巾箱本同；十行本作「牛」，監圖本、纂圖本、岳本、五山本、日抄本同。阮記云：「小字本、相臺本『生』作『牛』，《考文》古本同。案：『生』字誤也，《正義》可證。」盧記同。生俎，不知何物，考《疏》明云：「王饗賓客有牛俎，謂以鼎煮牛」，則顯當作「牛」，「生」或因與「牛」形近而譌，阮記是也。

### 3. 頁三左　傳解言大牢之意

按：單疏本、十行本、元十行本、李本（元）、劉本（嘉靖）、閩本、明監本、毛本皆同。阮記云：「案：浦鏜云，『傳解二字當誤倒』，是也。」盧記同。單疏本如此，浦說存疑可也。

4. 頁四右　觀禮曰天子賜諸侯氏以車服

按：「諸」，十行本、元十行本、李本（元）、劉本（元）、閩本、明監本、毛本同；單疏本無「諸」字，十行抄本同，《要義》所引亦同。阮記云：「案：浦鏜云，『諸衍字』，是也。」盧記同。檢《儀禮·觀禮》，「天子賜侯氏以車服」，無「諸」字，則當從單疏本等，浦說是也。

5. 頁四右　是服同賜之矣

按：單疏本、十行本、元十行本、李本（元）、劉本（元）、閩本、明監本、毛本、十行抄本皆同，《要義》所引亦同。阮記云：「案：『是』下當有『車』字。」盧記同。此說誤也，考經文云「君子來朝，何錫予之？雖無予之，路車乘馬，又何予之？玄袞及黼。」前《疏》云「其『雖無予之』，言通及『玄袞及黼』為文，但以車、服之別，故分言之耳。」此謂經文「雖無予之」，實有予之，所予者車、服二事，因其有別，故分「路車乘馬」、「玄袞及黼」而言，繼而《疏》文遂引《觀禮》「天子賜侯氏以車服」，及鄭注「賜車者，同姓以金路，異姓以象路，服則袞也、鷩也、毳也」，以明賜車之時，亦賜服也，此即《疏》文所謂「是服同賜之」之義，「服同賜」，乃謂服與同車賜，以呼應上文「其『雖無予之』，言通及『玄袞及黼』為文」也，「服同」正對「通及」，此處不誤，故單疏、《要義》及諸本皆同，阮記之說，未能深味經義，故草率妄斷也。

6. 頁四右　絺衣粉米無畫也

按：「絺衣」，單疏本、十行本、元十行本、李本（元）、劉本（元）、閩本、明監本、毛本、十行抄本皆同，《要義》所引亦同。阮記云：「案：浦鏜云『刺誤衣』，是也。」盧記同。諸本皆同，浦說存疑可也。

7. 頁四左　裁以為衣舉袞

按：「裁」，十行本、元十行本、李本（元）、劉本（元）、閩本、明監本、毛本同；單疏本作「或」，十行抄本同，《要義》所引亦同。阮記云：「案：浦鏜云『裁當或字誤』，是也。」盧記同。裁以為，不辭，考下《疏》云「知不然者」，正為此處「或以為」而發也，則當從單疏本等，浦說是也。

8. 頁五左　正義曰上章菉芼美則此芹亦食之

按：「美」，十行本、元十行本、李本（元）、劉本（元）、閩本、明監本、

毛本同；單疏本作「羹」。阮記云：「案：浦鏜云『羹誤美』，是也。」盧記同。考上章經文云「采菽采菽，筐之筥之」，《傳》云「菽所以芼太牢而待君子也」，箋云「王饗賓客，有牛俎，乃用鉶羹，故使采之」，則此正所謂「上章菽芼羹」也，則當從單疏本，浦說是也。

### 9. 頁六右　邪幅幅偪也所以自偪束也

按：「幅偪也」，十行本、元十行本、李本（元）、劉本（元）、閩本、明監本、毛本、巾箱本、監圖本、纂圖本、岳本、五山本、日抄本皆同，《要義》所引亦同。阮記云：「案：《正義》云『故《傳》辨之云邪幅正是偪也，名曰偪者所以自偪束也』，是其本作『邪幅偪也，偪所以自偪束也』，各本皆誤。」盧記同。此處《傳》文字句無礙，諸本皆同，《要義》所引亦同，《疏》文所云乃釋之，非引用原文也，《讀詩記》卷二十三《采菽》，引毛氏曰：「邪幅，幅，偪也，所以自偪束也」，亦可為證，阮記之說，誤解《疏》義，妄加猜測，不可信從。

### 10. 頁七右　俱尊祭服

按：「俱」，十行本、元十行本、李本（元）、劉本（元）、閩本、明監本、毛本同；單疏本作「但」，《要義》所引同。阮記云：「案：浦鏜云『俱當但字誤』，是也。」盧記同。考《疏》云「韍、韠俱是蔽膝之象，其制則同，但尊祭服，異其名耳」，揆諸文氣，作「但」是也，乃作「因」解，「俱」字或涉上而誤，則當從單疏本等，浦說是也。

### 11. 頁八右　前君賢者死後君賢者生落君常有賢也*

按：十行本、元十行本、李本（元）、劉本（元）同；閩本作「前君賢者死後君賢者生其君常有賢也」，明監本、毛本同；單疏本作「前君賢者死後君賢者立其君常有賢也」。阮記無說，盧記補云：「毛本『落』作『其』，案：『其』字是也。」賢者如何生君？前君賢者死，後君賢者立，其君常有賢也，揆諸文氣，顯當從單疏本，盧記誤也。

### 12. 頁十右　翩然而其體反房矣

按：「房」，十行本、元十行本、李本（元）、劉本（元）、閩本、明監本、毛本同；單疏本作「戾」，十行抄本同。阮記云：「案：浦鏜云『戾誤房』，是也。」盧記同。反房，不辭，本詩經文云「騂騂角弓，翩其反矣」，《傳》云「不

善繼繫巧用則翩然而反」，孔《疏》據《傳》增字以釋經，故作「翩然而其體反戾矣」，當從單疏本等，浦說是也。

13. 頁十右　故言不善繼繫巧用翩然而則反矣

按：單疏本、十行本、元十行本、李本（元）、劉本（元）、閩本、明監本、毛本、十行抄本皆同。阮記云：「案：『則』字當在『翩』字上，浦鏜云誤在下，是也。」盧記同。《傳》云「不善繼繫巧用則翩然而反」，孔《疏》乃述《傳》，非全引《傳》文也，今單疏本及諸本皆同，原文不誤，浦說、阮記皆非也。

14. 頁十左　如骨肉之相附閉謂之骨肉

按：「閉」，單疏本、十行本、元十行本、李本（元）、劉本（元）、閩本、明監本、毛本皆同，《要義》所引亦同。阮記云：「案：『閉』當作『因』，形近之譌。」盧記同。《正字》云：「『閉』，當『故』字誤。」此處作「閉」不誤，檢《呂氏春秋・君守》云「魯鄙人遺宋元王閉」，高注云「閉結不解者也」，則閉有聯結不解之義，正貼合《疏》文之旨，浦說、阮記皆為猜測之說，不可信從。

15. 頁十一右　喻羊主反*

按：「喻」，元十行本、李本（元）、劉本（元）同，十行本作「瘉」，閩本、明監本、毛本、巾箱本、監圖本、纂圖本同。阮記、盧記皆無說。本詩經文云「交相為瘉」，則自當為「瘉」作音，檢《釋文》，即以「為瘉」出字，而李本等譌為「喻」者，或因十行本「瘉」字上部筆畫不清，翻刻時誤認所致也。

16. 頁十一右　至于已斯亡

按：「巳」，十行本、元十行本、李本（元）、劉本（元）、閩本、明監本、毛本、白文本同；巾箱本作「己」，監圖本、纂圖本、岳本、五山本、日抄本、唐石經同。阮記云：「唐石經『巳』作『己』，案：『己』字是也，音紀，《正義》云『至於己身以此而致滅亡』，可證，《坊記》引此詩，鄭彼注云『以至亡己』，是鄭意自作『己』也，『己』誤作『巳』，經、注、《正義》中所在多有，考《六經正誤》則宋時固然。」盧記同。經注本系統皆作「己」，據《疏》所釋，揆諸文義，阮記是也。

17. 頁十一右　　此又申而成之*

按：「成」，單疏本、十行本、元十行本、李本（元）、劉本（元）同，閩本作「戒」，明監本、毛本同。阮記無說，盧記補云：「案：『成』當『戒』字之譌，毛本正作『戒』。」作「成」不誤，檢《小雅・車攻》，《疏》文有云「《傳》以伏為利，其義不明，故申而成之」，「成之」者補足其意之義。此處《疏》文云「上既言惡人兄弟相病，此又申而成之，言天下之人無善心也，不但於兄弟相病，又不能反之於已，以情相恕，徒然相怨於一方」，本詩此章乃補足上文之意，以明「天下之人無善心也」，「上既言惡人兄弟相病」與「不但於兄弟相病」對應，即本詩前章經文「不令兄弟，交相為瘉」；「此又申而成之」與「又不能反之於已，以情相恕，徒然相怨於一方」對應，即本章經文「民之無良，相怨一方」；前後兩章經文所成之意正是「不但於兄弟相病，又不能反之於已，以情相恕，徒然相怨於一方」，至此，方為「天下之人無善心也」，而因本章所言而終得成其全意，故「成」字不誤，盧記妄加猜測，謬矣。

18. 頁十一左　　傳又因述不可讓之意

按：「不可讓」，單疏本、十行本、元十行本、李本（元）、劉本（元）、閩本、明監本、毛本皆同。阮記云：「案：『不可』下，浦鏜云『疑脫不字』，是也。」盧記同。《傳》云「爵祿不以相讓」，此處《疏》文引《傳》文而述之，「不可讓」即「不以相讓」也，原文不誤，浦說誤也。

19. 頁十二右　　而孩童慢之

按：「孩」，十行本、元十行本、李本（元）、劉本（元）、閩本、明監本、毛本、巾箱本、監圖本、纂圖本、岳本、五山本、日抄本皆同。阮記云：「《正義》云『此言咳童慢之』，是其本作『咳』也。」盧記同。傳世各本皆作「孩」，作「咳」者乃別本也。

20. 頁十二左　　又若一禮不可以喻多

按：「禮」，十行本、元十行本、李本（元）、劉本（元）、閩本、明監本、毛本同；單疏本作「孔」；《要義》所引作「空」。阮記云：「案：浦鏜云『禮當孔字誤』，是也，因『禮』作『礼』而致譌耳。」盧記同。此處《疏》文釋箋，箋云「凡器之孔」，《疏》文之「孔」正本此，則當從單疏本也，「禮」、「空」皆誤，浦說、阮記皆是也。

21. **頁十三右**　無得教猱之升不若教之升木則如以塗泥塗物必附
　　　　　　　　著也*

按：「不」，元十行本、李本（元）、劉本（元）同；單疏本作「木」，十行
本、閩本、明監本、毛同。阮記無說，盧記補云：「案：『不』當作『木』，
屬上句讀，毛本不誤。」考本詩經文云「毋教猱升木」，《疏》文釋之，故云
「無得教猱之升木」，則作「木」是也，當從單疏本。

22. **頁十三右**　說文云毋止之也從女象有好之者言止其好而稱毋*

按：「好」、「好」，元十行本、李本（元）、劉本（元）、閩本、明監本、毛
本同；單疏本作「奸」、「奸」；十行本作「好」、「奸」。阮記引文「言止其奸而
稱毋」，云：「閩本、明監本、毛本『奸』誤『好』，案：上文『象有好之者』，
山井鼎云：當作奸，是也。」盧記無說。《正字》云：「『奸』，誤『好』，下『止
其奸』同。」以阮記引文可知，其所據底本與十行本同，分別作「好」、「奸」，
與阮本皆作「好」者不同，或緣此而致盧記無法處理，故不錄此條，然阮本前
文既已標注加圈，後附盧記竟無文字相應，可謂疏漏矣。此處《疏》文所引
《說文》，又見《邶風・谷風》，其云：「毋從女，象有奸之者」，則作「奸」是
也，當從單疏本，浦說是也。

23. **頁十三右**　必是物之澀者*

按：「澀」，元十行本、李本（元）、劉本（元）、閩本、明監本、毛本同；
單疏本作「澁」，十行抄本同；十行本作「澀」。阮記引文「必是物之澀者」，
云：「閩本、明監本、毛本『澀』誤『澀』。」盧記引文「必是物之澀者」，補
云：「閩本、明監本、毛本同，案：『澀』當作『澀』，誤脫水旁」。據此，則阮
本之底本與阮記之底本有異，然「澀」、「澀」似皆誤，當從單疏本等作「澁」
也，阮記、盧記皆不可從。

24. **頁十四右**　序又從日故知晛是日氣也

按：「序」，十行本、元十行本、李本（元）、劉本（嘉靖）、閩本、明監
本、毛本同；單疏本作「字」。阮記云：「案：浦鏜云『序當字字誤』，是也。」
盧記同。「晛」字從日，與「序」何涉？作「字」是也，當從單疏本，浦說是
也。

25. 頁十四右　此上成猱升木之事*

按：「成」，單疏本、十行本、元十行本、李本（元）、劉本（嘉靖）同；閩本作「戒」，明監本、毛本同。阮記無說，盧記補云：「毛本『成』作『戒』，案：『戒』字是也。」作「成」不誤，考前《疏》云「猱之性善登木，今教之使登，必能登木矣……以興王自不教小人以仁義者，若教小人以仁義，則必從矣」，故此處《疏》文云「此上成猱升木之事，欲王之教人」，「成」者，「教成」之義也，若從閩本等作「戒」，則於文義正相乖舛，盧記誤矣。

26. 頁十四左　如南國之荊蠻如西方之我髦*

按：「我」，十行本、元十行本、李本（元）同；劉本（嘉靖）作「夷」，閩本、明監本、毛本同；單疏本作「戎」。阮記無說，盧記補云：「案：『我』當是『夷』之譌，《傳》『髦夷髦』，可證。」我髦，不辭，顯誤，「我」、「戎」字形相近，故有譌誤，作「戎」是也，當從單疏本，劉本等改作「夷」，乃據《傳》猜測之說，不可信據，盧記亦誤。

27. 頁十五右　菀茂木也

按：「茂木」，十行本、元十行本、李本（元）、劉本（元）、閩本、明監本、毛本、巾箱本、監圖本、纂圖本、岳本、五山本、日抄本皆同。阮記云：「案：《釋文》『菀柳』下云『木茂也』，是其本作『木茂』，《正義》本，今無可考。」盧記同。作「茂木」不誤，諸本皆同，阮記所云，匪夷所思，《釋文》云「木茂」，乃釋「菀」字之義，與毛《傳》釋「菀」為「茂木」，有何關係？《釋文》何曾引《傳》文作「木茂」？又如何能據《釋文》推出其所見本毛《傳》作「木茂」？此說誤甚。

28. 頁十五左　似諸侯之顯朝於有德

按：「顯」，十行本、元十行本、李本（元）、劉本（元）、閩本、明監本同；單疏本作「願」，毛本同。阮記云：「毛本『顯』作『願』，案：所改是也。」盧記同。《正字》云「『願』，監本誤『顯』」，乃阮記所本。考《疏》文云「以行人之欲息於茂蔭，似諸侯之願朝於有德」，「欲」、「願」前後對應，作「願」是也，當從單疏本，浦說是也。

29. 頁十六右　春秋傳曰予將行之

按：「予」，十行本、元十行本、李本（元）、劉本（元）、閩本、明監本、

毛本、巾箱本、監圖本、纂圖本、五山本、日抄本皆同；岳本作「子」，《要義》所引同。阮記云：「小字本、相臺本『予』作『子』，案：『予』字誤也。」盧記同。《正字》云『『子』，誤『予』，下同』，乃阮記所本。據《疏》，此處箋文所引乃《左傳》昭公元年文也，檢之，作「子」，則當從《要義》所引，諸本皆誤，浦說是也。

30. 頁十六左　引傳曰予將行之者*

按：「子」，單疏本同；十行本作「予」，元十行本、李本（元）、劉本（元）、閩本、明監本、毛本同。阮記、盧記皆無說，此處當作「子」，參上條可知。

31. 頁十六左　子南游楚之子*

按：「子」，十行本、元十行本、李本（元）、劉本（元）、閩本、明監本、毛本同；單疏本作「字」，十行抄本同，《要義》所引亦同。阮記無說，盧記補云：「案：『子』作『字』，毛本同誤。」子南，乃游楚之「字」，作「子」顯誤，當從單疏、《要義》所引，盧記是也。

## 卷十五之二

1. 頁三左　士女淫慫

按：「慫」，十行本、元十行本、李本（元）、劉本（嘉靖）、閩本、明監本、毛本同；單疏本作「忩」。阮記云：「案：『慫』當作『忩』。」盧記同。阮記之說與單疏本合，是也。

2. 頁三左　則草笠野口人之服

按：「口」，十行本、元十行本、李本（元）、劉本（嘉靖）同；單疏本無空格，閩本、明監本、毛本同。阮記云：「閩本、明監本、毛本，不空，案：此當有脫字。」盧記同。草笠野人之服，文無滯礙，謝記以為此句無脫字，是也，阮記因有空格而疑有脫文，顯非。

3. 頁四左　則與諸侯之同名

按：「同名」，單疏本、十行本、元十行本、李本（元）、劉本（嘉靖）、閩本、明監本、毛本皆同。阮記云：「案：『同名』當作『名同』，誤倒也。」盧記同。諸本皆同，阮記之說，純屬猜測，不可信從。

4. **頁七右**　內則云妾雖年未滿五十

按：「年」，十行本、元十行本、李本（元）、劉本（嘉靖）同；單疏本作「年老」，閩本、明監本、毛本、十行抄本同。阮記云：「明監本、毛本『年』下衍『老』字，閩本剜入，案：此《正義》不備引也。」盧記同。細檢閩本，並無剜入之際，阮記說誤，單疏本有「老」字，十行抄本同，揆諸文義，實不可闕，謝記謂無「老」字則其義不備，是也，阮記謂之衍文，誤甚。

5. **頁七左**　女御八十一人當九夕世婦二十七人當三夕九嬪九人當一夕三夫人當一夕后當一夕亦十五日*

按：前「人」，單疏本、十行本、元十行本、李本（元）、劉本（嘉靖）、閩本、明監本、毛本、十行抄本皆同。阮記云：「閩本、明監本、毛本同，案：十行本『一』至『人』剜添者一字。」盧記無說。諸本皆同，阮記之說，純屬猜測，不可信從。

後「人」，單疏本、十行本、元十行本、李本（元）、劉本（嘉靖）、閩本、明監本、毛本、十行抄本皆同。阮記云：「閩本、明監本、毛本同，案：十行本『二』至『人』剜添者一字。」盧記無說。諸本皆同，阮記之說，純屬猜測，不可信從。

「九人」，單疏本、十行本、元十行本、李本（元）、劉本（嘉靖）、閩本、明監本、毛本、十行抄本皆同。阮記云：「閩本、明監本、毛本同，案：十行本上『九』至下『人』剜添者二字，此當云：女御八十一當九夕世婦二十七當三夕九嬪當一夕三夫人當一夕，《正義》引鄭注如此，所剜添者皆非。」盧記同。諸本皆同，阮記之說，純屬猜測，不可信從。

6. **頁七左**　使婦從夫故月紀

按：「故」，十行本、元十行本、李本（元）、劉本（嘉靖）、閩本、明監本、毛本同：單疏本作「放」，十行抄本同。阮記云：「案：山井鼎云『故』恐『放』誤，是也。」盧記同。《正字》云：「『放』，誤『故』。」此《疏》引《周禮・天官・九嬪》鄭注文，檢之，正作「放」，「放」者仿也，仿月行之紀以為諸妃進御之法，當從單疏本等，浦說是也。

7. **頁八右**　則釣檄者謂繫於釣竿也

按：「繫」，十行本、元十行本、李本（元）、劉本（嘉靖）同：單疏本作

「繫繩」，閩本、明監本、毛本同。阮記云：「閩本、明監本、毛本『繫』下有『繩』字，案：所補是也。」盧記同。考單疏本《疏》文云「弋是繫繩於矢而射，謂之繳射，則釣繳者，謂繫繩於釣竿也」，「繫繩」前後相應，又檢《讀詩記》卷二十四《采綠》引孔氏曰，正作「則釣繳者謂繫繩於釣竿也」，亦可為證，則當從單疏本。

### 8. 頁九右　將徒南行*

按：「徒」，十行本、元十行本、李本（元）、劉本（元）同：閩本作「徒役」，明監本、毛本、巾箱本、監圖本、纂圖本、岳本、五山本、日抄本同。阮記引文「將徒役南行」，云：「小字本、相臺本同，案：《釋文》云一本作『將師旅』，《正義》本當是『徒役』。」盧記引文「將徒南行」，補云：「小字本、相臺本『徒』下並有『役』字，案：《釋文》一本作『將帥旅』，《正義》本當是『徒役』」。揆諸文義，有「役」字似勝。又，阮記之底本與阮本之底本有異，不知何因。

### 9. 頁九左　營謝轉餫之役

按：「餫」，十行本、元十行本、李本（元）、劉本（元）、閩本、明監本、毛本、巾箱本、監圖本、纂圖本、岳本、五山本、日抄本皆同，《要義》所引亦同。阮記云：「案：《釋文》云『餫』音運，本又作『運』，《正義》云『任輦車牛是轉運所用，故營謝邑轉運之役也』，是其本作『運』，依此，《大東》箋有『轉餫』，其本與此當同，《正義》中亦是『運』字，今本後人改也，《考文》古本作『運』，采《釋文》、《正義》。」盧記同。傳世諸本無有例外皆作「餫」，《要義》所引亦同，則作「餫」實無可置疑，《釋文》所見本亦同，所謂「本又作運」者，乃謂別本也，《疏》文所謂「轉運」乃釋箋而述之，非引箋文也，原文不誤，阮記非也。

### 10. 頁十右　可知故故略焉

按：「故故」，十行本、元十行本、李本（元）、劉本（元）同；單疏本作「故」，閩本、明監本、毛本同。阮記云：「閩本、明監本、毛本，不重『故』字，案：下『故』字當作『箋』，輒刪者非。」盧記同。單疏本作「故」，不作「箋」，阮記純屬猜測，不可信從。

11. 頁十一右　枝條其阿然而長美

其葉則其難然而茂盛

按：上「其」，十行本、元十行本、李本（元）、劉本（嘉靖）、閩本、明監本、毛本同；單疏本作「有」。阮記云：「案：『其』當作『甚』，形近之譌，下『則甚難然』，十行本誤同。」盧記同。《正字》云：「『其』字，當在『枝條』上。」考下《疏》云「以興野中君子，其身有美德」，此「有」字正與前文「枝條有阿然而長美」、「其葉則有難然而茂盛」之「有」字，前後對應，故當從單疏本，浦說、阮記皆非。

下「其」，十行本、元十行本、李本（元）、劉本（嘉靖）、閩本同；明監本作「甚」，毛本同；單疏本作「有」。阮記、盧記皆無說。據上文所考，作「有」是也，明監本誤改。

12. 頁十一左　阿那是枝葉條垂之狀

按：「葉」，單疏本、十行本、元十行本、李本（元）、劉本（嘉靖）、閩本、明監本、毛本皆同。阮記云：「案：『葉』當作『長』，下文可證。」盧記同。此句文從字順，阮記之說，不明所以，不可信從。

13. 頁十二左　庶子比支孽故孽支庶也

庶子比支孽也

按：上「孽」，單疏本、十行本、元十行本、李本（元）、閩本、明監本、毛本同；劉本（嘉靖）作「蘖」。阮記云：「案：浦鐙云『孽當作蘖，下支孽同』，是也。」盧記同。考單疏本《疏》文云「以適子比根幹，庶子比支蘖，故『蘖，支庶也』……是適子比樹本，庶子比支蘖也」，「根幹」與「支蘖」相對，遂有「蘖支庶」之文，又下文「庶子比支蘖」可證，則此處確當作「蘖」，劉本是也，單疏本及諸本皆誤，浦說是也。

下「孽」，十行本、元十行本、李本（元）、劉本（嘉靖）、閩本、明監本、毛本同；單疏本作「蘖」。阮記、盧記皆無說。參上文可知當從單疏本作「蘖」。

14. 頁十三右　母愛者子伯服

按：「伯服」，單疏本、十行本、元十行本、李本（正德，板心有塗抹）、劉本（正德六年）、閩本、明監本、毛本皆同。阮記云：「案：『伯服』當作『抱矣』二字，此未論伯服也，伯服在下，不知者所誤改也。」盧記同。此句原文

不誤，諸本皆同，阮記純屬猜測，不可信從。

15. 頁十三左　白華野菅釋草云

按：「云」，十行本、元十行本、李本（正德，板心有塗抹）、劉本（正德六年）、閩本、明監本、毛本同；單疏本作「文」，十行抄本同。阮記云：「案：浦鏜云『文誤云』，二字，是也。」盧記同。檢《爾雅・釋草》云「白華，野菅」，則作「文」是也，當從單疏本等，浦說是也。

16. 頁十三左　其實茅亦不可用

按：「亦不」，十行本、元十行本、李本（正德，板心有塗抹）、劉本（正德六年）、閩本、明監本、毛本同；單疏本作「亦」，十行抄本同。阮記云：「案：『亦』當作『非』，形近之譌。」盧記同。考單疏本《疏》文云「茅雖比菅為脆，其實茅亦可用」，文義暢達，若作「亦不可用」，則句義乖舛，故當無「不」字，應從單疏、十行抄本也，阮記所疑是而所正非。

17. 頁十四右　後褒人有獻而入之幽王

按：「獻」，十行本、元十行本、李本（正德，板心有塗抹）、劉本（正德六年）、閩本、明監本、毛本、監圖本、纂圖本、五山本同；巾箱本作「獄」，岳本、日抄本同，《要義》所引亦同。阮記云：「相臺本『獻』作『獄』，《考文》古本同，案：『獄』字是也，《正義》可證。」盧記同。「獻」、「入」語涉重複，此箋文，本《國語・鄭語》，檢之，云「褒人有獄而以為入」，韋昭注「獄，罪也；入，進之於王」，則作「獄」是也，當從巾箱本、《要義》，阮記是也。

18. 頁十五右　驁龍所沫

按：「所」，十行本、元十行本、李本（正德，板心有塗抹）、劉本（正德六年）同；單疏本作「所吐」，閩本、明監本、毛本同。阮記云：「閩本、明監本、毛本『所』下有『吐』字，案：所補是也。」盧記同。所沫，不辭，「吐」字不可闕，當從單疏本也。

19. 頁十六右　王始以礼取申后礼儀備

按：「申后」，十行本、元十行本、李本（正德，板心有塗抹）、劉本（正德六年）、閩本、明監本、毛本同；巾箱本作「申后申后」，監圖本、纂圖本、日抄本同，《要義》所引亦同。阮記云：「小字本、相臺本，重『申后』二字，

《考文》古本同，案：有者是也。」盧記同。若不重申后，則「禮儀備」之主語為幽王，而前文以云「以禮取申后」，顯然重複，古人遣辭，必不如此，《疏》文云「喻申后之禮儀也」，則「禮儀備」之主語乃申后，「申后」不可闕，當從巾箱本、《要義》，阮記是也。

20. 頁十七右　以其有褒姒之身

按：「其」，十行本、元十行本、李本（正德，板心有塗抹）、劉本（正德六年）、閩本、明監本、毛本同；單疏本作「興」，十行抄本同。阮記云：「案：『其』當作『興』，形近之譌。」盧記同。《正字》云「『以』下，當脫『興』字」，乃阮記所本。此《疏》釋箋，箋文云「興王養褒姒而餒申后」，單疏本《疏》文云「以興有褒姒之身在於寵位，有申后之身反在卑微」，《疏》文之「興」正本箋文之「興」，則作「興」是也，當從單疏本等，阮記是也。

21. 頁十八右　登車以履石

按：「以」，十行本、元十行本、李本（元）、劉本（元）、監圖本、纂圖本、日抄本同；巾箱本作「亦」，閩本、明監本、毛本、岳本、五山本同。阮記云：「相臺本『以』作『亦』，閩本、明監本、毛本同，案：『亦』字是也。」盧記同。「以」、「亦」乃別本之異，非是非之分，阮記之說，不可信從也。

22. 頁十八右　今也黜而卑賤

按：「也」，十行本、元十行本、李本（元）、劉本（元）、閩本、明監本、毛本、監圖本、纂圖本、日抄本同；巾箱本作「見」，岳本、五山本同。阮記云：「相臺本『也』作『見』，《考文》古本同，案：『見』字是也。」盧記同。「黜」即「見黜」，「也」字不誤，阮記非也。

23. 頁十八右　俾我痕兮

按：「痕」，十行本、元十行本、李本（元）、劉本（元）、閩本、明監本、毛本、監圖本、纂圖本、岳本同；巾箱本作「疧」，五山本、日抄本、唐石經、白文本同。阮記云：「唐石經『痕』作『疧』，案：『疧』字是也。」盧記同。《釋文》出音，「徐都禮反」，「又祁支反」，則其時已「痕」、「疧」並存，乃別本之異，阮記非也。

24. 頁十八左　即此詩有扁斯石履之卑兮

按:「即」,十行本、元十行本、李本(元)、劉本(元)、閩本、明監本、毛本同;單疏本作「即引」,十行抄本同。阮記云:「案:『即』當作『引』,形近之譌。」盧記同。《正字》云「『此詩』上,當脫『引』字」,乃阮記所本。考單疏本《疏》文云「《夏官・隸僕》云:王行則洗乘石,鄭司農云:乘石,所登上車之石也。即引此詩『有扁斯石,履之卑兮』,謂上車所登石是也」,檢《周禮・夏官・隸僕》云「王行洗乘石」,注云「鄭司農云:乘石,王所登上車之石也。《詩》云:『有扁斯石,履之卑兮』,謂上車所登之石」,則「有扁斯石,履之卑兮」,乃鄭注所引,《疏》文之「引」字豈可闕也,故當從單疏本,浦說是也,阮記非也。

## 卷十五之三

### 1. 頁一左　　止於丘阿

按:「於」,十行本、元十行本、李本(元)、劉本(嘉靖)、閩本、明監本、毛本同;巾箱本作「于」,監圖本、纂圖本、岳本、五山本、日抄本、唐石經、白文本同。阮記云:「唐石經、小字本、相臺本『於』作『于』,案:『于』字是也,下二章皆作『于』可證,此因《傳》作『於』而改經也,《靜女》、《著》、《權輿》經皆有『於』字者,用字不畫一之例。」盧記同。「於」「于」二字,難以強分是非彼此,阮記之說,不可信從。

### 2. 頁三左　　掌外內饔之爨亨煮肉之名故熟曰饔既為熟

按:「肉」,單疏本、十行本、元十行本、李本(元)、劉本(元)、閩本、明監本、毛本、十行抄本皆同,《要義》所引亦同。阮記云:「案:『肉』上,浦鏜云『當脫饔是煮三字』,是也。」盧記同。原文不誤,諸本皆同,浦說非是。

### 3. 頁三左　　故熟曰饔既為熟

按:十行本、元十行本、李本(元)、劉本(元)、閩本、明監本、毛本同;單疏本作「故孰曰饔也饔既為孰」,十行抄本同,《要義》所引亦同。阮記云:「案:浦鏜云『饔下當脫一饔字』,是也。」盧記同。揆諸文義,當從單疏本,浦鏜所疑是,而所改非也。

### 4. 頁四右　　飲食而曰嘗者

按：「食」，十行本、元十行本、李本（元）、劉本（元）、閩本、明監本、毛本同；巾箱本作「酒」，監圖本、纂圖本、岳本、五山本、日抄本同，《要義》所引亦同。阮記云：「小字本、相臺本『食』作『酒』，《考文》古本同，案：『酒』字是也，《正義》可證。」盧記同。此箋文，考本詩經文云「幡幡瓠葉，采之亨之，君子有酒，酌言嘗之」，箋云「酒既成，先與父兄室人亨瓠葉而飲之」，「君子有酒，酌言嘗之」，則嘗為飲酒無疑，箋解之，故云「飲酒而曰嘗者」，則作「酒」是也，當從巾箱本等，阮記是也。

5. **頁四右** 而亨庶人之葉

按：「葉」，十行本、元十行本、李本（元）、劉本（元）、閩本、明監本、毛本同；單疏本作「菜」。阮記云：「案：『葉』當作『菜』，形近之譌。」盧記同。《傳》云「庶人之菜」，此《疏》正本之，則作「菜」是也，當從單疏本，阮記是也。

6. **頁五右** 故去毛炮之

按：「去」，單疏本、十行本、元十行本、李本（元）、劉本（元）、閩本、明監本、十行抄本同；毛本作「云」。阮記云：「毛本『去』作『云』，案：所改是也。」盧記同。《正字》云：「『去』，毛本誤『云』。」考《疏》云「《地官‧封人》云：毛炮之豚，注云：爓去其毛而炮之。唯肉炮。《內則》：炮，取豚若將……編萑以苴之，故去毛炮之」，「去毛炮之」乃與上文鄭注「爓去其毛而炮之」相呼應，此處不誤，毛本誤改，浦說是也，阮記非也。

7. **頁五右** 臣有炙之

按：「臣」，十行本、元十行本、李本（元）、劉本（元）、閩本、明監本、毛本同；單疏本作「又」。阮記云：「案：『臣』當作『且』，形近之譌。」盧記同。《正字》云：「『臣』，當『又』字誤。」單疏本《疏》文云「案：經有『炮之』、『燔之』，又有『炙之』，則非唯一兔首而已」，文義曉暢，作「臣」顯誤，當作「又」，單疏本是也，浦說是也，阮記猜測之說，不可信從。

8. **頁六右** 欲以醻賓而先自飲以導之*

按：「欲」，單疏本、十行本、元十行本、劉本（元）、閩本、明監本、毛本皆同。阮記、盧記皆無說。此處文義無滯，不知阮本為何於此加圈。

### 9. 頁七右　皇王也

按：「王」，元十行本、劉本（嘉靖）、閩本、明監本、毛本、監圖本、纂圖本、岳本同；十行本作「正」，巾箱本、五山本、日抄本同。阮記云：「小字本『王』作『正』，《考文》古本同，案：『正』字是也，《正義》云『皇王《釋言》文』，亦『正』字之誤。」盧記同。單疏本《疏》文云「皇正，《釋言》文」，則孔穎達所見本作「正」，作「正」是也，阮記是也。

### 10. 頁八左　戍役罷勞

按：「戍」，單疏本、十行本、元十行本、李本（元）、劉本（嘉靖）、毛本、十行抄本同；閩本作「戎」，明監本同。阮記云：「閩本、明監本『戍』作『戎』，案：『戎』字是也。」盧記同。《正字》云「『戎』，毛本誤『戍』」，乃阮記所本。戎役，不辭，當從單疏本，浦說非也，阮記亦誤。

### 11. 頁八左　相與為禮也

按：「也」，單疏本、十行本、元十行本、李本（元）、劉本（嘉靖）、閩本、十行抄本同；明監本作「矣」，毛本同。阮記云：「明監本、毛本『也』作『矣』，案：所改是也。」盧記同。作「也」不誤，明監本誤改，當從單疏本，阮記非也。

### 12. 頁十右　則白豥亦不知幾蹄白

按：「豥」，十行本、元十行本、李本（元）、劉本（元）、閩本、明監本、毛本同；單疏本作「蹢」。阮記云：「案：浦鏜云『蹢誤豥』，是也。」盧記同。若作「白豥亦不知幾蹄白」，則與前《疏》所引《爾雅・釋獸》「四蹄皆白，豥」，自相矛盾，故作「蹢」是也，當從單疏本，浦說是也。

### 13. 頁十一右　不言南蠻北狄者*

按：「北」，單疏本、十行本、劉本（嘉靖）、閩本、明監本、毛本同；元十行本作「此」，李本（元）同。阮記、盧記皆無說，考單疏本《疏》文云「言西戎、東夷交侵中國，不言南蠻、北狄者」，「西戎東夷」與「南蠻北狄」相對，作「此」顯誤。

### 14. 頁十一右　下篇序曰西夷交侵中國

按：「西」，十行本、元十行本、李本（元）、劉本（嘉靖）、閩本、明監

本、毛本同；單疏本作「四」。阮記云：「案：浦鏜云『四誤西』，是也。」盧
記同。檢下篇為《何草不黃》，《序》云：「四夷交侵，中國背叛」，則作「四」
是也，當從單疏本，浦說是也。

### 15. 頁十一左　大夫自將其國之師*

按：「其」，單疏本、十行本、元十行本、李本（元）、劉本（嘉靖）、閩
本、明監本、毛本皆同。阮記、盧記皆無說，不知阮本為何於加圈字。

### 16. 頁十五右　李巡曰九月萬物草盡

按：「草」，單疏本、十行本、元十行本、李本（元）、劉本（嘉靖）、閩
本、明監本、毛本皆同，要義所引亦同，十行抄本作「中」。阮記云：「案：浦
鏜云『草疑畢字誤』，是也。」盧記同。九月，萬物如何畢盡？作「畢」顯誤，
作「草」不誤，浦鏜所疑、阮記所是皆非。

### 17. 頁十五左　與其輂輂

按：「輂」，十行本、元十行本、李本（元）、劉本（嘉靖）、閩本、明監
本、毛本同；單疏本作「輦」，十行抄本同。阮記云：「案：山井鼎云『上輂當
輦字，音九玉反』，是也。」盧記同。《正字》云：「『輦』，誤『輂』，案：『輦』，
九玉切，注云：輦，駕馬。」此《疏》引《周官·鄉師》文，檢之，正作「輦」，
則當從單疏本，浦說是也。